云智阅读
RICH READING

HR
技能提升系列

人力资源

○ 著

管理实操

从入门到精通

第**3**版

人民邮电出版社
北京

图书在版编目（CIP）数据

人力资源管理实操从入门到精通 / 任康磊著.
3版. -- 北京 : 人民邮电出版社, 2025. -- (HR技能提
升系列). -- ISBN 978-7-115-65988-0

Ⅰ. F243

中国国家版本馆CIP数据核字第2025JA5556号

内 容 提 要

《人力资源管理实操从入门到精通》一书畅销多年，内容涵盖了企业人力资源管理几乎所有的工作流程，同时对一些容易出现错误的业务难点的操作细节和注意事项做了重点介绍，能够快速、简单且有效地帮助读者提升人力资源管理实务技能，被公认为是人力资源管理的实用工具书。随着AI技术迅猛发展，在第3版增加了AI技术在人力资源管理中应用的相关内容。

本书内容通俗易懂、实操性强，特别适合人力资源管理从业者、企业各级管理者、各高校人力资源管理或经营管理相关专业的学生，以及其他对人力资源管理实务工作感兴趣的读者阅读。

◆ 著　　　　任康磊
　　责任编辑　刘　姿
　　责任印制　周昇亮
◆ 人民邮电出版社出版发行　　北京市丰台区成寿寺路11号
　　邮编　100164　电子邮件　315@ptpress.com.cn
　　网址　https://www.ptpress.com.cn
　　天津千鹤文化传播有限公司印刷
◆ 开本：700×1000　1/16
　　印张：21.5　　　　　　　　2025年7月第3版
　　字数：385千字　　　　　　2025年10月天津第3次印刷

定价：69.80元

读者服务热线：(010)81055296　印装质量热线：(010)81055316
反盗版热线：(010)81055315

实务技能锻造精英，务实品质助力前行

有人问我，人力资源（Human Resource，HR）从业者最重要的技能是什么？我说，是贴近业务的实操工作能力。

如果人力资源从业者的职业生涯发展是建造一座大厦，人力资源管理的实操工作能力就是这座大厦的地基。想要大厦够高，地基就要足够深厚；想要大厦牢固，地基就要足够坚实。

没有深厚坚实的地基，再宏伟的大厦也只能是空中楼阁，难以抵御外部环境变化的侵袭，甚至一碰就倒，一触即溃。

有一次我去拜访由自己常年提供管理咨询顾问服务的公司，该公司总裁张三一见面就开始不停地向我诉苦。

事情是这样的：这家公司准备推进绩效管理，于是招聘了一位人力资源高级经理李四，分管绩效管理工作。

之前，李四在竞争对手公司工作多年，有丰富的相关从业经历。面试时，他也讲得头头是道，于是就被招了进来。

李四入职后不久，张三就要求李四深入业务一线，和业务部门管理者一起探讨，为业务部门制订切实有效的绩效管理策略。

然而，李四并没有按张三的要求亲临业务现场，而是发了一封邮件，要求业务部门上报绩效管理指标。根据业务部门上报的结果，李四再结合前从业公司的做法，自行调整修改后，想当然地制订了一套绩效管理方法。

这套绩效管理方法推行下去后，引发了业务部门的诸多抱怨和强烈不满。一位业务部门负责人说，这套方法不仅没帮自己做好管理，业绩没得到提升，效率也没得到提高，反而给自己带来了不小的负担和麻烦。

过去，就算把全部工作时间都用于业务，时间仍不够用，如今还要去"应付"人力资源管理部门的额外工作，浪费大家不少的时间。绩效管理和业务工作成了不相关的"两层皮"，绩效管理显得多余且没有意义。

张三找到李四问责，李四却不认为有什么不妥。张三质疑李四，为什么不了解实际情况后再制订更有针对性的绩效管理方法？李四却信誓旦旦地说，别的公司能用，这家公司不能用，那就说明是本公司有问题，而不是方法有问题。

张三质疑李四，难道就不能用其他方法吗？李四狡辩说，自己从业这么多年，用的都是这套方法，之前也没出过问题。

最终，张三辞掉了李四，他为自己这次失败的用人感到懊悔。

天底下的绩效管理只有一套方法吗？当然不是！

关于如何实施绩效管理，我写了3本书：关于基础方法论的有《绩效管理与量化考核从入门到精通》，关于工具应用的有《绩效管理工具：OKR、KPI、KSF、MBO、BSC应用方法与实战案例》，关于实战案例的有《薪酬绩效：考核与激励设计实战手册》。

3本书总共有约80万字的干货解析，但我仍觉得远未涵盖全部。公司的不同类型、阶段和状态，岗位的不同设计、分工和目标，叠加不同的绩效管理工具、程序和方法，能衍生出成千上万种绩效管理的实施方法。

如果人力资源从业者的实务技能不强，又不懂脚踏实地、因地制宜，只会照搬过去的经验，那么用他对公司来说就是灾难。他自己的职业生涯，也将因此终结。

你有没有发现一个现象，随着市场环境的变化和组织机构的调整，中层管理者成了很多公司里非常"脆弱"的群体。公司要裁员，最先想到的往往就是裁掉一部分中层管理者。

为什么会这样呢？

因为很多人成为中层管理者之后，既没有高层的格局、眼光、信息和权力来做决策，又失去了基层的实务工作能力和务实品格，每天不接触实际工作，夹在中间，定位很尴尬。

这类人每天做得最多的事可能就是开会、写报告和做PPT，把自己变成了高层和基层间的传话筒，守着自己固有的认知不思进取，不求有功，但求无过。

当经济形势好，公司规模较大、业绩较好的时候，也许容得下这样一群人。而当经济形势发生变化，或公司开始追求人力资源效能最大化的时候，这群人就危险了。

裁掉了这类中层管理者，从事实务工作的基层员工还是照常工作，而高层的命令可以直接传达给基层员工，实现了组织扁平化，效率反而更高了。

这类中层管理者被裁之后很难再找到合适的工作，因为一线的工作不愿干，或者长时间远离一线后已经不会干了；高层的事又没接触过，也没那个能力干；最后高不成低不就，迎来了所谓"中年危机"。

这种"中年危机"，究竟是社会造成的、公司造成的，还是他们自己造成的呢？

如果中层管理者可以做到将高层的战略决策、目标和愿景转化为具体的行动计划，传达给基层员工，以身作则，以自身较强的实务技能带出高技能的员工，不断为公司培养人才，同时又具备务实的态度，能保障计划执行、推进任务进度，打造出高绩效团队，这样的中层管理者，哪个公司不爱呢？

可如果像李四那样，人力资源管理的实操工作能力不强，又不思进取，不实践，又不学习，只见过一条路，且只想在这一条路上走到黑，那他迎来的就只会是被淘汰。

在日新月异的商业世界中，人力资源从业者作为连接组织业务与全体员工的重要桥梁，不仅要具备足够的理论知识，更要贴近实务，为公司创造实实在在的价值。千万不要"飘在空中"，自己把自己的职业道路堵上了。

人力资源管理是一门实践艺术。出版"HR技能提升系列"的目的就是为人力资源从业者提供实务技能的参考和指导。

这套书经过时间的检验，已经成为中国人力资源管理品类较为畅销的经典套系，成为各大公司人力资源从业者案头常备的工具书，并被选为许多高校的教材。

实务意味着贴近业务，拒绝空谈理论；务实意味着注重实际，反对华而不实。

一个拥有丰富的实务技能，同时又拥有务实品格的人力资源从业者能让自己立于不败之地，成为公司不可或缺的人才。

前言
第 3 版

人工智能（Artificial Intelligence，AI）技术突飞猛进，已经开始被应用在企业管理的各个领域。在人力资源管理方面，AI 也正在发挥着越来越重要的作用。通过应用 AI，企业的人力资源管理工作变得更加科学和智能，它可以利用数据和算法实现高效决策，帮助企业提高效率、降低成本并优化人才策略，大大提高了企业的管理水平和市场竞争力。

人力资源管理是一门已经具有比较成熟理论体系的科学。由于具有应用性和实操性强的特点，它同时也是一门技术。如何既学好人力资源管理的理论，又能用其指导并做好实践工作，是广大人力资源从业者遇到的双重难题。写作这本书的目的，正是要帮助读者克服这些困难。我希望通过这本书，既能讲清楚人力资源的基础理论知识，又能帮助读者快速上手操作，使读者尽快成为一名人力资源管理工作的达人。

AI 在人力资源管理中的应用涵盖人力资源战略规划、人才招聘与选拔、员工培训与开发、薪酬与绩效管理、员工关系管理等多个领域，并逐渐改变着传统的人力资源管理模式。

本书是我多年人力资源管理相关工作经验和知识的凝练结果。全书行文深入浅出、图文并茂，能够将枯燥生硬的理论知识用最简单的方式呈现在读者面前。本书内容全面、简单实用，特别强调实务操作，不仅有示意和演示，更注重实战案例的展示。拥有这本书，读者的人力资源管理工作一定会变得简单又轻松。

本书是面向所有人力资源从业者的工具书，读者无须像阅读小说、散文那样从头到尾逐字逐句地阅读。要利用好本书，建议读者做到以下几点。

1．带着问题学

读书学习应以具体问题为起点，以分析问题为方法，以解决问题为导向。带着问题查阅工具书更有效率，能帮助我们解决问题的知识会产生更大的价值。

2．忌生搬硬套

合适的，才是最好的。书中所有操作方法、模板工具等是以不同的企业规模、经营状况、管理模式等情况为背景的，虽然具备一定的通用性，但也具有特殊性。建议读者在使用之前要充分考虑自身企业的实际情况，不要生搬硬套。

3．要学以致用

学习的根本目的在用。有人问我："你能不能写一篇文章，教教我们该如何学好人力资源管理？"我说："不需要一篇文章，一句话就够了——边学边用！"只学不用是"假把式"，只用不学是"傻把式"，在学和用的过程中根据实际情况调整完善，才是"真把式"。

本书中介绍的涉及企业与政府或机构的相关流程，没有特别说明的，都是以北京市的相关规定为例。由于各省市、各地区的规定和实施流程有所不同，其他省市和地区请以当地政府部门或办事机构的具体规定为准，具体可登录各地区相关部门的官方网站查询或通过电话咨询。

本次改版顺应时代需要，增加了"AI＋人力资源管理"全新章节，期望通过介绍和解析AI在人力资源管理中的应用领域与相关案例，帮助读者学习、理解和应用前沿科技。

由于人力资源的法律、法规等政策文件具有时效性，本书的所有内容都是基于书稿完成时的相关政策规定。若政策有所变化，可能会带来某些内容及模块操作方式的变化。届时，请读者以最新的官方政策文件为准。

祝读者能学以致用，更好地学习和工作。

本书若有不足之处，欢迎各位批评指正。

⚙ 本书特色

1．内容全面、实操性强

本书内容几乎涵盖了人力资源管理部门所有的工作流程，以及一些容易出现错误的重要问题点的操作细节和注意事项。不论读者从事人力资源管理的哪项工作，都可以找到与自己的工作对应的操作方法和解决方案。书中的重点是人力资源管理理论在实务中的应用。

2．简单易学、案例丰富

不同于传统的理论式教学书，无论是对于想要或正在从事人力资源管理工作的人员，还是从未接触过人力资源管理专业知识的人员，本书都能够看得懂、学得会、用得着。本书来自大量我亲身经历的实操案例，这些案例与经验能够让读者体会到人力资源管理理论是如何运用到实践中，并在实践中发挥作用的。

3．上手迅速、模板齐全

书中的图表资料能够提供广泛的参考，便于读者快速上手。

目 录

第1章

人力资源管理概论

人力资源是劳动者及其具备能力的总和。不论在哪个行业，人力资源都是组织中最重要的资源，也是最能够创造价值的资源。企业在人力资源方面的管理水平从一个侧面反映了企业整体的经营管理水平。

1.1　认识人力资源管理

人力资源管理证书相关的考试教材将人力资源管理分成六大模块，分别是人力资源规划、招聘与配置、培训与开发、绩效管理、薪酬福利管理、员工关系管理。这种方法是从人力资源管理理论上进行划分的，有助于报考人力资源管理相关证书的学员快速学习掌握人力资源管理知识。

有的人力资源管理咨询机构将人力资源管理分成"选、训、育、留"四个方面。这种划分方法是以多数人力资源管理工作的核心目的为背景进行的，是对人力资源管理模块的简化表述，有助于人力资源管理人员明确人力资源管理工作的意义。

然而，对于人力资源管理实务来说，前面的两种模块划分方式都略显简单和笼统。实务中的人力资源管理的模块划分以及它们之间的关系要更为复杂，具体如图 1-1 所示。

图 1-1　人力资源管理模块划分示意图

实务中的人力资源管理模块可以划分为三层。

第三层为基础人事工作层。在这个层面，人力资源管理人员的主要工作是围绕为员工办理入职和离职手续、计算和缴纳社会保险和公积金、保管和管理员工人事档案、记录并核对员工考勤、计算并发放员工工资等一系列偏重基础性的、标准性的、事务性的、重复性的人力资源工作。

第二层为人力资源管理工作层。在这个层面，人力资源管理人员逐渐开始从事岗位管理、能力管理、招聘管理、培训管理、绩效管理、薪酬管理、福利管理、职业发展、员工关系管理等以管理性为主、以事务性为辅的人力资源工作。

第一层为战略人力资源管理工作层。在这个层面，人力资源管理人员除了需要从事第二层和第三层的工作之外，还会有人力资源规划、组织机构设计和变革等定位在战略管理层面的人力资源管理工作。

人力资源部门在这三层工作中的内容和侧重点，对应着企业人力资源管理发展的四个不同阶段：人事管理（劳资管理）阶段、人力资源管理阶段、战略人力资源管理阶段和人力资本管理阶段。

（1）人事管理阶段，也可以称为劳资管理阶段。处在这个阶段的人力资源部门几乎没有第一层的工作，有少量第二层的工作，大部分的时间和精力是从事简单、重复、事务性的第三层的工作。许多处在这个阶段的公司管理者甚至搞不清楚人力资源管理和行政管理的区别，从而将人力资源部门的工作和办公室的工作混为一谈。

（2）到了人力资源管理阶段，企业管理层开始意识到人力资源管理工作的重要性，人力资源部门管理性的工作逐渐增多，管理职能逐渐显现，第一层的工作逐渐受到重视，第二层的工作内容逐渐增多，第三层的工作更加细致严谨。

（3）随着企业的业务发展，对人力资源管理工作的要求越来越高。企业不仅需要人力资源部门在第二层和第三层工作中做得更扎实，更要能够熟练地驾驭第一层的工作。人力资源部门要有能力承接组织的战略，做好人力资源战略规划；要能够根据组织发展的要求设计和规划组织机构；要能够根据组织的需要，引领管理变革。到这个阶段时，企业就进入了战略人力资源管理阶段。

从实操层面学习人力资源管理，可以按照由易到难的顺序，即从第三层的员工入职管理开始到第一层，再到人力资源管理系统。从应用人力资源系统的角度形成更加系统的思维，反过来再次循环地学习又会有新的感受和收获，人力资源管理实操学习路径如图1-2所示。

（4）当人力资源部门能够熟练地平衡这三个层面的工作，将一切的管理和事务性工作有序、平稳地开展时，随着组织发展对核心人才的需求和重视，人力资源管理将会逐渐进入第四个阶段——人力资本管理阶段。在这个阶段，人逐渐被视为可以增值的资本，而不仅是可以被利用的资源。人真正成为组织的核心，人力资源管理的战略地位更加突出。

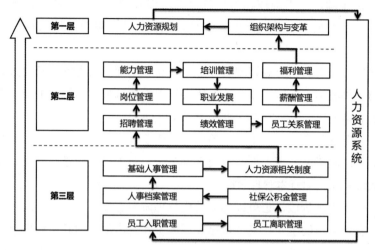

图 1-2   人力资源管理实操学习路径

1.2   人力资源规划程序

做人力资源规划是为了承接和满足企业总体的战略发展要求，促进企业人力资源管理工作更好地被开展，协调人力资源管理各模块的工作计划，提高企业人力资源的工作效率，让企业的目标和员工个人发展的目标达成一致。

人力资源规划有狭义和广义之分。狭义的人力资源规划指的是人员的配置计划、补充计划和晋升计划。广义的人力资源规划除了以上三项外，还有员工的培训与发展计划、薪酬与激励计划、绩效管理计划、员工福利计划、员工职业生涯规划、员工援助计划等与人力资源管理相关的一系列计划的总和。本节主要介绍狭义的人力资源规划。

人力资源规划程序可以分成以下五步，如图1-3所示。

（1）信息收集，收集、调查、整理企业的战略规划、内部经营状况，以及内外部的人力资源情况等各类相关信息。收集的信息应全面、真实、有效。企业的战略规划应包含市场、产品、技术、扩张等经营管理层面的全部规划。

（2）现状分析，对所有收集到的信息材料进行整理分析，包括对需求的分析和对供给的分析；做供给分析时需注意，供给分析可以分为内部供给和外部供给，应本着先内部再外部的原则，而不能只关注外部供给。

（3）供需预测，通过定量和定性方法对人力资源的供需状况进行预测；在预测前，需要对当前的人力资源情况进行盘点，包括人力资源的数量、质量、能力、层次、结构、离职率等，掌握当前的存量情况，在盘活存量的基础上，预测未来的增量情况。

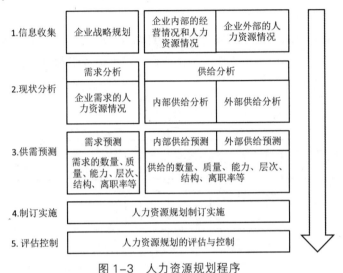

图 1-3　人力资源规划程序

（4）制订实施，根据前三步的分析和预测，制订人力资源规划并开始实施。需要注意的是，在编制人力资源计划时，既要充分考虑企业的短期需求，也要充分考虑企业的长期需求；既要促进企业现有人力资源价值的实现，又要为员工的长期发展提供机会。

（5）评估控制，使人力资源规划在实施的过程中进行有效的评估和控制。由于内外部环境的变化、公司战略的调整和人力资源规划本身的欠缺，人力资源规划在实施过程中常出现不适宜的问题，为此，人力资源部门应及时修改和调整人力资源规划策略。

1.3　组织机构

组织机构是一种组织的构成形态，是组织为了达成战略目标而设计出的对人力资源的上下级关系、平行关系、内外部关系、工作流程、岗位职权、岗位职责、工作内容、工作目标等各类要素的组合配置方式。

根据管理流程、上下级关系和分工模式的不同，组织机构可以分成很多种类型。这些不同类型的组织机构不存在绝对的好与坏，一般认为，能够完成组织战略目标的最简单、最有效的组织机构就是最优的组织机构。

1.3.1　职能型组织机构

职能型组织机构具有简单、传统的组织类型，目前被我国绝大多数中小型企业采用。职能型组织机构是采取自上而下的纵向管理关系，按照职能将组织划分成不同的部门，各部门各司其职、分工协作，最终达成组织目标。职能型组织机构样式如图 1-4 所示。

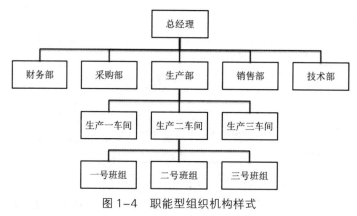

图 1-4　职能型组织机构样式

职能型组织机构的优点如下。

- 结构简单、分工明确；
- 权责划分清楚；
- 管理成本较低。

职能型组织机构的缺点如下。

- 各职能部门之间的横向配合容易出问题；
- 可能过分强调各部门的专业分工，忽略融合统一；
- 职能部门之间的沟通可能缺乏弹性；
- 组织达到一定规模后，可能造成沟通不畅。

1.3.2　事业部型组织机构

事业部型组织机构是一种分权制的组织形式，这种组织机构类型在欧美大型企业中被广泛应用。它具体的表现形式是组织按照地区、市场、产品或顾客的相近性的独立责任的部门划分成多个事业部。各个事业部之间独立经营、独立核算，并具有一定的自主权。事业部型组织机构样式如图 1-5 所示。

各事业部的负责人对本事业部的生产、销售、管理、业绩等负责。总经理对事业部下达任务目标或绩效指标，保留对事业部的财务控制权、人事任免权以及其他与职能相关的监督和控制权。

如果公司规模较大，产品、市场、地域等情况较复杂，在一个事业部下可再分设多个事业部，形成超事业部型组织机构。比如，某集团公司除了设置职能部门外，还设立了分别以饮品、家电和房地产为主营业务的三大事业部。但由于三大主营业务中各自产品和地域不同，经营和管理方式也各不相同，所以在三大主营事业部下又分设不同的事业部，超事业部型组织机构样式如图 1-6 所示。

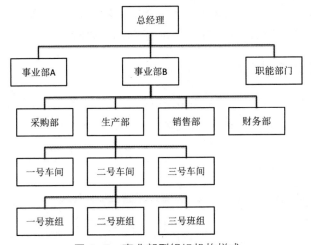

图 1-5　事业部型组织机构样式

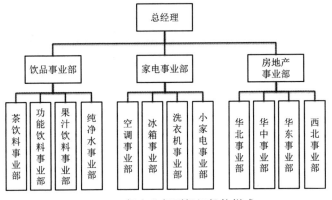

图 1-6　超事业部型组织机构样式

事业部型组织机构的优点如下。

● 企业的灵活性和适应性更强；

- 权力下放，总公司高层管理者能够从日常管理工作中解放出来；
- 权责利分工相对较明确；
- 通常能够保证公司获得稳定的业绩；
- 有助于培养管理团队的后备人选。

事业部型组织机构的缺点如下。

- 横向与纵向之间的沟通与协调工作较复杂；
- 需要的管理机构较多，管理成本较大；
- 管理人员较多，对管理人员的素质要求较高；
- 有可能架空总公司的领导，让总公司对事业部失去控制；
- 事业部之间可能存在竞争，产生内耗，较难协调。

1.3.3 矩阵型组织机构

矩阵型组织机构是一种目标型组织机构，它是以完成某项具体工作为目的而组成临时工作小组的组织形式。这类组织机构中的项目小组往往目的性和适应性较强，可以随时成立或解散。项目小组内的成员受部门负责人和项目小组负责人的双重领导。矩阵型组织机构样式如图1-7所示。

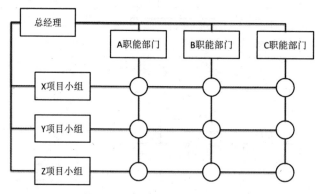

图1-7 矩阵型组织机构样式

矩阵型组织机构的优点如下。

- 强化组织中的横向联络，使横向联络与纵向联络相结合；
- 提高组织形式的机动性和灵活性；
- 激发团队协作意识，提高人力资源的工作效率；
- 能有效地实现分权管理。

矩阵型组织机构的缺点如下。

- 双重领导可能会使员工无所适从；
- 员工组合有临时性的感觉，可能造成责任感不强；
- 项目小组的负责人可能出现权力较小、责任较大的问题。

1.3.4 多维立体型组织机构

多维立体型组织机构是矩阵型组织机构的发展和延伸，它是将事业部型组织机构和矩阵型组织机构有机结合后形成的新型组织机构模式。这种组织机构多运用于规模较大、产品多样、跨地域较广的超大型公司。

多维立体型组织机构通常包括三个维度的管理机构：一是按照部门职能划分的专业参谋机构，属于专业成本中心；二是按照产品划分的不同事业部，属于利润中心；三是按照地区划分的管理机构，属于地区利润中心。多维立体型组织机构样式如图 1-8 所示。

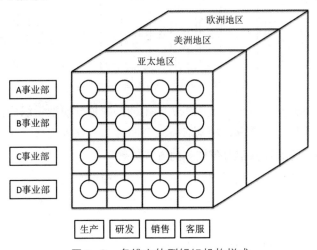

图 1-8 多维立体型组织机构样式

多维立体型组织机构的优点如下。

- 能够最大限度地满足顾客的需要；
- 更加容易从全局性考虑问题，便于公司层面集体决策；
- 人力资源能够有效地在组织内灵活共享；
- 能够适应更加复杂的外部经营环境。

多维立体型组织机构的缺点如下。

- 员工可能面临三重管理关系，更加容易无所适从；
- 对员工的沟通能力和人际关系能力要求较高；

● 组织机构较复杂，管理成本较高，可能影响决策效率。

1.3.5　模拟分权型组织机构

模拟分权型组织机构是在职能型组织机构的基础上，根据各部门的特点以及在管理上的不同要求，将组织划分成类似于事业部的多个单位，将其作为独立的生产经营部门，模拟独立经营、独立核算、自负盈亏。模拟分权型组织机构样式如图1-9所示。

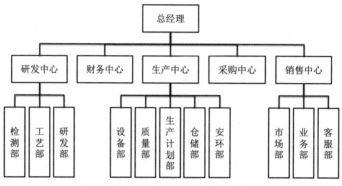

图1-9　模拟分权型组织机构样式

需要注意的是，与事业部型组织机构不同，模拟分权型组织机构划分的部门并非真正意义上的经济实体，通常只有总公司才具有法人资格。其他部门的独立经营和自负盈亏是通过内部财务核算的方式体现。

这种组织机构大多适用于已经具备了一定规模的企业，这种企业生产的规模性、稳定性或连续性较强，具备一定财务管理能力，采用一种统分结合的管理模式，同时具备职能型和事业部型组织机构的特点。

模拟分权型组织机构的优点如下。

● 适应性更强，可以作为职能型组织机构管理上的补充；
● 能够激发各部门的积极性，提升组织活力，提高效率；
● 相比职能型组织，权责利的划分更清晰，员工责任感更强。

模拟分权型组织机构的缺点如下。

● 相比职能型，组织的横向沟通和交流难度更大；
● 许多职能部门的计划和目标难以量化；
● 内部价格的确定容易引发矛盾。

1.3.6　流程型组织机构

流程型组织机构是以满足顾客需求为导向、以业务流程为中心的组织机构类型。这种组织机构以迈克尔·波特（Michael Porter）的价值链模型为理论基础，在组织中并不强调纵向的管理线，而是采取以横向的流程线为主、以部门职能为辅的管理模式，一切重心导向结果和顾客。流程型组织机构样式如图 1-10 所示。

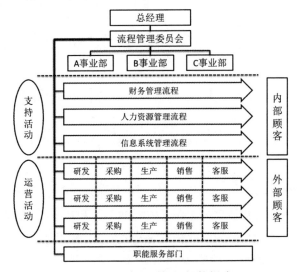

图 1-10　流程型组织机构样式

流程型组织机构的优点如下。

- 实现组织的扁平化管理，高层信息容易传达至基层；
- 横向沟通更顺畅，减少部门间的不配合；
- 组织内的一切努力都是以市场和顾客为导向，能够提高组织的运行效率；
- 组织的适应性和灵活性更强。

流程型组织机构的缺点如下。

- 流程的设计、确定、修改等工作较为复杂困难；
- 与传统纵向职权型的管理方式差别较大，员工接受度较低；
- 对员工能力素质的要求较高。

1.3.7　网络型组织机构

网络型组织机构是一种虚拟组织机构，它的关键词是"联合"与"外包"。

它是通过信息技术等手段，把研发、供应、生产、服务等各类企业或个体连接成一个经济联合体。通过与经济联合体内其他企业或个体的互动，企业可以专注于某个细分领域，保持自身的核心优势，实现做强组织能力而不需要做大组织规模。网络型组织机构样式如图1-11所示。

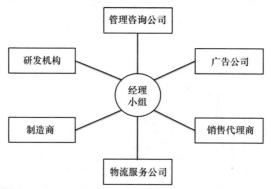

图1-11　网络型组织机构样式

成立初期的微软公司（Microsoft Corporation）采取的就是网络型的组织机构。当时的微软公司是由比尔·盖茨（Bill Gates）和几个人的团队组成，他们专注于软件开发，其他工作则采取网络化的外包与合作的形式。

网络型组织机构的优点如下。

- 能够优化各企业之间的资源配置，实现优势互补；
- 降低企业的管理成本，提高沟通效率；
- 有利于激发团队精神，促进员工间的相互合作；
- 组织的适应性和灵活性更强，变化更迅速。

网络型组织机构的缺点如下。

- 企业或个体之间的关系较复杂，出现问题难以协调；
- 有泄露组织核心机密的风险；
- 可能会增加潜在的竞争对手；
- 需要有一定的能力和技术条件支持。

1.3.8　阿米巴型组织模式

阿米巴模式是将整个公司分割成许多个小型组织，每个小型组织都作为一个独立的利润中心，按照微型企业的方式进行独立经营。阿米巴模式的典型代表是韩都衣舍。作为一个互联网服装企业，韩都衣舍曾经用8年的时间，从年销售额

300 万元增长到 15 亿元。在这背后，组织机构的创新发挥了巨大的作用。

这种模式成功的关键在于明确了企业的发展方向后，将它传递给每名员工。韩都衣舍做到了去中心化，以产品小组为核心的管理模式。韩都衣舍里的每个职能部门都是围绕产品小组服务的，韩都衣舍的阿米巴小组组成样式如图 1-12 所示。

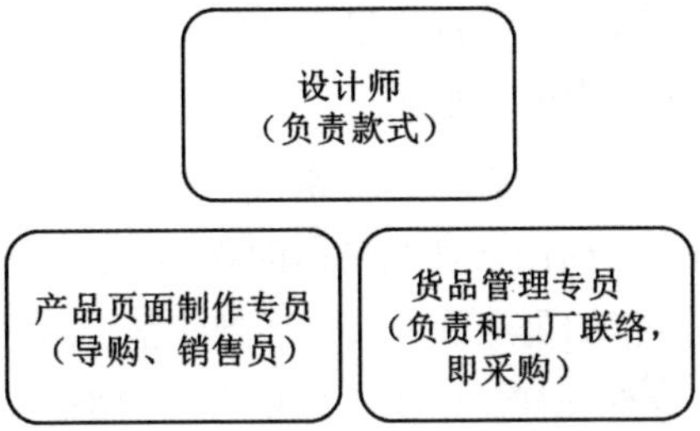

图 1-12　韩都衣舍阿米巴小组组成样式

阿米巴小组有自己的责权利划分方式，比如图 1-12 中的阿米巴小组的任务是完成业绩指标，包括销售额、毛利率、库存周转等指标；权力包括确定产品款式（颜色、尺码）、确定价格（有一定的区间）、确定某一款需要参加什么活动、确定促销和打折的力度等；利益包括销售业绩提成（销售额 × 毛利率 × 提成系数）。

阿米巴模式的优点如下。

- 激发员工的工作积极性；
- 把决策权由管理者分散给小组织，实现了全员参与；
- 能够实现经营、管理、决策过程的高度透明；
- 真正实现自上而下的贯彻战略和自下而上的参与运营；
- 能够培养大批具备独立经营能力的领导候选人。

阿米巴模式的缺点如下。

- 以核算作为衡量员工贡献的重要指标，对财务管理要求较高；
- 可能会导致阿米巴小组之间的恶性竞争；
- 实施阿米巴模式的公司必须具备一定的实力。

1.3.9　组织机构设计

当遇到战略性的管理变革、建立新公司、扩张新业务、公司业务将会有重大转型、公司经营环境发生剧烈变化、公司面临并购或重组、公司需要规范化管理等情况时，往往需要进行组织机构设计。

在进行组织机构设计时，需要遵循以下原则。

（1）承接战略。组织机构的存在是为了服务于战略，在设计组织机构之前，一定要首先考虑战略的需求。如果不明确战略就盲目进行组织机构设计，必然会导致组织机构的有效性和适应性大打折扣。

（2）务实高效。务实高效是对组织工作的基本要求，是组织健康运转的前提，也是组织长久发展的必要条件。在设计组织机构时，需要避免机构或岗位的冗余，保持对组织较高效率工作状态的要求。

（3）合理的管理幅度。管理幅度分为横向和纵向管理幅度两种，两种管理幅度应保持在合理的范围内。横向管理幅度指的是部门内部一个管理者能够管理下属的幅度；纵向管理幅度指的是组织内最高层到最基层之间的幅度。

（4）运营、监督、管理分开。组织中既要有运营部门，又要有监督部门，还要有管理部门。负责运营的部门与负责监督的部门应有效地分开，监督和管理部门可以合并，也可以分开，做到组织中既有"运动员"，又有"裁判员"。

（5）权责利对等。岗位的职权、职责和获得的利益要能够实现对等，否则就容易出问题。责大权小利薄，不利于人才长期稳定留在组织发展；责小权大利厚，虽然人才愿意留下，但对组织发展是不利的。

对于传统的以科层制纵向管理模式为主的企业，组织机构设计的步骤可以分成以下三步。

（1）设计岗位。

岗位是组织中最基础的单位，岗位管理是人力资源管理的核心。岗位设置的依据是工作任务和目标。在设计岗位时，要明确岗位的工作权限、工作职责、工作内容、薪酬范围、职级范围、上下级关系、考核指标、能力要求等关键要素。

（2）设计部门。

部门是由一系列岗位组成的工作单位。将岗位打包合并后，就形成了部门。部门的划分是一个自上而下和自下而上结合的过程。先自上而下地根据公司需求顶层设计，形成初步的部门划分，再自下而上地根据岗位的工作内容和关联度形成正式的部门。

部门的组织方式多种多样，可以按照职能划分、按照地域划分、按照产品划分、按照流程划分，也可以按照顾客划分。与岗位设计类似，设计好部门后也需要设计出部门的最高权限、职责、内部岗位设置、编制设置、从属关系、上下级关系等。

（3）设计层级。

横向的管理幅度一般以 5 ～ 10 人为宜。一般来说，管理层级越高，横向管理幅度宜越窄；管理层级越低，横向管理幅度宜越宽。为减少沟通成本，提高组织的工作效率和反应速度，纵向的管理幅度一般越窄越好。

1.3.10　组织机构变革

根据 DeAnne Aguirre 教授提供的统计数据，企业变革行为的成功率非常低，仅有 54% 的变革能真正获得成功。大部分的变革无法达到预期的效果，通常的结果是浪费了公司大量的资源（包括时间、人力、金钱），且削减了员工的士气。

总结起来，企业变革失败的原因主要有以下几点。

（1）在没有充分准备好的情况下进行变革，变革相关的管理团队随意决策和执行，只关注想要的结果却不想理会实施的方法和过程。做出改变之前，不做调研和评估，不做准备和计划，说改就改，说变就变。恨不得今天还在赶牛车，明天就要开飞机。

（2）企业 CEO 或者高管团队只想发号施令，说公司这里有问题，那里也有问题；这里需要改，那里也需要变。变革推动者们自己不行动，组织不会因为单纯的命令而自己改变。这不但不起作用，长期的只说不做反而会让组织产生听觉疲劳，久而久之，整个组织对 CEO 或者高管团队的指令越来越没有感觉。

（3）变革过程中，变革管理者会有种自然的心理假设，以为所有员工的思维、认识、沟通、敬业度都和自己一样，都能够很容易地接受变革；以为变革过程中的沟通就是搞几场培训、开几个会议、听几个汇报；以为给变革搞出一套奖励政策来就能推动变革、提升组织效能了，但结果并非如此。

企业变革的目的不是为了成功，而是为了能够更好地在市场环境下生存。组织变革在企业中永远是一件重要而不紧急的事情，有时候不变革不会影响组织的生存，可是一旦到了组织真的出现问题的时候再进行变革，往往为时已晚。

当组织机构需要变革时，组织通常会展示出以下特点。

- 内部沟通不畅，权责不清，分工不明；
- 决策、指令等信息传达力度弱；
- 机构臃肿，人员庞杂，办事效率低下；
- 缺乏活力，缺少创新和进取的动力；
- 人浮于事，推诿、纠纷等内耗现象较多；
- 员工士气低落，员工满意度和敬业度较低；
- 中高层管理人员离职率增多，各类请假较多；
- 各部门之间的职责有重叠的部分。

　　企业进行组织变革的关键，是要建立和发挥指挥计划系统、沟通联络系统、检查反馈系统和执行监督系统四个系统间的相互作用。同时，要调整好决策层、管理层、执行层和操作层四个层面间的定位、分工与协作。

　　组织在进行变革时，应注意遵循目标一致、效率优先、保持灵活、有效授权、职责唯一、分工明确、权责利对等、统一指挥、划分职权等级、保持各方平衡、工作任务优先、合理管理幅度等原则。

第**2**章

岗位与能力管理

岗位与能力管理是人力资源管理工作的基础，是区分传统的人事管理与人力资源管理的分界线。如果没有岗位与能力管理，人才的招聘、培训、绩效、薪酬、评估、晋升等人力资源管理工作都如无源之水、无本之木，没有了参照和依据。

2.1　岗位管理

岗位是组织中最小的基本单位。它属于组织而非任何组织成员，它承接了组织战略的分解目标，以结果为导向，动态而稳定地存在。岗位就像是一把一把的椅子，当一个员工离开组织时，他带走了他的工作风格、知识技能和业绩表现，但他的岗位依然存在。

2.1.1　岗位体系的应用

岗位体系是人力资源管理体系的基础，它直接与薪酬管理体系、绩效管理体系、职业发展体系等形成关联关系并相互作用，保证公司能够持续不断地吸引、激励、保留优秀人才。比如，有了岗位体系，就可以根据岗位确定薪酬和福利的标准；绩效体系的结果，又可以作为个人升职、降职、调薪、激励的依据。岗位管理体系与薪酬绩效管理体系之间的关系如图 2-1 所示。

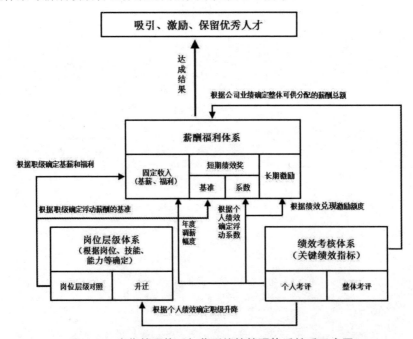

图 2-1　岗位管理体系与薪酬绩效管理体系关系示意图

岗位管理体系包含的内容有岗位层级、岗位族群/序列、岗位发展通道、岗位图谱和称谓、岗位管理制度，如图 2-2 所示。

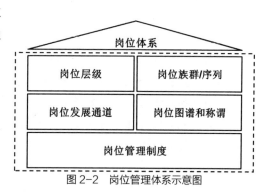

图 2-2 岗位管理体系示意图

1. 岗位层级

岗位的层级划分是组织管理的纵向权限分布，是岗位的汇报层级关系，是岗位的相对价值分布。可以通过专业知识、岗位能力、贡献大小、业务领域影响力等角度来测量岗位的价值，划分岗位层级。

2. 岗位族群/序列

岗位族群是由一系列工作内容相似，需要的知识、技能相似的岗位组成的岗位集合，领域相同或相近的岗位组成的岗位集合。对岗位族群做进一步细分，可以形成岗位序列和岗位角色。

建立岗位族群/序列体系，一是为人力资源调配提供一个新的工具，实现对数量庞大的岗位进行动态管理；二是建立多通道的职业发展路径，拓宽员工在企业的发展空间，增强对核心人员的保留与激励。

岗位族群和序列的逻辑关系如图 2-3 所示。

	序列	管理序列	人力资源序列	财务管理序列		行政序列	
辅助活动	角色	高层管理	人力资源	财务	审计	档案管理	行政文秘
	序列	技术序列		科研项目管理	质量控制序列		安环管理
	角色	技术研发	生产工艺	项目管理	质量检测	体系认证	安环管理
	序列	后勤保障序列					信息序列
	角色	保卫	司机	厨师	宿管	勤杂	信息管理
基本活动	序列	采购序列	生产序列			市场序列	
	角色	物资供应	仓库管理	设备维修	生产实施	生产统计	市场开发维护	售后服务

图 2-3 岗位族群和序列的逻辑关系示意图

3．岗位发展通道

（1）横向职业通道。

采取工作轮换的方式，通过横向的调动，使工作具有多样性，使员工焕发新的活力、迎接新的挑战。这种方式虽然没有加薪或晋升，但可以增加员工的新鲜感和价值。如果组织没有足够多的高层职位提供给每个员工，而长期从事同一项工作使人倍感枯燥无味，便可采用此种模式。

（2）双重职业通道。

双重职业通道是指管理通道和技术通道两条通道，沿着管理通道可以通往职级更高的管理职位；沿着技术通道可以通往更高级的技术职位。在组织中，两条通道在同一等级上的地位和利益是平等的。员工可以自由选择两条通道中的任意一种发展。这种模式可以保证组织既拥有高技能的管理者，同时又拥有高技能的专业技术人员。

（3）多重职业通道。

这种模式是在双重通道的基础上又分成多个通道，为员工提供更多的机会和发展空间。比如，有的公司为发展到一定层级后的管理通道上的员工提供带领团队创业或者成为合伙人的机会；有的公司为发展到一定层级后的技术通道上的员工提供技术带头人通道或技术管理人员通道。这种模式为员工提供了更多的职业发展的选择机会。

岗位通道发展示意图如图 2-4 所示。

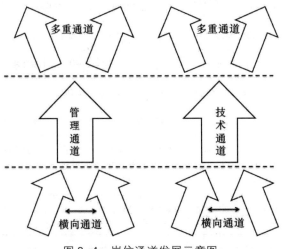

图 2-4　岗位通道发展示意图

4．岗位图谱和称谓

（1）确定图谱中称谓。根据岗位族群序列结果和岗位层级确认结果，选取图谱中的称谓。

（2）确定岗位角色，根据岗位称谓细分工作角色。

某公司岗位图谱和称谓之间的关系如图 2-5 所示。

对应等级	管理通道 岗位称谓	技术通道 岗位称谓
16～18	总监	首席工程师
13～15	高级经理	资深工程师
10～12	经理	高级工程师
7～9	高级主管	中级工程师
4～6	主管	工程师
1～3	专员	助理工程师

图 2-5 某公司岗位图谱和称谓关系示意图

5．岗位管理制度

完整的岗位管理制度，至少要包括目的、适用范围、原则、定义、支持文件（其他相关的制度或规定）、岗位设置、岗位编制、岗位分类、岗位等级、任职资格、晋升管理（条件、方式、选拔、评定）、降级管理、转岗管理、借调管理、待岗管理、转正管理、离职管理等。

2.1.2 岗位分析的方法

岗位分析是指通过观察和研究，掌握岗位的性质、责任、任务、目标、组织内部相互关系等，同时确定从事该岗位人员需要具备的素质、知识、技能、经验。岗位分析的流程相对比较简单，但工作烦琐，需要不断重复，工作量也较大，工作时需要耐心和细心。具体流程如图 2-6 所示。

图 2-6 岗位分析的流程

在进行岗位分析前，需要做好充分的准备工作，包括以下内容。

1．建立岗位分析小组

建立岗位分析小组，分配进行分析活动的责任和权限，明确分析活动的流程、方法及安排，以保证分析活动的协调和顺利完成。分析人员应具有一定的经验，同时要保证他们进行活动的独立性。

2. 了解企业战略、组织、流程

岗位分析源于企业战略、业务流程、管理流程及组织设计，最终把实施战略的责任分解落实到员工个人。

3. 选择被分析部门及岗位

选择有代表性、典型性的岗位进行分析。在收集岗位分析的相关信息资料之前，应向被访谈员工介绍岗位分析的目的、过程及意义，并告知他们希望其如何配合。

4. 选择信息来源

可能的信息来源包括组织设计、业务流程说明书、管理流程等书面文件；岗位任职者、管理监督者、内外部客户、岗位分析人员等的反馈；外部成熟公司或者咨询机构提供的岗位分析汇编、职业名称辞典等资料。在收集整理信息时应注意以下问题。

- 不同来源的信息差别；
- 应从不同角度收集，不要事先抱有偏见；
- 应结合实际，不可照抄照搬。

收集资料是岗位分析工作中最重要的一环。需要收集的资料包括岗位名称、工作内容、工作职责、工作环境、任职资格等。判断收集的资料是否齐全，可以看是否保证能够回答下列问题：

- 岗位的名称是什么？
- 岗位上下级的汇报情况是什么？
- 岗位存在的基本目的是什么？存在的意义和价值是什么？
- 为达到这一目的，该岗位的主要职责是什么？为什么？
- 什么是该岗位独有的职责？（该问题使分析者能够从更宏观的角度看待该岗位）
- 什么是该岗位最关键的职责和负责的核心领域？（该问题能帮分析者搞清楚公司对该岗位的核心定位是什么）
- 该岗位任职者需要负责并被考核的具体工作成果是什么？
- 该岗位的工作如何与组织的其他工作协调？
- 组织的内部和外部需要有哪些接触？何时接触？怎样接触？为什么？
- 怎样把工作分配给该岗位员工，如何检查和审批工作？
- 该岗位有怎样的决策权？

- 该岗位工作的其他特点 / 要求，如出差，灵活性要求，特殊的工作环境等。
- 要获得所期望的工作成果，该岗位任职人员需要有什么行为、技能、知识和经验？（该问题能帮分析者找出能胜任该岗位的人员所必需的能力和个人素质）

2.1.3　岗位资料的分析

岗位资料分析的方法可以分为以下几种。

1．工作实践法

工作实践是指岗位分析人员实际从事该项工作，在工作过程中掌握有关工作的第一手资料。采用这种方法可以了解工作的实际任务以及在体力、环境、社会方面的要求。这种方法适用于短期内可以掌握的工作，但是对那些需要进行大量训练才能掌握或有危险的工作，不适宜采用此种方法。

2．观察法

通过对特定对象的观察，把有关工作各部分的内容、原因、方法、程序、目的等信息记录下来，最后把取得的职务信息归纳整理为合适的文字资料。采用这种方法取得的信息比较广泛、客观、正确，但要求观察者有足够的实际操作经验且使用结构性问题清单。这种方法不适用于循环周期长的工作和以脑力为主的工作。

3．问卷法

通过结构化问卷来收集并整理信息的方法，具体包括问卷调查法、核对法。该类方法要求公司有较好的人力资源管理基础。问卷调查法即根据职务分析的目的、内容等编写结构性问卷调查表，由岗位任职者填写后回收整理，提取出岗位信息；核对法是根据事先拟定的工作清单对实际工作活动的情况进行核对，从而获得有关工作信息的方法。岗位分析调查问卷如表 2-1 所示。

表 2-1　岗位分析调查问卷

填表日期：

工作部门			职务名称		

一、概述
1. 该岗位存在的目的是什么？
2. 该岗位的职责是什么？需要负责和被考核的具体成果是什么？

续表

二、职责内容

1. 什么是该岗位应有的职责？

2. 什么是该岗位最关键、最核心的职责？

3. 还有哪些突发的临时的工作？

工作项目	处理方式及程序	所占每日工作时数

三、职责程度

1. 工作复杂性

2. 所受监督

3. 对工作结果的负责程度（对自己、部门或整个公司负责）

4. 与人接触程度（公司内部、外部）

四、环境是否特殊：噪声、辐射、污染、异味

五、需要什么行为、素质、知识、经验

填表人签字		所属部门		直接上级签字	

2.1.4　岗位面谈法的应用

通过岗位分析人员与任职人员面对面的谈话来收集信息资料，包括单独面谈和团体面谈。此法较适用于行政管理、专业技术等难以从外部直接观察到的岗位。此法需要岗位分析人员掌握较好的面谈技巧。岗位面谈法的基本步骤如图2-7所示。

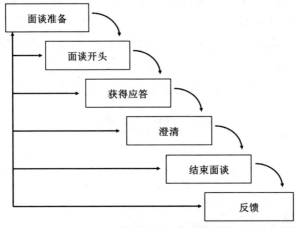

图 2-7　岗位面谈法的基本步骤

1. 面谈准备的重点和注意事项
- 明确确定面谈目标；
- 事先准备有关资料；
- 让面谈者做好准备；
- 事先做好时间约定；
- 地点选择在不受干扰之处。

2. 面谈开始的重点和注意事项
- 解释面谈的目的；
- 告诉对方你会记一些笔记；
- 获得对该工作的总体认知；
- 采用较友好的方式；
- 营造一个较为宽松的环境；
- 去除偏见；
- 保持目光接触。

3. 获得应答的重点和注意事项
- 工作分析面谈是一种事实挖掘的面谈，切记，其目的是获得事实而非观点或偏见；
- 要引导整个面谈过程；
- 把对方带回主题；
- 让对方有时间思考。

4. 澄清的重点和注意事项
- 使用提问和倾听技巧；
- 及时澄清任何不清楚的问题。

5. 结束面谈的重点和注意事项
- 核查一下是否已获得了所有的信息；
- 询问对方是否还有话说；
- 总结关键信息并告知下一步行动；
- 感谢对方所投入的时间和努力。

6. 反馈的重点和注意事项
- 趁你还比较记得细节时写出岗位说明书；
- 对还不够清楚的问题再去询问；
- 向该岗位任职人员或其上级领导反馈；

- 讨论和修改。

在面谈时，根据要求的不同，可以将提问分成以下两种方式。

（1）提问式：提出问题要求回答。比如，在什么样的情况下你需要获得上级的批准？

（2）陈述式：直接要求被面谈者就某一方面问题进行陈述。比如，请告诉我……

根据所提问题的性质不同，可以将提问分为以下两种方式。

（1）开放式：对回答内容完全不限制，给被面谈者自由发挥的空间。比如，你的日常工作主要包括哪些内容？

（2）封闭式：回答通常为"是"或"否"，或者其他给定的选项。比如，你是否负有人员管理职责？

根据提问内容和时机的不同，可以将提问分成以下四种方式。

（1）探究式：对同一个问题进行追问，以获得全面、透彻的了解。比如，在组织用户活动中具体包括哪几个环节？

（2）连接式：对一个问题上下游的或有关联的其他问题进行追问。比如，在交付了这个项目后，还需要做什么后续工作吗？

（3）澄清式：对有疑问的问题进行复述以确认自己准确地理解了被面谈者想表达的意思。比如，你的意思是你只有权审批500元以下的费用报销单，是吗？

（4）总结式：在被面谈者基本完成陈述后，总结其陈述内容，予以确认并追问是否有遗漏。比如，你刚才介绍了这个岗位的主要工作包括……还有其他需要补充的吗？

在面谈时应注意避免以下四种提问方式。

（1）诱导性问题。比如，我觉得你不喜欢督导你的员工，是吧？

（2）连珠炮式问题。比如，你的日常工作有哪些？你每周要接触多少客户？下多少个订单？有没有权限审批费用？

（3）偏见式陈述。比如，库管人员常常没什么事干。

（4）多选式问题。比如，你是每周、每月，还是每季度与客户见一次面？

分析岗位资料和面谈结果是对获得的资料进行汇总、整理、分类、总结，并进行必要的判断，从而得出对岗位的全面、准确和有条理性的认识。

（1）岗位名称分析，是岗位名称标准化，便于了解工作性质和内容。

（2）工作职责分析，包括工作内容、工作职责、工作关系等内容。

（3）工作环境分析，包括物理环境、安全与健康环境、社会环境等内容。

（4）任职资格分析，包括素质、知识、技能、经验、体能等内容。

2.1.5 岗位说明书的编写

根据岗位分析的结果，可以编写岗位说明书，编写流程如图 2-8 所示。

确定岗位说明书格式 → 逐项进行职责描述 → 小组讨论 → 反馈和确认

图 2-8 岗位说明书的编写流程

1．岗位说明书的格式

岗位说明书的格式因公司发展阶段不同、需求不同、岗位分析的目的不同等因素，可繁可简。标准的岗位说明书模板如表 2-2 所示。

表 2-2 岗位说明书模板

岗位编码		岗位名称		所属单位	
所属部门		直接上级		直接下级	
下属人数		文件原件		文件附件	
岗位设置目的					

工作关系：

```
            上级
内部关系 ←→ 本岗位 ←→ 外部关系
            下级
```

内部关系联系的内容	
外部关系联系的内容	

工作权限	
1	
2	
3	

工作职责	
职责 1	
主要任务	1. 2.

续表

职责 2	
主要任务	1. 2.
职责 3	
主要任务	1. 2.
工作时间、地点与环境	
工作时间	
工作地点	
工作设备	
工作环境	
关键业绩指标	
任职要求	教育背景： 从业经验： 知识结构： 工作能力： 个性特征：

本岗位说明书有效期限：_____年____月____日至 _____年____月____日

编制人员		审核人员		批准人员	
编制日期		审核日期		批准日期	

2．职责描述

岗位设置目的栏需用简练而准确的语言来描述本岗位在单位及部门中存在的目的和作用。编写前，需要考虑以下问题。

（1）该岗位实现了公司及部门的哪些目的和作用？

（2）如果该岗位不存在，会对公司或部门造成哪些影响？

（3）格式是否为"工作依据＋工作内容＋工作成果"？

注意：岗位设置目的的陈述不包括达成结果的过程。

在编写职责描述时，需注意以下问题。

● 其代表了岗位的主要产出；

● 描述了工作的成果而非过程；

● 每一个说明描述了单独的、不同的最终结果；

● 不是广义的、含糊的说明；

● 每一个说明都是没有时限的，如果岗位没有改变，则职责不会改变；

- 是在该岗位工作的人所负有的职责以及工作所要求的最终结果；
- 是岗位长期及经常性的工作，而不是短期或临时性工作；
- 按照岗位职责的重要性顺序填写，重要的职责填写在前面；
- 每条职责描述不超过 50 字。

除非是特别重要的职责，每项职责占用的时间一般应大于所有职责的 5%，未被逐条详细描述的其他职责所占用的时间一般不超过该岗位完成所有职责工作时间的 10%。紧密相关的（例如，用于完成一项任务的几个步骤）或类似的职责可以归为一条职责来描述，除此之外，尽量避免把几个职责合并在一个小标题下做概要描述。

一份好的岗位说明书包含了准确描述"需要做什么"的以动词开始的语句。可用"起草""审核""执行""指导"等具体动词，尽量避免用"负责"等笼统的词。

 举例

"每季度起草报告"。

"倾听客户的买卖指令"。

"比较部门实际费用与预算费用的差别"。

用动词描述岗位的具体职责时，对每一项职责尽可能对具体的内容进行描述，避免只使用"管理""监控"等词语，要描述出管理监督的具体事项。职责描述语句通常包含的内容有谓语、宾语、目的描述，如表 2-3 所示。

表 2-3　职责描述语句包含内容举例

谓语	宾语	目的描述
收集	财务数据	审核各部门提出的预算费用需求
执行	财务预算	支持公司下年度财务规划
统计	客户数据	向公司管理层汇报老客户的流失率
清洁	机器设备	保证机器能够正常操作
驾驶	员工班车	保证工作日接送员工上下班

3．小组讨论

岗位说明书的起草人在初步起草岗位说明书后，应经过岗位分析小组讨论确定。在讨论过程中如果有不明确的问题，还可以向相关人员进一步了解情况。小组讨论的意义在于：小组各成员对同一岗位有不同视角，他们的意见可保证该岗位说明书内容更加确切、完整，文字表达更加准确。

4．编写岗位说明书

经岗位分析小组讨论确定后的岗位说明书可返回岗位现任职人员或其直接上级，征求反馈意见并进行必要的修改。岗位说明书最终由人力资源部门负责人审核批准，并进行编号，成为正式的岗位说明书档案。

2.1.6　岗位申请的流程

当用人部门有人力需求时，需要填写用工申请表，走岗位申请流程，用工申请表的格式模板如表2-4所示。

表2-4　用工申请表

编号：			
需求部门		部门编制	
申请日期		拟到岗日期	
部门现有人数		定编人数	
拟招聘人数		拟招聘岗位	
是否为增编岗位		若是增编岗位写明原因	
岗位职责			
学历要求		专业要求	
外语水平		计算机水平	
工作技能		其他要求	
部门负责人签字		人力资源部门负责人签字	
分管副总经理签字		总经理签字	

人力资源部门汇总各部门的岗位需求、岗位职责及岗位要求后，形成岗位需求汇总表，报相关领导审批。岗位需求汇总表的模板如表2-5所示。

表2-5　岗位需求汇总表

序号	公司	部门	岗位	专业要求	学历要求	人数	岗位要求	其他要求	需求原因
1									
2									
3									

2.1.7　岗位定编的方法

岗位定编是采取一定的程序和科学的方法，对确定的岗位进行各类人员的数量及素质配备。它要求根据组织的业务方向和规模，在一定的时间内和一定的技术条件下，本着精简机构、节约用人、提高工作效率的原则，确定各类人员必须配备的数量。

编制管理与岗位的分析、设计是密切相关的，岗位确定过程本身就包括工作量的确定，也包括了对基本的上岗人员数量和素质要求的确定。

定编的原则是以组织的经营目标为中心，科学、合理、专业地进行定编。

1．科学

要符合人力资源管理的一般规律，做到精简有效。在保证工作需要的前提下，与行业内标准或条件相同的企业所确立的标准相比较，要能体现出组织机构精干、用人相对较少、劳动生产率相对较高的特点。

2．合理

要从组织的实际出发，结合本组织的业务类型、专业化程度、自动化程度、员工素质、组织文化等，考虑提高劳动生产率和员工潜力的可能性来确定编制人数。正确处理企业直接与非直接经营人员的比例关系。正确安排管理人员与全部员工的比例关系。

3．专业

定编是一项专业性、技术性很强的工作，它涉及业务技术和经营管理的方方面面，它的准确与否直接影响着组织业务的运行。所以，参与这项工作的人，应具备相关领域内比较高的理论水平和丰富的业务经验。

不同公司、不同部门、不同岗位，定编的方法各有不同。有时候组织文化不同，选择的定编方法也不同，有的组织比较偏重科学计算，有的组织比较偏重经验。本书介绍比较常用的六种方法。

1．劳动效率定编法

劳动效率定编法是根据生产任务和员工的劳动效率以及出勤等因素来计算岗位人数的方法，或者说是根据工作量和劳动定额来计算员工数量的方法。因此，凡是实行劳动定额的人员，特别是以手工操作为主的岗位，都适合采用这种方法。

劳动效率定编法的公式如下。

定编人数＝计划期生产任务总量 ÷（员工劳动效率 × 出勤率）。

举例

某企业明年计划生产的产品总任务量是 100 万件，工人平均的生产效率为每天生产 10 件（或劳动产量定额），工人的年平均出勤率为 90%，该企业工人的定编人数应是多少？

计算过程如下。

工人定编人数＝1×10^6÷[10×（365-2×52-11）×90%]＝444（人）（四舍五入）。

其中：

"1×10^6"是计划期内生产任务总量；

"10"是员工每天的劳动效率；

"365"是一年的天数；

"2×52"是全年周六和周日的公休天数；

"11"是每年国家法定节假日的天数；

"90%"是出勤率。

劳动定额的基本形式有产量定额和时间定额两种。如果采用时间定额，则计算公式如下。

定编人数 ＝ 生产任务 × 时间定额 ÷（工作时间 × 出勤率）。

📖🔍 举例

以上例来说，如单位产品的时间定额为1小时，则计算过程如下。

工人定编人数＝1×10^6×1÷[8×（365-2×52-11）×90%]＝556（人）（四舍五入）。

其中：

"1×10^6"是计划期内生产任务总量；

"1"是每件产品需要的小时数；

"8"是每名工人每天工作的小时数；

"365"是一年的天数；

"2×52"是全年周六和周日的公休天数；

"11"是每年国家法定节假日的天数；

"90%"是出勤率。

2.业务数据分析定编法

业务数据分析定编法是根据公司业务数据变化来确定员工人数的方法，通常适用于员工人数与业务数据关联性较大的岗位。这里的业务数据可以包括销售收入、销售量、利润额、市场占有率等。

根据企业的历史数据和战略目标，确定企业在未来一定时期内的岗位人数。

根据企业的历史业务数据及企业发展目标，确定企业短期、中期、长期的员工编制。

根据企业的历史数据，将员工数与业务数据进行回归分析，得到回归分析方程。

根据企业短期、中期、长期业务发展目标数据，确定人员编制。

 举例

某品牌笔记本电脑销售企业今年每月的平均销售额为 1 亿元，预计明年的销售额将比今年增长 20%。通过回归分析，每月销售额与销售人员数量的回归分析方程得数为 4.286×10^{-6}。明年该企业需要的销售人员定编数量应是多少？

计算过程如下。

明年销售人员定编数量＝明年全国月平均销售额 × 回归分析方程得数

$= 1 \times 10^8 \times 1.2 \times 4.286 \times 10^{-6} = 514$（人）（四舍五入）。

业务数据分析定编法中用到的回归分析方法是建立在对未来预测的基础上的。要保证计算结果的准确性，首先要保证预测的准确性，其次要加强数据管理，保留真实的历史数据，便于用统计的方法建立回归分析方程。

3. 行业对标比例定编法

行业对标比例定编法是在某一特定行业中，用组织中某类岗位人数与另一类岗位人数的比例来确定该岗位人数的方法。在组织中，由于专业化分工和协作的要求，某一类人员与另一类人员之间总是存在一定的比例关系。该方法比较适合人力资源管理、行政管理、后勤管理等各种辅助支持类岗位的定员。行业对标比例法的计算公式如下。

某类岗位定编人数＝另一类岗位人员总数 × 行业内对标企业定员比例。

 举例

某连锁餐饮连锁服务业现有一线服务人员 1 万人，在该行业的其他对标企业中，人力资源管理人员与公司一线服务人员之间的比例一般为 1∶100，该企业应配置多少名人力资源管理人员？计算过程如下。

该企业人力资源管理人员人数 $= 1 \times 10^4 \times 1/100 = 100$（人）。

4. 预算控制订编法

预算控制订编法是财务管控型企业中最常使用的定编方法，它通过人力成本预算的金额或比率控制在岗人数，而不对某一部门或某类岗位的具体人数做硬性规定。部门负责人对本部门的业务目标、岗位设置和员工人数负责，在获得批准的预算范围内，自行决定各岗位的具体人数。由于企业的资源是有限的，且与产出是密切相关的，因此，预算控制对企业各部门人数的扩展有着严格的约束。

 举例

某集团公司给 A 子公司设定明年的销售预算额为 10 亿元，预算人力费用率为 10%，A 子公司平均每人每年的人力成本（非工资）为 8 万元，该子公司应配置多少人？计算过程如下。

A 公司定编人数 $= 10 \times 10^8 \times 10\% \div (8 \times 10^4) = 1250$（人）。

其中：

"$10 \times 10^8 \times 10\%$" 是明年的预算人力费用额。

若组织战略调整或市场环境发生较大变化，预算相应发生了重大变化，则定编人数也应相应调整。以上例来说，假如市场形势较好，A 子公司明年的销售预算额调整为 12 亿元，则按照预算控制订编法，该子公司的定编人数如下。

A 公司定编人数 $= 12 \times 10^8 \times 10\% \div (8 \times 10^4) = 1500$（人）。

其中：

"$12 \times 10^8 \times 10\%$" 是明年的预算人力费用额。

5. 业务流程分析定编法

这种方法是根据岗位的工作量，确定各岗位每名员工单位时间的工作量，如单位时间的产量、单位时间处理的业务等。根据业务流程衔接，确定各岗位编制人员比例。根据企业总的业务目标，确定单位时间流程中总工作量，从而确定各岗位人员编制。

 举例

某部门每天全部的工作流程一共分 5 个步骤，每个步骤需要的工作量（换算成数值）以及平均每名员工每小时能完成的工作量如表 2-6 所示。

表 2-6　某部门流程与工作量案例

流程环节	1	2	3	4	5
每天需要的工作量（小时）	72	64	160	40	80
每名员工每小时工作量	3	4	5	5	1

假设员工的出勤率为 80%，该部门应配备多少名员工？

计算过程如下。

该部门定编人数 ＝ [72÷（3×8）＋64÷（4×8）＋160÷（5×8）＋40÷（5×8）＋80÷（1×8）]÷80% ＝ 25（人）。

6. 管理层或专家访谈定编法

管理层或专家访谈定编法更偏重经验，通过与管理层或者相关专家访谈的方式，获得下属员工工作量、流程的饱满性，得到员工编制调整的建议，预测各岗位员工一定时间之后的流向，确定部门内或跨部门的提拔、轮岗、离职方案。

通过专家访谈可以获取国内外同类行业、同类企业，各种岗位类型人员的信息结构、管理层次、管理幅度等信息。通过对这些信息的加工处理，直接设计部门组织内部各部门、各岗位的人员结构。

2.2　能力管理

能力管理是人力资源管理人员识别各岗位能力要求、保证各岗位能力达标的过程，是对各岗位能力的培养、使用、学习和贡献的管理过程。组织的战略规划、经营目标和使命实现层层分解之后，都将转化为每个岗位需要的能力。各岗位的能力水平直接影响着组织的经营业绩。

2.2.1　胜任模型的组成要素

狭义的胜任模型仅指达到岗位要求、完成岗位目标需要的能力，而广义的胜任模型可以包含岗位所需的素质、知识、能力、经验等各项任职资格。胜任模型可包含的内容如表 2-7 所示。

表 2-7　胜任模型可包含的内容

类别	内容
经验	持续运用某项能力的时间
能力	核心能力、通用能力、专业能力等

续表

类别	内容
知识	专业学历、社会培训、证书、认证、专利、岗位需要知识等
素质	人格、素养、智商、价值观、自我定位、性别、年龄等

素质一般指那些由个人自身特质决定的不太容易改变的东西。不同层级的岗位以及公司在不同的发展阶段对岗位胜任模型的要求和侧重点不同。经营管理层除了要具备应有的知识、能力外，更为重要的是要有职业素养，因为职业素养具有强烈的引导和示范作用。

知识是人才发挥作用的基础要求，没有良好的知识底蕴，专业化的程度会大大降低，我们在工作中经常看见有些人满腔热情，但是因缺少方法，最后的工作成效并不理想。它通常会反映出人才"知不知道"层面的问题。

能力一般是指在一定的知识基础上，综合运用知识来完成某个目标或者任务的可能性，是一种知识的转化。如果没有对知识的综合运用能力，知识就不能够发挥作用，比如我们经常见到的高学历、低能力的现象。它通常会反映出人才"会不会"层面的问题。

经验一般是指人才持续运用某项能力的时间，外在表现就是持续从事一项特定工作的时间。它通常反映出人才"熟不熟"层面的问题。

按照这四个维度制订岗位全面的胜任模型，明确各维度的具体要求，不仅会让人才的选拔、培育、考核更具备方向性，而且会让人才与岗位更加匹配、稳定性更好、敬业度更高，从而使人才和公司都满意。

 举例

某公司办公室基层行政管理岗位的胜任模型如表2-8所示。

表2-8　某公司办公室基层行政管理岗位的胜任模型

类别	内容
经验	3年以上同类岗位工作经验
能力	速录能力、Office软件应用、学习能力、沟通能力、协调能力、应变能力
知识	行政管理类专业本科学历，具备基础财务知识，了解公司发展及企业文化
素质	诚信、团队精神、主动性、创新意识

为明确管理，胜任模型类目下的每项特质要区分为不同的等级，并配有详细的文字描述。比如，素质层面团队精神的特质，通常是指在团队目标下，对团队

利益和协作的共同认知。将其分级后如表 2-9 所示。

表 2-9 团队精神分级样表

级别	定义
一级	能在团队中配合其他成员，有合作精神，态度端正，能考虑团队目标与利益
二级	尊重团队中的每一位成员，能在团队中积极配合其他成员，有较好的合作精神，态度端正，当团队利益与个人利益冲突时，以团队利益为先
三级	经常为团队提出有意义、建设性的意见，当团队利益与个人利益冲突时，总是以团队利益为先
四级	能主动加强与团队中其他成员的合作意识，当团队利益与个人利益冲突时，总是以团队利益为先，并愿意牺牲个人利益

教育背景，按学历可以分初中、高中（包括中专和中技）、大专、本科、研究生。公司可以将教育背景划分成四级，如表 2-10 所示。

表 2-10 教育背景分级样表

级别	定义
一级	初中、高中（包括中专和中技）
二级	大专
三级	本科
四级	研究生

公司知识可以包括行业知识、产品知识、公司文化（发展历史、理念价值观等）、组织结构、基本规章制度和流程等，也可以分成四个等级，每级的描述如表 2-11 所示。

表 2-11 公司知识分级描述样表

级别	定义
一级	熟悉员工手册
二级	了解公司发展历史、相关产品知识，熟悉本岗位相关管理制度、流程
三级	全面了解公司的历史、现状、未来发展方向目标、全部产品知识以及相关管理制度、流程
四级	熟悉公司整体运作流程、制度，了解公司整体战略规划以及战略步骤

对某一专项知识，也需要用此方式分类，比如财务知识，包括：① 会计学原理、统计学原理、税收；② 工业企业财务管理、工业企业会计、会计电算化；③ 管理会计、成本会计；④ 审计学；⑤ 金融证券、投融资管理。对财务知识的分级如表 2-12 所示。

表 2-12　财务知识分级样表

级别	定义
一级	了解某一类所包含的基本知识
二级	掌握①②类所包含的知识； 掌握①类知识，了解③类知识
三级	精通①②③类知识，掌握④⑤类知识
四级	精通①②③④⑤类知识

能力维度中的"沟通能力"通常是指"通过口头和书面方式表达、交流思想"。将其分级后如表 2-13 所示。

表 2-13　沟通能力分级样表

级别	定义
一级	能够为工作事项进行联系或相互简单交流
二级	能够与他人进行较清晰的思想交流，在书面沟通中文法规范，能够抓住重点，让别人易于理解
三级	沟通技巧较高，具有较强的说服力和影响力，书面沟通时有较强的感染力
四级	沟通时有较强的个人魅力，影响力极强，书面沟通时有很强的感召力

经验维度同样也可以分级，将其分级后如表 2-14 所示。

表 2-14　经验分级样表

级别	定义
一级	2 年以下相关经验
二级	2 ～ 7 年相关经验
三级	7 ～ 15 年相关经验
四级	15 年以上相关经验

2.2.2　胜任模型的构建方法

构建胜任模型的方法一般分为以下三种。

1. 总结归纳法

这种方法适用于成熟、稳定，具备一定规模，管理水平相对较高的企业。它是通过研究同类岗位上高绩效员工与低绩效员工的差异来建立胜任模型。它以行为访谈评估为依据，开发出的胜任模型最符合企业的现实，效果最好。缺点是开发过程花费的时间长，耗费的精力大，需要有行为事件访谈能力，操作难度很高。

2. 战略推导法

这种方法适用于变化较快、管理水平相对较低的企业，是通过企业的核心价值观以及战略规划对企业能力的要求，推导并建立胜任模型。战略推导法的本质是逻辑推理的过程，它的步骤为：首先，澄清组织的战略、愿景、使命和核心价值观；其次，了解组织内各岗位的角色和职责；最后，推导胜任模型。这种方法的优点是胜任模型与组织的战略、价值观密切相关，逻辑清晰；缺点是缺乏具体的行为做依据，胜任描述可能会空泛、抽象，脱离现实。

3. 引用修订法

这种方法适用于需要快速建立胜任模型的企业，是通过直接引用专业咨询公司、同行业内优秀企业或者对标企业的岗位胜任模型，根据本企业的实际情况稍做修改后，作为本企业的胜任模型直接使用。

如果有专业的顾问，可以让其列出通用的胜任项目，由相关人员选择、筛选出胜任模型。这种方法的优点是省时省力，对于初步引进胜任模型概念又没有能力在胜任模型开发上做大量投资的组织不失为一种有效的方法；缺点是通用的成分较多，具体的企业文化、战略的关联性不一定紧密。

第 **3** 章

招聘管理

招聘管理，指人力资源部门根据企业经营战略的需要，根据各部门、各岗位的人才配置标准和岗位说明书的要求，找到、选拔出合适的人才，并把合适的人才放到合适岗位的业务和管理过程。

3.1 招聘流程与制度

招聘流程与招聘制度的规范性决定了企业人才招聘与选拔工作的科学性与严谨性。因此，编制招聘流程制度时要本着十分谨慎的态度。

3.1.1 招聘工作流程

招聘工作分为以下几个环节：提出人力资源需求、制订招聘计划、人员招募、人员选拔、招聘工作评估。用人部门提出人员需求，人力资源部门根据人员需求和人员供给状况制订招聘计划、发布招聘信息，收集筛选简历，并协助用人部门进行人员选拔，对入职人员进行跟踪评估，最后对招聘工作效果进行评估，招聘工作流程如图 3-1 所示。

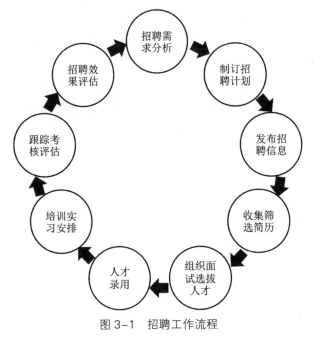

图 3-1 招聘工作流程

3.1.2 招聘管理制度

招聘管理制度是人力资源部门开展招聘管理工作的作业原则和依据。人力资源部门需要在每年的 12 月底前编制更新一次该制度，以备第二年参照使用。一份完整的招聘管理制度至少应当包含以下内容。

1. 定岗定编

根据过去一年的整体经营状况及当前的人员状况，制订出公司整体及各岗位的定岗定编原则。一般在每年的 9 月底之前，制订出第二年的编制计划，由总经理审批通过后执行。编制计划具有严肃性，确定后人力资源部门应当严格执行，执行过程中若有临时用工需求，需先调整编制，由总经理审批通过后执行。

2. 招聘计划

一般在每年的 10 月底之前，各职能部门根据本部门的架构、定岗定编、岗位职责等制订人才招聘计划提交人力资源部门。人力资源部门根据公司的发展战略规划、组织结构调整、人力资源管理规划、人才供求关系、现有人员素质结构等提出意见，并报总经理审批。

3. 渠道费用

人力资源部门是公司统一寻找、开发、管理和评估所有招聘渠道的部门，其他部门配合，不自行管理招聘渠道。每年 11 月底之前，人力资源部门评估当年度各招聘渠道对不同类型的招聘效率和费用情况，并根据招聘计划制订第二年的招聘渠道以及对应的招聘费用预算方案。

4. 招聘流程

规定招聘流程，流程最好采用流程图的形式，标明权责部门、作业时限、作业需要的表单以及注意事项。招聘流程一般始于招聘需求，到信息发布、简历筛选、组织相应的笔试与面试、背景调查、薪酬谈判、确定是否录用、上岗手续办理，以评估人才到岗后是否合格而终止。

5. 招聘测评

规定公司人才通用的录用标准以及不录用标准；规定针对不同岗位需要的具体笔试或面试程序；规定不同的职级或岗位面试录用的决定权。

6. 背景调查

规定本公司拟录用人员中，需要做背景调查岗位的涵盖范围；规定背景调查的内容包括哪些；规定背景调查的具体方式有哪些；规定背景调查的原则是什么。

7. 入职手续

规定入职手续的办理流程、入职需要提供的各类资料、入职需要签署的各类合同或协议、入职后的相关培训。

8．试用评估

规定不同岗位的试用期限有多长；规定试用期过后的转正流程是什么；规定候选人是否能够通过试用期考核的标准及判断方式；规定人才转正一段时间后，如何评估其能否达到招聘预期。

3.2 招聘计划

完善的招聘计划是招聘工作顺利开展的依据和保障。

3.2.1 人力需求预测

各部门每年根据公司发展战略和年度经营目标编制本部门的年度计划时，应同时制订本部门年度的人员需求预测，填写人力需求计划表，人力资源部门负责收集、审核各部门的人员需求。

1．公司年度人力需求预测

人力资源部门根据各部门的上报需求，综合考虑公司战略、组织机构调整、部门编制、员工内部流动、员工流失、竞争对手的人才政策等因素，对各部门人员需求预测进行综合平衡，分别制订年度人员需求预测，确定各部门人员编制，上报总经理审批。

2．招聘指标确定

年度人力需求计划审批通过后，人力资源部门确定各部门和各业态的招聘指标，并通知各部门，将经总经理、人力资源部门负责人批准后的人员需求计划表留在人力资源部门备案，作为招聘的依据。

3．临时人力资源需求

临时的人力需求，指的是除年度人力需求预测之外，部门因人员离职或临时业务需求需要招聘的人才。由各部门临时填写人员需求申请表，相关领导审批通过后，人事专员进行信息整理，开始招聘。

3.2.2 招聘计划制订

人力资源部门负责根据公司人力资源的需求和供给预测，制订年度招聘计划和具体行动计划，招聘计划应包括招聘岗位、人数及资格要求（年龄、性别、学历、工作经验、工作能力、个性品质等）；招聘渠道和方式；招聘测试内容和实施部门；招聘结束时间和新员工到岗时间；招聘预算，包括招聘广告费、交通费、场地费、住宿费、招待费、出差津贴及其他费用等。

3.3　招聘渠道

按照大类划分，人才招聘的渠道一般可以分为网络招聘、校园招聘、社会招聘、猎头招聘、内部招聘、传媒招聘、派遣招聘、政府协助招聘八大类。

3.3.1　招聘渠道的选择

不同招聘渠道的精细分类、招聘形式、适用范围、优劣势分析如表 3-1 所示。

表 3-1　不同招聘渠道利弊分析

招聘渠道	精细分类	招聘形式	适用范围	优势	劣势
网络招聘	外部网站	专业的人才招聘门户网站； 当地招聘网站； 各类招聘自媒体	各类人才均适用	成本较低； 适用面广； 局限性小； 选择空间大	投简历者随意性大； 无效简历较多； 针对性较差； 面试成功率较低
	内部网站	公司的官方网站； 公司公众号； 公司微博	各类人才均适用	成本低； 一般对公司已了解； 针对性强； 方便筛选； 成功率高	投简历者一般较少； 需迅速补充人才时采用此方式往往不能满足
校园招聘	校企合作	学校和企业实施项目合作； 联合培养； 企业安置学生实习	储备人才 一线岗位 管培生	有针对性地培养； 用工成本低； 几乎不需担心离职	学生经验少，需培训； 只能工作一段时间
	应届生招聘	校园宣讲会； 校园招聘会； 校园公益讲座		招聘成本适中； 可以宣传企业形象； 候选人思维活跃； 具备一定的创新能力和学习能力	应届毕业生稳定性较差； 学生普遍缺乏社会经验； 学生难以适应企业文化
社会招聘	社会招聘	城市招聘会； 社区招聘会	中、基层岗位	招聘成本较低； 人员类型多样； 选择余地大； 初筛空间大； 能够及时沟通； 方便集中面试、入职和培训	招来的人才层次良莠不齐； 求职人员的选择余地大； 有一定的区域局限性
	偏远地区招聘	到经济欠发达的偏远地区招聘劳动力	一般适用于一线操作人员	短期内能够招聘到大量的劳动力	招聘成本较高； 可能会难于管理； 可能集体抱团离职

续表

招聘渠道	精细分类	招聘形式	适用范围	优势	劣势
猎头招聘		与猎头公司合作，由猎头顾问推荐人才	中高端人才、特殊岗位人才	针对性强；吻合度高；能够迅速找到需要的人才	招聘费用高；外来高端人才不容易落地
内部招聘	以工带工	内部员工介绍合适人选来企业工作	各类岗位或人才均适用	成本低；一般稳定性较高；有问题可以向推荐人倾诉	如果员工推荐来的人不适应企业，可能会引起被推荐人的不满；有拉帮结派的风险，管理不当可能引起集体抱团辞职
	内部人才补充	内部竞聘；轮岗/调岗；晋升/返聘	各类岗位或人才均适用	促进内部人才流动；促进人才培养与开发	补充人员可能经验不足，需提前培训；内部岗位调整后的工作交接问题
传媒招聘		报纸广告；公交车广告；电视广告	一般为中基层岗位	受众较多；关注度高；反馈迅速；有利于扩大企业的知名度	成本较高；时效性较低；有一定的区域局限性
派遣招聘		利用劳务公司做劳务派遣或者委托招聘	一般适用于一线操作人员	招聘成本低；便于管理；降低用工风险；减少劳动争议	人员流动性大；劳务工不容易融入本企业文化
政府协助		利用当地政府、党委、工会等帮助宣传和吸纳劳动力	一般适用于一线操作人员	利用资源扩大影响力；具备良好的社会效应	有一定的局限性

3.3.2 网络招聘流程

选择招聘网站的原则是"先放后收"，即刚开始时要抱着开放的心态，广撒网、多尝试。使用一段时间后，根据不同招聘网站的实际效果，聚焦到招聘效率排名靠前的几个网站。

1. 网站开通

开通招聘网站需要填写企业的基本信息，一般包括企业规模、所属行业、主营业务、员工人数，同时需要提前准备营业执照副本、企业 Logo 等电子版资料。注册招聘网站时留的电话最好是招聘专员办公用的固定电话。

2．发布招聘信息

提前准备招聘岗位的相关信息，发布招聘职位时，需要填写职位名称、职位类型、招聘人数、工作职责、任职要求等信息，选择发布时间和截止时间，确认后发布。发布的岗位最好每天刷新以保持信息及时更新，达到"置顶"效果。

3．简历收集汇总

登录招聘网站筛选简历的时间最好是每天上午 9：00 和 14：00。招聘专员将筛选后符合基本任职要求的简历进行打印，按照职位类型对简历进行分类汇总。定期将整理好的简历发给各部门负责人。简历收集过程中会有个别求职者在线交流或咨询问题，最好给予在线解答。

4．简历筛选

各部门负责人筛选简历后，将符合要求的简历交还到人力资源部门。人力资源部门根据各部门负责人提交的候选人简历确定面试人员。由招聘专员先进行电话面试，初步了解对方情况后，确认面试的时间和地点。

5．面试

面试人员到公司后，前台根据面试人员登记表确定来访者是否为面试人员，并通知人力资源部门。有需要笔试的岗位，先进行笔试，再进行面试。面试的初试与复试最好安排在一天之内，避免让求职者跑两趟。

6．入职准备

笔试面试全部通过后，在候选人才录用前，由具有审批权的领导进行最后审批。提前制订应聘者入职前后的培训计划和入职后的考核计划，确定培训的时间和内容，确定考核的内容和标准。

7．招聘网站评估

对网络招聘用到的网站的效果和效率进行统计、分类、评估，根据网站对不同类型岗位的招聘效果划分优先级，作为未来相关岗位的重点招聘渠道。

3.3.3 校园招聘流程

（1）每年的 7 月底之前，制订当年的校园招聘计划。校园招聘计划一般包括制订招聘方案，确定招聘高校、专业、毕业人数。

（2）每年的 8 月底之前，组建校园招聘团队。校园招聘团队的组成一般包括人力资源管理人员工作人员、总部联络人、面试官、宣讲人、公司相关领导、主持人。

（3）每年的 8 月底之前，筹备校园招聘用品。校园招聘用品一般包括宣传用品（校园应聘宣传手册、宣传单页、易拉宝、×展架、校园招聘海报、校园招聘纪念品等）和常规用品（校园应聘申请表、评估表、文具、药品）两类。其中宣传材料明细如表 3-2 所示。

表 3-2 校园招聘宣传材料明细表

序号	项目	包含内容	备注
1	招聘简章	招聘岗位、简介	专场前期、招聘现场、校园发放
2	招聘海报	主题、简介、岗位、要求、待遇、福利、联系方式	校园宣传栏张贴
3	企业宣传册	Logo、证书、企业文化、晋升通道	双选会、面试等候、企业介绍时翻看使用，可少量留在学校宣传
4	企业宣传片	企业发展、5 年规划	宣讲会
5	横幅	××公司高薪诚聘	双选会、专场会现场
6	×展架易拉宝	企业简介、招聘岗位	双选会、专场会现场

（4）每年 8 月底之前，修订校园招聘材料。组织宣讲人对校园招聘 PPT 进行修订。召开校园招聘 PPT 评审会，最终定稿。组织宣讲人试讲。

（5）每年 8 月底之前，组织面试官参加培训，培训其面试流程和内容，组织招聘团队相关工作人员培训校园招聘应知应会内容。

（6）每年 9 月底之前，利用各种招聘方式，发布校园招聘信息。招聘专员建立高校通讯录，提前一周在目标高校及其周边院校就业网、公司招聘网站上发布就业信息，联系专业招聘网站发布就业信息。

（7）每年的 9～12 月、3～7 月，是实施校园招聘的时间。一般每年的 6～7 月，是大学生集中入职的时间，招聘专员除了协助学生办理入职外，还要开始做校园招聘的总结和评估，进一步完善校园招聘的流程。

3.3.4 展会招聘流程

（1）与招聘会的主办单位洽谈，联系场地，预订展位。整理招聘岗位相关信息，发送电子版至招聘会主办单位，以便提前在招聘现场 LED 屏或展示厅等进行发布。确定招聘会的时间、地点，确定展会的环境，确定摊位的位置。

（2）根据所在摊位的地形优劣势，制订造势方案。造势方案的原则是：最大限度地吸引所有应聘者的目光，达到收取简历数量最大化的效果。需要注意，造势不等于哗众取宠，不可低俗或惹人厌烦，不要影响到其他招聘单位。

（3）根据招聘场地的条件和招聘岗位的情况进行场地布置，制作相关的宣传品资料。招聘会宣传资料的内容和规格如表 3-3 所示。

表 3-3　招聘会宣传资料的内容和规格

项目	内容和规格
展位喷绘海报	根据展位抬头和背墙的尺寸设计
室内广告	室内墙体和柱体广告分别根据墙体和柱体的规格设计
易拉宝	根据招聘场地的空间设计，设计前提前想好如何摆放，一般以不影响其他企业的展位为原则
宣传册	造价较高，一般少量携带，供想了解企业的候选人现场观看；或者对初试成功后的候选人定向发放
宣传简章	造价较低，可以大量携带，可以设计成单页的形式，用于现场大量无差别分发

（4）确定参会工作人员名单，明确现场的招聘流程以及参会人员任务。召开参会相关工作人员的动员沟通会，沟通招聘会的安排、工作分工、作业流程，培训招聘会现场的说话技巧、突发状况处置等相关内容。

（5）召开公司管理层会议。与总公司的相关领导层沟通，推动分 / 子公司及相关人员对招聘会的关注和协助。

（6）同期并发的招聘渠道。利用其他的宣传渠道，同时进行招聘会的宣传。

（7）招聘会当天根据招聘会规模提前 30 分钟～ 1 小时入场，进行会场布置和准备工作。

（8）现场初试合适的人员，直接发放面试通知单，让候选人在规定的时间，凭通知单到公司面试。面试通知单模板如下。

尊敬的＿＿＿先生 / 小姐：

您好！您应聘本公司的＿＿＿岗位，经初步面试后，我们认为您基本符合要求。请您于＿＿＿年＿＿＿月＿＿＿日 □上午 □下午＿＿＿时带齐身份证及相关证件到我们公司进行复试。

公司地址：××××

联系人：×××

联系电话：×××

乘车路线：××××

3.3.5　猎头招聘流程

（1）选取合作的猎头公司。猎头公司必须具备相应资质，一般可选取 3 家以上进行比较。注意，选取合作的猎头公司并不是越大、越有名越好，大的猎头公司往往条件比较苛刻、费用较高。在服务相同的情况下，同一人选，选取中等规模的猎头公司费用可节省 20% ～ 50%。

（2）确认招聘需求后，将待招聘岗位的岗位说明书发给猎头公司，告知猎头公司本岗位的相关情况，并确定项目跟进人。注意，只与已签约的猎头公司合作。

（3）根据猎头公司提供的人选简历，按照本岗位的要求初步筛选简历。将初筛合适的简历提交给相关部门，由相关部门领导进行审核。

（4）简历审核通过后，向猎头公司索取候选人的联系方式，并协调双方交流的时间和方式。

（5）安排相应人员进行电话或视频面试。需要准备好候选人的简历，以及电话面试的提纲。

（6）将面试结果反馈给猎头公司。如果不合适，能够使猎头公司进一步掌握公司对此岗位的要求、标准以及定位。

（7）如果面试对象合适，向候选人确认见面的时间和地点。安排好候选人的行程，包括票务、接送、住宿等。安排好面试官和面试的时间、地点。

（8）进行相关的面试流程。需要注意的是，采用猎头公司招募的岗位一般为中高端岗位，全过程要体现出对意向人足够的尊重。

（9）如果人选初步敲定，请猎头公司提供相关的背景调查资料，出具背景调查报告。

（10）向候选人发送录取通知书。根据猎头合同约定，人选到岗一段时间后，同猎头公司进行费用结算，注意付款方式和发票索取。

3.3.6　内部招聘流程

如果采用以工带工的招聘方式，需要关注以下重点内容。

（1）人力资源部门发布以工带工岗位需求。

（2）被介绍人在岗位工作满 N 个月的，公司将给予介绍人 X 元的奖励。

（3）介绍他人入职前需提前以电话或邮件的方式通知人力资源部门备案。

（4）符合条件后，奖励将随当月工资打入工资卡。

以工带工的招聘流程如图 3-2 所示。

如果采用内部人才补充的招聘方式，需关注以下重点内容。

（1）人力资源部门根据用人申请表发布内部招募通知。

（2）采用推荐法招募：应征员工填写内部竞聘报名表，和自己的部门负责人做正式的沟通，并提交信息至人力资源部门；采用公告法招募：员工可以直接向人力资源部门提交应聘申请。

（3）采用推荐法招募：人力资源部门接到内部竞聘报名表后安排和该员工面谈，并签署意见书；采用公告法招募：员工须首先经过笔试，然后人力资源部门根据笔试结果，有选择性地安排与员工面谈，并汇总面谈结果。

（4）安排应征员工和空缺岗位的部门负责人面谈，必要时进行其他方式的测试。

（5）和招聘需求部门沟通应征员工的情况，达成录用的一致意见后，由人力资源部门重新核定工资水平。

（6）将员工的调动信息通知员工本人、调入/调出部门负责人，同时抄送人力资源部门其他人员。在调动信息发出后督促员工交接工作，并给予必要的支持。在员工正式调入新岗位前更新员工档案。

（7）如应征未成功，将结果通知应征员工。

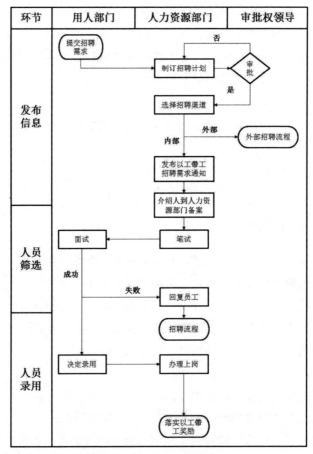

图3-2　以工带工的招聘流程

内部招聘流程如图3-3所示。

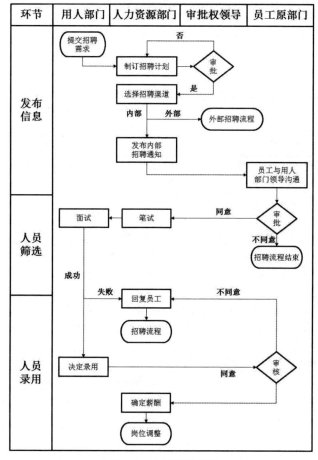

图 3-3　内部招聘流程

3.4　招聘与面试方法

实施招聘与面试的步骤一般是先进行简历评估，简历合适后进行初步的电话面试。电话面试通过后，发送面试通知、做面试前期的准备、实施面试、薪酬谈判、背景调查。最后，确定人员录用或不录用。

3.4.1　个人信息模板

候选人到公司应聘时，大多会携带个人简历。由于个人简历中的信息类目不全，不论是前期的面试环节，还是候选人录用后，信息的收集、整理、录入对人力资源管理人员来说都不方便。所以在员工入职阶段，需要规定统一的简历格式模板即岗位申请表供候选人填写，如表3-4所示。

表3-4　岗位申请表

1. 应聘情况

应聘职位＿＿＿＿＿　　可到职日期＿＿＿＿＿　　要求薪酬＿＿＿＿＿ 招聘信息来源＿＿＿＿＿＿＿　　是否可以外派工作　　□是　□否	

2. 个人情况

姓名：＿＿＿曾用名：＿＿＿性别：＿＿＿籍贯：＿＿＿民族：＿＿＿血型：＿＿＿ 婚姻状况：□未婚　□已婚　□离异　□其他 出生：＿＿＿年＿＿＿月＿＿＿日　□阴历　□阳历 身份证号码：＿＿＿＿＿＿＿政治面貌：＿＿＿＿＿＿＿户口所在地：＿＿＿＿＿ 家庭住址：＿＿＿＿＿＿＿＿＿＿＿＿＿＿＿＿＿＿＿＿＿＿＿＿＿＿＿＿＿ 现住址：＿＿＿＿＿＿＿＿＿＿□父母房　□自房　□亲戚房　□租房　□其他 档案所在单位：＿＿＿＿＿＿＿＿＿＿＿＿＿＿＿＿＿＿＿＿＿＿＿＿＿＿＿ 与原单位关系：□停薪留职　□辞职　□开除公职　□下岗　□买断 是否持有再就业优惠证？ □是□否　原单位已缴纳养老保险金？□是□否已缴医疗保险？□是□否 联系电话：（手机）＿＿＿＿＿＿（住宅）＿＿＿＿＿＿E-mail：＿＿＿＿＿＿ 是否需公司安排住宿？□是　　□否

3. 接受教育情况（从高到低依次填写）

学历	学校	专业	起始时间	结束时间	备注

4. 工作情况

原工作单位（全称）	职位	月工资	起始时间	终止时间	离职原因	公司电话	直接主管	人力资源部门负责人
本人同意做背景调查 签字：								

5. 接受社会正规培训情况/所获证书（按时间先后顺序）

培训主题/证照名称	培训地点/获取地	起始时间/获取时间	终止时间/有效期限	备注

6. 家庭主要成员

姓名	年龄	与本人关系	所在单位	联系电话

7. 个人特长与技能

个人特长		电脑操作 水平		懂何种外语及 熟练程度	

8. 介绍人情况 / 在本公司工作亲友

姓名	与本人关系	所在部门	在职职位	备注

9. 健康状况

身高		体重		视力（裸眼）	左：	右：	身体状况	
当前是否受伤或施手术？			□是		□否			

10. 声明

除了较轻微之交通违例外，是否曾被拘控或受任何执法部门所扣押？　□是 □否 若"有"请详述之＿＿＿＿＿＿＿＿＿＿＿＿＿＿＿＿＿＿＿＿＿＿＿＿＿＿＿＿ 过去是否曾被任何机构解雇？　□是 □否 若"有"请详述之＿＿＿＿＿＿＿＿＿＿＿＿＿＿＿＿＿＿＿＿＿＿＿＿＿＿＿＿ 本人现声明上述资料完全正确，并无故意隐瞒任何事实。本人同意如发现填报之资料有虚假事实，公司有权随时终止本人的雇佣合约或劳动关系，并不做任何补偿。本人同时配合对上述资料之查证及愿意接受必须之体格检查。 申请人签署：＿＿＿＿＿＿＿＿＿＿＿　　　　日期：＿＿＿＿＿年＿＿月＿＿日

面试情况表（此内容由公司有关部门填写）
人事部门初试意见：　　□推荐　　□可以保留　　□不予考虑 评语：＿＿＿＿＿＿＿＿＿＿＿＿＿＿＿＿＿＿＿＿＿＿＿＿＿＿＿＿＿＿＿＿ 简历：A □　　B □　　C □（A：良好 B：一般 C：较差） 面试人：＿＿＿＿＿＿＿＿　日期：＿＿＿＿＿＿＿＿
分管领导意见 / 部门复试意见：□推荐　　□储备　　□不予录用 评语：＿＿＿＿＿＿＿＿＿＿＿＿＿＿＿＿＿＿＿＿＿＿＿＿＿＿＿＿＿＿＿＿ 面试人：＿＿＿＿＿＿＿＿　日期：＿＿＿＿＿＿＿＿
录用情况（由人力资源部门签署）： 录用部门：＿＿＿＿＿＿＿录用岗位：＿＿＿＿＿＿＿试用期：＿＿＿＿＿＿个月 试用期薪酬：＿＿＿＿＿＿职务级别：＿＿＿＿＿＿报到日期：＿＿＿＿＿＿＿ 人力资源部门：＿＿＿＿＿＿日期：＿＿＿＿＿＿

3.4.2　简历评估方法

根据招聘岗位的重要性及简历份数的不同，一般筛选一份简历的时间为 10 秒至 3 分钟不等，筛选简历过程中重点需要关注的信息及注意事项如下。

1．个人信息

首先快速判断求职者的性别、年龄、身高、体重、经历等个人信息与应聘岗位的符合程度，若不符合，要迅速筛掉。如果应聘岗位对求职者条件要求并不严格，则可以视情况适当放宽某几项条件。

2．学习经历

除了专业是否对口、学位是否符合外，要特别注意学历是普通高等教育，还是高自考、成人教育、网络教育。如果是普通高等教育，本科应是 4 年，如果只有 3 年或者更短的学制，很可能是非普通高等教育。如果其他条件均合适，需要特别注意候选面试时提供的毕业证，需要登录"学信网"做必要的验证。

3．工作经历：工作时间

要注意每段工作经历的时间长短、工作经历之间时间的衔接程度，是否存在频繁跳槽、频繁转换岗位的情况。一般不建议录用频繁换工作的候选人。当然，也有候选人为了避免用人单位发现自己频繁换工作，可能隐去自己某段时间的工作经历，要注意后续的核查、验证或背景调查。

4．工作经历：工作岗位

关注原工作岗位是否与拟录用的岗位有一定的相关性。此处需要注意，并不一定岗位名称相同，职责、工作内容就一定相同；也不一定岗位名称不同，职责、工作内容就不同。比如某韩国企业中的"社长"岗位，实际相当于"总裁"或者"CEO"的位置；而有些规模较大的民营企业，因岗位名称设置的惯性，"经理"已经是该企业的最高职务。相比工作岗位，需要重点关注的是其实际的工作内容。

5．工作内容

● 关注原工作内容的职责与现岗位的相关性；

● 关注上下级关系、汇报链与现岗位的相关性；

● 关注管理的幅度、管人的数量与现岗位的相关性；

● 关注工作属性的复杂程度与现岗位的相关性；

● 如果是中高层管理岗位，关注原就职公司的背景、规模与本公司的相关性。

6．工作绩效

关注候选人在原岗位上都做出过哪些成绩。曾经的成绩同样代表未来可能创造成绩的能力。许多候选人的简历只写经历，不写成绩，或者自己从没有想过，也无法总结成绩，这往往是由于候选人并不理解自己所做工作对公司的意义，或者曾经工作的公司对绩效的要求不明确。

7．在岗学习

关注候选人的培训情况，培训内容对工作的帮助情况；关注候选人个人的学习成长、考证情况，判断其学习能力。据此大体判断候选人能力成长的阶段、水平，以及候选人学习的主动性。

8．自我评价

虽然自我评价大多是比较主观的，内容大多是有利于自己的正面评价，但也可以据此大体判断候选人可能的优势所在。此项相当于面试时问候选人"您如何评价自己"。此项仅供参考，不可作为依据。

9．薪酬期望

一般薪酬期望与该岗位的薪酬标准差异不应过大，期望薪酬过高和过低同样有问题。如果候选人薪酬期望比岗位薪酬水平高 60% 以上，候选人与岗位的匹配程度也并不高，则可以果断筛掉；如果候选人期望薪酬比岗位薪酬水平低 60% 以上，则需要搞清楚差异的原因，可能是候选人原公司整体的薪酬水平较低，也可能是候选人并没有达到该薪酬水平的能力。

10．简历的整体判断

一份关乎自己求职命运的简历制作本身就是对候选人的一项考察，通过对简历的逻辑性、整洁性、全面性、排版与美感等的全面衡量，也可以初步判断候选人未来工作可能会有的态度、思维和能力。

3.4.3　电话面试方法

筛选完简历后，电话面试是第一步沟通，可以进一步筛选掉部分候选人，电话面试的方法主要如下。

1．对主动投递简历者的开场白

"您好，请问是您是 ×× 先生 / 女士吗？这里是 ×× 公司，请问您现在讲话方便吗？"

"我们在 ×× 上看到您给我们公司投递的简历。您是想应聘 ×× 岗位，是吗？"

"那咱们用几分钟的时间，做个简短的电话面试吧？"

2．对搜索来简历者的开场白

"您好，请问是您是 ×× 先生 / 女士吗？这里是 ×× 公司，请问您现在讲话方便吗？"

"我们公司目前正在招聘 ×× 岗位，我们在 ×× 上看到了您的简历，觉得您比较合适，请问您要不要考虑来公司面试一下？"

这时候，对方通常会问公司的情况、岗位的情况，客观地向对方介绍即可。

如果对方听完介绍后有意向，可以说："那咱们先用几分钟的时间做个简短的电话面试吧。"

如果对方无意向，可以说："那抱歉打扰您了，希望咱们以后有机会再合作，感谢您的配合。"

3．电话面试的基本流程

- 自我介绍，让对方简单介绍个人情况；
- 询问和确认各阶段的工作经历及工作职责；
- 询问目前或上一份工作经历的主要内容、绩效以及主要技能；
- 询问每阶段的离职原因；
- 询问求职的动机；
- 与候选人确认后续的面试时间。

3.4.4　面试通知方法

面试通知分为两种方法：一种是语言通知，即通过电话的形式通知候选人；另一种是文字通知，即通过邮件或短信的形式通知。

1．电话方式面试通知的标准用语

"您好！请问您是 ××× 吗？这里是 ×× 公司人力资源部门。"

"您通过 ×× 方式应聘我公司的 ×× 职位通过了公司的初步筛选，现通知您 ×× 日上午 / 下午 ×× 时来公司参加面试，请问您时间方便能够参加吗？"

若时间方便，则说"请问公司具体地址您方便记吗？"

若地址方便记，则应告诉其地址并说："好的，请您准时参加，再见。"

若时间不方便，则说："那我们安排下一轮面试的时间再通知您。"

若地址不方便记，则说："我稍后以邮件 / 短信的方式发到您邮箱 / 手机里，请您注意查收。请您准时参加，再见。"

2．邮件或短信面试通知的标准用语

您好！

感谢您应聘 ×× 公司 ×× 岗位，您已通过公司的初审，具体面试通知如下。

面试时间：×× 年 ×× 月 ×× 日（星期 ×）

面试地点：××××

携带材料：××××（个人简历／个人作品／毕业证书）

乘车路线：××××

如有问题或者不能准时参加面试，请直接回复此邮件或电话咨询：×××。

3.4.5　面试前的准备

1．面试官的要求

（1）着装要求：正装或西装（深色），衬衣（浅色），皮鞋（深色）。

（2）正确佩戴工作牌，工作牌信息要完整。

（3）面试前不吃有异味食物，保持口气清新。

（4）面试前要仔细阅读应聘者的简历内容，做到知己知彼。

（5）要面带微笑，态度和蔼，用普通话和应聘者进行交流，讲话语速要匀速。

（6）尊重应聘者，面试过程中不接打手机、不抽烟、不嚼口香糖，坐姿端正。

（7）面试过程中要多听少说，但不失控制权，掌控面试进度。

（8）对应聘者做到"来有迎声，走有送声"。

2．面试场所的准备

（1）选择安静的场所，如办公室、休息室（避开员工就餐时间）。

（2）场所内要干净整洁，墙面要挂有体现企业文化和形象的展板。

3．面试小组的筹备

（1）按照知识互补、能力互补、气质互补、性别互补、年龄互补的原则成立初试面试小组和复试面试小组。

（2）初试面试小组一般可以由人力资源部门负责统一调配相关人员参加。

（3）复试面试小组一般可以由人力资源部门、用人部门或者行业专家参加。

（4）如果是面试中高层岗位，需要总经理、分管副总经理甚至经营班子参加。

3.4.6　面试时的提问技巧

面试除了让对方简单地自我介绍，询问对方的工作经历、家庭状况、离职原因、兴趣爱好等传统问题外，询问对方问题时，还要遵循以下基本原则。

1．多听少说原则

面试的过程是候选人表达和展示的过程，面试官应该想办法让候选人在自己的问题上尽情发挥，而不是让候选人听自己滔滔不绝地说。一般来说，一场面试结束，候选人的表达时间应达到 80% 以上，面试官的表达时间应控制在 20% 以内。

2. 开放式问题原则

面试官应该多问开放式的问题，少问封闭式的问题。

开放式的问题就是为什么、是什么的问题。

 举例

您为什么应聘这个岗位？

您的优点是什么？缺点是什么？您最成功的事是什么？最失败的事是什么？

您离职的原因是什么？

封闭式的问题就是对不对、好不好、行不行之类的两项选择或多项选择的问题。

 举例

您觉得自己跟这个岗位符合吧？

您觉得自己沟通能力还好吗？

您具备一定的写作能力吗？

3. STAR 原则

STAR 原则类似一个面试的问题生成器，面试官可以用这个逻辑来不断生成问题，以更加准确地考察候选人完成任务的能力。这个逻辑是：之前什么时候？什么背景？（情景）什么任务目标？（任务/目标）在过程中，候选人是担任什么角色的？做了什么？（行动）达到了什么结果？（结果）。STAR 图形演示如图 3-4 所示。

图 3-4　STAR 图形演示

举例

　　某人来面试技术人员，简历上写了参与过很多技术开发项目。面试官可以选择其中的一个项目，问他：请问你当初公司为什么要搞这个项目？当初是什么样的背景？（情景）这个项目的目标是达到什么，或者完成什么？你在项目中是负责哪一块？你的任务目标是什么？（任务/目标）为了达到你个人的任务目标和项目目标，你都做了些什么？（行动）这个项目最终是什么结果？你的任务目标是什么结果？（结果）

4. 测评目的性原则

　　成熟的面试官面试时表面看起来是在闲聊，其实问出的每一个问题都具有较强的目的性。这背后，是问题与该岗位胜任模型考察情况的一一对应，结构化面试的问题设置也可以来源于此。

 举例

　　某超市员工招聘面试谈话技巧如表 3-5 所示。

表 3-5　某超市员工招聘面试谈话技巧

测评维度	权重	测评目的	面试问题	评分等级		测评分值	折算倍数
顾客导向	25%	考察应聘者能否做到以顾客为中心，很好地服务顾客	假如一件事情，并不是你的错，但是顾客非要你道歉，你会怎么办？	杰出	先向顾客表达歉意，体现出良好的顾客意识、大局意识	5	4
				优秀	先道歉，再说明道理	4	4
				合格	纠结于到底是谁的错，在无奈之下道歉	3	4
				不合格	拒不道歉	1	4
沟通能力	10%	考察应聘者是否具备与领导、同事、顾客良好沟通的能力	在工作中，你和主管之间意见不一致时，你会如何解决？	杰出	高度的沟通意识并能通过有效的沟通达成共识	5	3
				优秀	采取有效的沟通方式，意在达成共识	4	3
				合格	沟通，但是仍然固执己见	3	3
				不合格	不沟通，武断采用自己的意见	1	3

续表

测评维度	权重	测评目的	面试问题	评分等级		测评分值	折算倍数
执行力	25%	考察应聘者能否积极完成工作任务，履行工作职责	假设，今天是你爱人的生日，家人打电话催你早点回去庆祝，可是工作还没有完成，你会怎么做？	杰出	坚守自己的岗位，集中精力提高工作效率，尽早完成工作，回家庆祝	5	5
				优秀	与家人沟通好，留下来完成自己的工作	4	5
				合格	与要好的同事协商，帮助自己完成工作	3	5
				不合格	明天再做工作，直接回家	1	5
企业认知	15%	考察应聘者对行业性质以及企业文化的认同	零售行业周末、节假日是销售高峰期，一般无法安排休班，会安排平时倒休，能否接受？	杰出	能够明确表示认同零售行业的特殊性	5	3
				优秀	能够理解零售行业的工作性质，能够接受	4	3
				合格	有些犹豫，能够勉强接受	3	3
				不合格	毫不犹豫不能接受	1	3
诚信自律	25%	考察应聘者的道德品质及职业操守	假如您看到和自己要好的同事下班时将自己买的商品按打折处理，您会怎么办？	杰出	敢于将此类问题向店长检举，不营私舞弊	5	5
				优秀	跟同事讲清利害关系，维护公司的规章制度	4	5
				合格	上前制止，劝其打消该念头	3	5
				不合格	多一事不如少一事，不去理睬，装作没看见	1	5

备注：70 分以下不录用，70 分以上可录用

3.4.7　薪酬谈判方法

初步确立人选的招聘意向后，需要与人选沟通薪酬待遇。薪酬谈判的步骤简单来说可以分成三步：第一步是想办法了解对方的期望；第二步是想办法回应对方的期望；第三步是想办法压缩对方的期望。

1. 向对方询问期望的谈话技巧

（1）"刚好您说到这了，我也顺便了解一下，您目前的薪资福利是什么情况？"这里的关键词是"顺便"，给人一种顺理成章、猝不及防的感觉，对方往

往很容易脱口说出自己的真实情况。

（2）"请问一下，您薪酬期望的底线是多少？"这里的关键词是"底线"，这么问的好处一是引导对方的思维"往下想"，而不要漫无目的地想象；二是能够直接聚焦到对方的底线，判断对方接受公司条件的可能性。

（3）"您的期望薪酬是多少？每月 1.2 万元到 1.5 万元，还是有其他的想法？"这里的关键词是"每月 1.2 万元到 1.5 万元"，同"底线问法"道理类似，这同样是聚焦对方的思维，让对方给出一个相对明确的上下限。

（4）"我想了解一下，您的期望薪酬大概是多少？"这里的关键词是"大概"。我们会发现有些防御感很强的人，可能不愿意透露自己现在的薪酬，也不愿意被引导者聚焦，这时候可以用"大概"，迫使对方聚焦。

2．回应对方的期望的谈话技巧

（1）"您知道，职场上一般情况下换一份工作的加薪空间是 10% ～ 20%。"这句话的关键是给予求职者一种心理暗示，人为地把求职者的个人要求与现在的薪酬水平联系起来，使谈判的双方聚焦到同一目标水平上。

（2）"您的薪酬是年薪制浮动薪酬，虽然固定的月薪可能达不到您的期望，但如果能够完成业绩，那么全年总收入会比您的期望值还高。"当对方的期望比月薪水平高但是基本等于或低于年薪水平时，可以这么说。

（3）"目前我跟您说的是试用期工资，相对低一些，转正后会有一定幅度的提高。当然如果您入职后工作表现符合公司期望，公司会有进一步的薪酬调整空间。"当对方整体期望薪酬水平比公司薪酬水平高时，可以这么说。

3．压缩对方期望的谈话技巧

（1）"公司的薪酬体系是这样的，跟您的期望有一定的差异，不过公司有完善的培训体系，有导师手把手帮带，有丰富的知识资源库，有强大的团队支持……"如果对方是学习型人才，可以利用这种学习与成长方面的描述吸引对方。

（2）"虽然您的期望与我公司薪酬标准存在差异，但是我们会提供其他公司没有的晋升和发展空间，我们所处的行业具备独特的领先优势，我们有着更加宽松的氛围，您可以得到更多的信任，具备更高的责任和使命，未来还会有股票和期权激励……"如果对方是事业型人才，可以用成长空间方面的描述吸引对方。

（3）"请不要仅仅看到表面上我公司的薪酬数额达不到您的要求。除了薪酬之外，我们公司还提供额外的住房补贴、用餐补贴、制服补贴等各类补贴，提供住房、餐饮、物品、体检等各类弹性福利，项目结束后有专项的项目奖金，每年一次加薪机会……"如果对方是金钱型人才，对金钱看得比较重，可以用"算账"

的方式吸引对方。

在薪酬谈判的过程中，往往会遇到一些特殊的问题，比较常见的有以下几种。

1. 面试时，如果候选人一开始就问薪酬，怎么办？

即使已经有明确的薪酬标准，也最好不要直接回答候选人的薪酬问题，等确认录用后，再开始正式谈。如果对方一定想要知道，可以先告诉对方一个下限或平均数，保留薪酬的上限和弹性空间。

2. 公司没有明确的薪酬标准时如何与候选人谈薪酬？

参考公司在职的同等工龄、水平、学历等的在职员工，给出大致的薪酬范围，找到相应的决策层审批。如果内部没有可参照的依据，要做一定的市场调查，根据调查结果确定薪酬范围，并由有审批权的人审批。

3. 薪酬谈判一般持续多久合适？

如果基层岗位，一次谈判不成，便不需要再谈；如果是中高层管理岗位，可以谈判 2 ～ 3 次。对求职者的薪酬异议和要求，不需要立即回复，可以等 1 ～ 2 天，让对方知道公司有流程、有规矩、有原则，不会轻易改变，让对方自行降低期望值。如果求职者需要考虑，不要主动联络求职者考虑得怎么样了，等待的同时开始物色其他人选。

4. 如果有一位非常合适的人选，但是期望薪酬远超公司薪酬标准，怎么办？

- 明确告诉对方本公司的薪酬标准；
- 弱化候选人应聘岗位对公司的重要性；
- 强调该岗位候选人之间的竞争性；
- 向对方展示公司的"全面薪酬"和吸引力。

另外需要注意，薪酬谈判并不是谈得越低越好，如果公司有明确的薪酬标准，候选人的期望低于该薪酬标准，就执行公司的标准，而不要为了节省费用执行候选人期望的标准。

3.4.8　背景调查方法

背景调查是搞清楚候选人信息真实性的重要手段，它有以下几种操作方式。

1. 企业中需要做背景调查的岗位

- 具有一定技术能力或研发成果的技术、研发、工艺岗位；
- 具有一定客户资源或曾获业绩的销售岗位；
- 具有一定管理能力或绩效的中高层管理岗位。

2．背景调查的内容

- 候选人与证明人的关系；
- 候选人的任职时间；
- 候选人的岗位、职位、上下级关系、管理幅度；
- 候选人的工作职责范围；
- 候选人的工作态度、表现、绩效；
- 候选人的人品及人际关系；
- 候选人的性格特质和做事风格；
- 候选人的离职原因。

3．背景调查的前期准备

（1）在求职者填写岗位申请表时，要求其填写能够证明其工作关系的证明人以及单位座机电话、官方邮箱等联系方式，并要书面签字确认。证明人一般需要提供两名，一名为同事关系，另一名为人力资源部门或行政管理部工作人员。

（2）对于需要做背景调查的候选人，要提前告知。谈话技巧可参考以下内容。

"公司为了确认候选人工作经历的真实性，避免后续为此产生不必要的纠纷，将会对入职员工做背景调查，希望您理解。"

同时，在岗位申请表上的证明人一栏后要有书面体现。

4．背景调查的方法

（1）电话调查。

公司通过电话，访谈候选人原工作单位的同事及人力资源部门或行政管理部门工作人员，了解候选人的工作时间、岗位、绩效、离职的原因等关键信息。这是最常用的背景调查方式，一般所有岗位都可以运用此方法。这种方式的优点是成本低、效率高、能够短时间了解候选人过去的情况；缺点是候选人可能会伪造座机电话及同事关系。

（2）问卷调查。

公司通过把背景调查问卷发送给求职者的证明人的方式，期望他们给予相对正式的回复。一般所有岗位都可以运用问卷调查的方法。这种方式的优点是相对于电话调查，调查的信息更全面，相对比较正式；缺点是需要等待的时间较长，有的证明人出于某种担心，不愿意书面回复，或只回复部分信息。

（3）网络调查。

公司通过领英（LinkedIn）、个人博客／微博、空间等社交类网站了解候选人的信息；或者通过百度了解候选人的新闻报道类事件。另外，许多招聘门户网站开始融入社交功能，个人简历的开放度越来越高，曾经工作的公司、岗位、年限等信息可以通过同在这家公司工作的其他职工认证。

网络调查适用于可以在网上找到相关信息的人员。这种方式的优点是通过个人发布的各类信息，能够全方位、多角度地进一步了解候选人；缺点是适用情况有一定的局限性，了解的信息不一定具有针对性，而且真实性也有待确认。

（4）委托调查。

公司通过委托专业的背景调查机构获取候选人详细的背景调查报告。当企业的人力资源部门人手不足、专业性不足，招聘的岗位相对比较重要，或者来自竞争对手，不方便公司出面做背景调查的时候，适合采用这种方式。

需要用委托调查做背景调查方式的岗位一般是相对比较重要的岗位。这种方法的优点是背景调查的专业性强，能够相对迅速准确地得到候选人的详细报告；缺点是调查需要付出的费用成本较高。

5. 背景调查的技巧

（1）背景调查的渠道不宜选择过多，一般以一种方式为主，其他方式为辅。如果是电话调查，时间控制在 15 分钟以内；如果是问卷调查，填写问卷的时间也不要超过 15 分钟。电话或问卷调查的过程中保持对候选人和证明人足够的理解和尊重，多引导证明人表达。

（2）背景调查启动的时机是终试通过后，人才录用前。如果在终试之前做，待背景调查的候选人数量较多，则工作量较大；如果在人才录用之后再做，发现候选人对公司有欺骗，则会增加公司的招聘成本，影响公司用人。

（3）背景调查的时间最好选择工作日。许多公司周一的上午可能有周例会，会布置各项工作；周五的下午可能有周总结会，会总结本周的工作。最佳的背景调查时间是周二到周四的工作时间。时间点最好不要选择一上班或者快下班的时间，这样容易引起对方的反感。以 9 : 00 上班，18 : 00 下班为例，背景调查的时间点一般以上午 9 : 30 ～ 11 : 00，14 : 30 ～ 17 : 00 为宜。

（4）背景调查的内容要讲究循序渐进，不要一开始就问一些敏感的话题。问出的问题最好量化、具体，不要模棱两可、漫无边际。比如，问"此人原来在贵公司表现如何"，这类问题的回答通常得到的答案会是"还行"；不如问"如果满分 100 分，给此人打分，您认为他的工作表现能打多少分呢？您认为他的同事能给他多少分呢？"

（5）背景调查的过程不要怕碰钉子。对方不愿意配合是正常现象，不要为此而心情沮丧，丧失信心，心灰意冷。如果调研的对象是竞争对手公司的员工，对方不配合，可以找已经离职的员工进行调查。

6．背景调查的注意事项

（1）不要对候选人尚未离职的单位做背景调查。如果擅自调查候选人目前还在职的公司，很可能暴露候选人正在找工作的事实，给候选人造成麻烦。

（2）在面试的过程中就确定背景调查的重点内容。并不是对每名候选人都要做全面的背景调查，有些信息面试的时候基本就可以确定，背景调查的重点应针对面试中的不确定信息。

（3）不需要重视犯罪记录。犯罪记录属于个人隐私，公安部门有保密的义务。一般政府部门、事业单位等一些特殊岗位由于职业的要求，可能对此有要求，其他公司一般不允许做这类调查。

（4）理性看待推荐信。为候选人写推荐信的人一般与候选人的关系较好，推荐信中的内容大都是关于候选人正面的、积极的、关于优势和业绩的描述，极少有负面的、关于缺点的描述。所以推荐信只能作为评判候选人的参考之一，而不能成为依据。

（5）谨慎判断背景调查的结果。背景调查是重要参考，而不是绝对依据。即使是最专业公司出具的背景调查结果也不能当成万能的依据，其中可能掺杂着主观的感受，也可能有一些证明人并不了解事情的背景等。如果背景调查结果与候选人自身描述差别较大，需要与候选人确认，或者通过其他信息渠道确认。

3.4.9　面试结果通知

如果候选人被企业录用，应向候选人发放录用通知书，格式模板如下。

尊敬的＿＿＿＿＿＿＿＿＿先生／女士：

感谢您对＿＿＿＿＿＿＿＿公司的信任和肯定，感谢您以耐心、热心并满怀诚意参与公司的面试。经过沟通，您的职业素质、专业能力和工作经验赢得我们公司的一致肯定，我们热诚地邀请并欢迎您加入＿＿＿＿＿公司！

请您仔细阅读以下内容，按要求备齐相关资料，在指定时间内到我公司人力资源部门办理入职手续。

1．任职岗位

拟聘任您担任公司＿＿＿＿＿＿＿＿岗位，所属部门为＿＿＿＿＿＿＿＿＿，汇报对象为＿＿＿＿＿＿＿＿，下属人数为＿＿＿＿＿人。

2．报到情况

入职时间：20＿＿＿年＿＿＿月＿＿＿日

报到地点：

联系部门：人力资源部门

联系人：

联系电话：

3. 入职需准备和携带的材料

身份证、学历证、学位证、资质证书、职称证书的原件及复印件

一寸照片＿＿＿张

近期体检报告一份

最后任职公司的离职证明

其他资料：＿＿＿＿＿＿＿＿＿＿＿＿＿＿

4. 薪资待遇

基本薪酬：＿＿＿＿＿＿＿＿＿＿＿＿＿＿元人民币／月

绩效薪酬：＿＿＿＿＿＿＿＿＿＿＿＿＿＿元人民币／月

各类补助：＿＿＿＿＿＿＿＿＿＿＿＿＿＿元人民币／月

其中，基本薪酬为代缴个税及五险一金个人部分前的应发工资，试用期薪酬为基本薪酬的＿＿＿＿＿＿％；绩效薪酬和各类补助为税前额。

5. 福利待遇

公司的福利：＿＿＿＿＿＿＿＿＿

6. 合同期限：＿＿＿＿＿年，其中试用期为＿＿＿＿＿个月。

期待您给我们的团队带来新的活力，希望您工作愉快，事业有成！

××公司

人力资源部门

20××年×月×日

需要注意的是，盖公章的录用通知书具备法律效力，公司在开具之前应谨慎对待。此模板仅供参考，建议使用前先由本公司法务部门审核。

如果候选人面试后未被录用，应发放未录用通知书，其格式模板如下。

尊敬的＿＿＿＿＿＿＿＿＿先生／女士：

感谢您满怀诚意参与公司的面试。非常遗憾地通知您，您此次的面试情况与岗位要求存在差异。经公司慎重考虑，决定您的面试结果：未通过。您的简历将纳入公司的人才库，当有适合您的岗位时，我们会再次与您联系。

非常感谢您对我公司的信任，祝您早日找到理想的工作。

××公司

人力资源部门

20××年×月×日

3.5 招聘工作评估

人力资源部门应按月对人才招聘入职情况进行分析和评估，以总结经验，寻找改进措施。评估的角度有数量、质量、费用、效率四个方面。

3.5.1 招聘数量评估

数量评估，主要是评估招聘的满足率，其汇总评估表如表 3-6 所示。

表 3-6 招聘满足率汇总评估表

部门	月（ 月 日）			
	需求人数	已到位人员	满足率	仍需招聘人数

3.5.2 招聘质量评估

对未转正的新员工，要对其个人品质、行为态度、业务能力和工作成效等进行跟踪和测试，以此来衡量招聘的质量，新员工考评表如表 3-7 所示。

表 3-7 新员工考评表

个人品质（20分）	行为态度（20分）	业务能力（30分）	工作成效（30分）
正面：品行端正、以身作则、责任心强、言行一致、坚持原则、具备团队精神和奉献精神等； 负面：言行不符、推卸责任、个人主义等	正面：爱岗敬业、顾全大局、遵纪守法、积极主动、勇于创新、勇于担当等； 负面：投机取巧、不按时打卡上班、消极怠工、无故离开工作岗位等	正面：精通业务、有领导力和执行力、有沟通协调能力、有逻辑思维能力、工作思路清晰、有学习能力和理解能力、有创新能力等； 负面：眼高手低、好高骛远、缺乏沟通能力、不思进取等	正面：实现部门价值、与其他部门密切配合、决策准确、合理分工等； 负面：只顾自己、不配合其他部门工作、无法按时保质保量完成工作任务等

评估结果的总分为 100 分。评估结果低于 60 分为不及格，60～85 分为良好，85 分以上为优秀。

3.5.3   招聘费用评估

招聘费用中最重要的指标为"每单位直接招聘成本"。每单位直接招聘成本是指每招聘一名员工需要付出的成本，公式为招聘直接成本与录用人数之比，其中直接成本包括招聘人员差旅费、应聘人员招待费、招募费用、选拔费用、工作安置费用等。招聘费用的评估表如表3-8所示。

表3-8   招聘费用评估表

招聘方式	报纸媒体宣传费用	写真喷绘条幅	易拉宝/展架	招聘宣传单	岗位申请表	招聘交通费用	招聘住宿费	招聘会入场费	费用合计	人均招聘费用	上一年度人均招聘费用
报纸广告											
大型招聘会											
短信招聘											
来公司应聘											
人力市场											
网络招聘											
校企合作											
校园招聘会											
……											
总计											

3.5.4   招聘效率评估

所谓招聘效率，是指用人部门从提出需求到人才实际到岗所用的时间以及招聘成功需要付出的努力。该指标反映出人力资源招聘部门是否能快速满足用人部门需求的能力。招聘效率的评估表如表3-9所示。

表3-9   招聘效率评估表

需求部门	需求岗位	需求人数	启动招聘时间	招聘停止时间	投简历人数	通知面试人数	参加面试人数	录用人数	招聘满足率

同样道理，可以通过评估每种招聘渠道的效率和费用，获知对于本组织，哪种招聘渠道的时间更快、费用更低、工作量更小，以便更好地指导招聘工作。招聘渠道效率的评估表如表3-10所示。

表 3-10 招聘渠道效率评估表

招聘渠道	岗位发布数量	岗位发布类型	启动招聘时间	招聘停止时间	投简历人数	通知面试人数	参加面试人数	录用人数	招聘满足率	招聘费用	每单位招聘费用

【疑难问题】如何解决一线员工招聘难的问题

随着经济的发展，人口红利逐渐削减，一线员工的需求量逐渐增加，资源却逐渐减少。一线工作的环境和劳动强度相对较大，员工流失率往往也较高。"用工荒"已经成为国内企业普遍面临的问题。针对一线员工难招的问题，人力资源部门可以通过以下方式进行缓解。

1. 专人负责

在招聘难的企业，招聘工作应由专人负责，做到任务明确，责任到人。

2. 宣传到位

招聘吸引人才的原理就像广告传播的原理，广告被越多人看到，购买产品的可能性就越大。同样，招聘信息被越多人看到，人才到公司面试的可能性越大，公司最终选到合适人才的可能性就越大。所以，如果把传播受众的数量（招聘宣传幅度）作为分母，成交数量（面试成功）作为分子，想办法不断增大分母值，分子值自然就会增加。

3. 渠道全开

同宣传到位的原理类似，在不超过招聘费用预算的前提下，能够想到的、用到的招聘渠道全部都要用上。要持续检查、评估现有各招聘渠道的使用情况，同时不断寻找和开发新的招聘渠道。

4. 面试吸引

一线员工相对更在乎工资，许多人在得知工资待遇的数字后就可能选择离开，到工资更高的公司工作。其实，很可能工资更高的公司有福利待遇更差、工作环境更恶劣、更劳累、加班更严重等问题。所以，在招聘难的企业，对一线员工面试的过程不仅是选拔的过程，对合适的候选人，要了解他选择企业所关注的点，介绍公司的优势，起到吸引人才的效果。

5．有效留人

有效留住人才同样重要，有条件的企业可以适当提高员工的工资，在当地保持有吸引力的工资水平。同时，以福利待遇、人文关怀、劳动环境、组织情感、弹性假期、发展空间、企业文化、激励机制等手段留住人才。

【疑难问题】如何帮助"空降兵"落地

直接外聘到企业中担任高级管理岗位的人才通常被称作"空降兵"。领导往往对"空降兵"寄予厚望，希望他们来到后能够大刀阔斧、力挽狂澜。可"空降兵"能够留住并有效发挥作用者却很少。多数过不了"蜜月期"，或者"蜜月期"后不久就离职。要帮助"空降兵"落地，人力资源部门要做好以下工作。

1．先问为什么

在招聘之前一定要明确招"空降兵"的目的是什么，是为了领导一时兴起的"情绪"，还是真正能帮助公司达成某个具体或特定的目标？是经过了一定的思考、讨论、验证、确认之后下的结论，还是只是领导随口的一句话？如果领导随意决策，人力资源管理人员随意执行，那结果可想而知。

明确了为什么，才知道干什么，才能有明确的方向，才能知道这件事是否和公司的战略匹配，才能为"空降兵"的岗位制订考核和评价的依据。

2．人才要选准

能够适应组织目前和未来一段时间发展的人，才是组织需要的人才。有的公司喜欢选择规模是自己 3 倍以上公司的人才，这显然是不符合自己企业发展现状的。如果需求和人才能力相差太多，人才同样无法发挥其价值。

如果有一家物业公司需要找一些普通的保安，正常情况下一般不会去找身经百战的特种部队来做这个工作，这是大材小用，浪费人才。

首先，普通的保安自身的素质就不具备成为特种部队的潜质。其次，他们自己也不想拥有特种部队的能力，不想受那些严酷的训练，只想安安稳稳地做好一名保安即可。最后，训练特种部队的队员是需要一段时间积累的，而且需要一定的场地和设备支持。

对一个特定的企业来说，高手不一定是人才，适合企业岗位需要的才是人才。一般来说，寻找规模是自己企业规模 1 ～ 2 倍的企业相对合适。职位也不是越高越好，要根据自己企业的实际需求确认。

3．土壤是关键

要让"空降兵"在企业扎根，就需要有一定的土壤支持。什么是土壤？组织文化、团队氛围、团队成员的素质、组织对工作的支持和理解、目标和任务明确度、权责利匹配度、汇报线和流程线清晰度等这些都是土壤。如果土壤有问题，再好的植物也会水土不服，难以活下来；如果土壤肥沃，所有扎根的植物都能得到滋养并茁壮成长。

4．明确考核和任务

许多"空降兵"到岗后，并不清楚自己的岗位职责、任务目标和考核方式。在这种情况下，"空降兵"只能按照自己的理解和想法开展工作，这就可能造成"空降兵"做出的努力并不是公司所需要的。

总结下来，人力资源部门在招聘"空降兵"之前，只有提前做好"空降兵"用与留的安排，提前为他创造一些利于其留下来的土壤，提前为他确定明确的职责、任务或目标，才有可能让他"落地"。

第**4**章

入职、离职与基础人事管理

员工入职、离职以及基础人事管理对企业的意义和价值主要体现在风险控制、效率提高和成本管控上。通过员工入职和基础人事管理，能够降低用工风险，提高工作效率；通过员工离职管理，能够降低员工离职率、减少离职带来的成本损失，尽可能减少离职风险。

4.1 不同用工方式操作

企业用到的用工方式有很多，比较常见的有全日制用工、非全日制用工、学生工、劳务用工以及外籍人员用工。这些用工方式各有特点，适用的规范性文件各不相同，也有不同的操作方式。

4.1.1 全日制用工操作

全日制用工指的是用人单位与员工签署正式的劳动合同，与员工建立正式劳动关系的用工方式。全日制用工方式需要企业在员工入职一个月内与其签署《劳动合同书》，其格式模板如下。

劳动合同书

甲方 (单位) 全称 :

经济类型 :

法定代表人 :

登记注册地 :

实际经营地 :

乙方 (员工) 姓名 :

性别 :

身份证号码 :

户籍所在地 :

实际居住地 :

根据《中华人民共和国劳动合同法》和有关法律法规规定，甲乙双方经平等协商，自愿签订本合同，共同遵守本合同所列条款。

一、劳动合同期限

甲乙双方约定采用下列第（＿＿＿＿）种方式确定劳动合同期限

（一）固定期限：自_____年____月____日起至_____年____月____日止，其中试用期____个月。

（二）无固定期限：自_____年____月____日起至法定终止条件出现时止。其中试用期____个月。

（三）以完成一定工作任务为期限：自_____年____月____日起至完成工作任务时止（该工作任务为甲方事先确定并且完成目标是确切具体的）。

二、工作内容和工作地点

（一）工作内容：乙方同意根据甲方工作需要，安排在____岗位（工种）从事_____工作。

（二）乙方的工作地点或工作区域为_____。乙方的具体岗位职责和工作要求按甲方制订的相关标准执行。

三、工作时间和休息休假

（一）工作时间：乙方的岗位（工种）实行□标准、□综合计算、□不定时工时工作制。其中，标准工时工作制度每天工作不超过8小时，每周工作不超过40小时，每周____为休息日。

实行综合计算工时工作制或不定时工时工作制的，应当由甲方报劳动保障行政部门批准。

（二）甲方依据国家和省的相关规定，保证乙方享有法定节假日、年休假、婚假、产假、探亲假、丧假、病假等休息休假权利。

（三）甲方因生产经营需要，经与工会和乙方协商，安排乙方延长工作时间或在节假日加班时，依法支付加班工资；安排在休息日加班时，安排乙方同等时间补休，如不能安排补休，依法支付加班工资。

（四）乙方休息休假期间的工资支付或扣减办法按国家、省及本单位依法制订的相关规定执行。

四、劳动报酬

（一）甲方于每月____日前以_____形式足额支付乙方工资。

（二）乙方试用期的工资标准为_____元/月。

（三）乙方试用期满后，月工资为_____元/月。合同履行期间，甲方按照政府发布的工资指导线要求，根据本单位每年经济效益增长情况和本地区、行业的员工平均工资水平等因素，通过工资集体协商形式，适时增加乙方工资。

五、社会保险

（一）自劳动关系建立之日起，甲乙双方应当依法参加社会保险，按时足额缴纳各项社会保险费，其中乙方应缴纳的社会保险费由甲方代扣代缴。

（二）甲方应当每年至少一次向本单位职工代表大会或在本单位住所的显著位置，公布本单位和个人全年社会保险费缴纳情况，接受乙方监督。

（三）乙方因工负伤或患职业病，甲方应当负责及时救治，并按规定为乙方申请工伤认定和劳动能力鉴定，保障乙方依法享受工伤保险待遇。

（四）乙方患病或非因工负伤，甲方保证其享受国家和省规定的医疗期和相应的待遇。

六、劳动保护、劳动条件和职业危害防护

（一）甲方必须执行国家关于特种作业、女员工和未成年工特殊保护的规定。甲方安排乙方的工作属于（不属于）国家规定的有毒、有害、特别繁重或者其他特种作业。乙方从事有职业危害作业的，甲方应当定期为乙方进行健康检查。

（二）甲方应当为乙方提供符合国家规定的劳动安全卫生条件和必要的劳动防护用品。乙方应当严格执行国家和甲方规定的劳动安全规程和标准。

（三）甲方应当对乙方进行劳动安全卫生教育和培训，乙方应当严格遵守甲方的劳动安全规章制度，严禁违章作业，防止发生劳动过程中的事故，减少职业危害。

七、其他约定条款（双方约定的培训和服务期、保密和竞业限制协议为本合同的附件）。

八、本合同的解除或终止，应当按照法定的条件、程序和经济补偿规定标准执行。

九、双方依法解除或终止本合同的，甲方应当自解除或终止本合同之日起15日内，办理完毕乙方档案和社会保险关系转移等手续；甲方依法应当支付的经济补偿金等相关费用，在乙方履行完交接手续时支付。

十、双方因履行本合同发生争议，可以依法向调解机构申请调解，或者依法申请劳动争议仲裁、向人民法院起诉。

十一、本合同未尽事宜，或与法律法规相抵触的，依照法律法规执行。

十二、本合同一式两份，经双方签字盖章生效，双方各执一份。

甲方：（盖章）　　　　　　　　乙方：（签名）

法定代表人、负责人

或委托代理人 :（签名）

年　月　日　　　　　　　　　年　月　日

使用说明

一、本合同书作为用人单位 (甲方) 与员工（乙方）签订劳动合同时使用。

二、双方在使用本合同书签订劳动合同时，应认真阅读所列条款，凡需要双方协商约定的内容，协商一致后填写在相应的空格内，双方协商约定的内容，不得违反法律、法规的规定。

三、签订劳动合同书，必须由甲方法定代表人或主要负责人、委托代理人和乙方亲自签名或盖章，并加盖用人单位公章。

四、双方约定的其他条款内容，在本合同内填写不下时，可另附纸页。

五、本合同应使钢笔或签字笔填写，字迹清楚，文字简练、准确，不得涂改。

六、本合同一式两份，甲乙双方各持一份，交乙方的不得由甲方代为保管。

七、甲方应按规定建立员工名册备查，并将签订劳动合同员工花名册向劳动保障部门备案。

4.1.2　非全日制用工操作

非全日制用工是指以小时计酬为主，劳动者在同一用人单位一般平均每日工作时间不超过 4 小时，每周工作时间累计不超过 24 小时的用工形式。实务中，我们常把采取非全日制用工方式的员工称为"小时工"。

对用人单位来说，非全日制用工相比全日制用工的好处如下。

- 人工成本更低；
- 用工方式灵活；
- 任务明确的情况下，工作效率更高。

如果是专业技术性较强、需要较长的培养和训练时间、保密性要求较高、具备一定管理和决策要求、需要培养后备人选等的岗位，适合使用全日制的用工方式；如果是简单重复性劳动、短时间或季节性人力需要、危险性较低、不需要长时间训练等的基础岗位，可以选择非全日制的用工方式。

非全日制员工与用人单位之间可以通过口头协议建立劳动关系，可以不签署《劳动合同书》。但为规范双方的劳动关系，建议用人单位与非全日制员工之间签署《非全日制用工协议》，其格式模板如下。

非全日制用工协议

甲方：_____

乙方：_____

身份证号码：_____

现居住地址：_____

甲方招用乙方以非全日制用工形式用工，根据有关规定，经双方平等协商，订立本协议如下。

一、协议期限

本协议期限自_____年____月____日至_____年____月____日止。

二、工作时间

乙方在甲方每天的工作时间平均每日工作时间不超过 4 小时，具体工作时间由甲方安排。

三、工作内容

甲方根据工作需要，安排乙方在_____部门____岗位（工种）工作，具体内容为_____，乙方应完成该岗位（工种）所承担的工作内容。

四、工作报酬

1.甲、乙双方协商确定乙方小时工资报酬为每小时____元，甲方以货币形式按时足额支付，乙方同意发薪日期由甲方按其规定执行。

2.乙方不享受任何有薪假期。

五、保险及福利

1.乙方在从事非全日制就业期间社会保险费用由乙方自行承担，与甲方无关。

2.甲方为乙方购买人身损害商业保险。如乙方因工作原因受伤，由此产生的一切费用，由保险公司按赔付标准支付。

六、双方职责

1.协议期间，甲方有权根据工作需要调整乙方的工作岗位及工作时间。

2.乙方在为甲方工作期间，应遵守国家法律法规，遵守甲方制订的规章制度，自觉维护甲方的利益。

3.乙方上岗后，如因乙方个人原因不履行本协议给甲方造成损失，甲方可以从乙方试用期间的劳动报酬中扣除。

4.乙方应按时上下班，不得擅自迟到、旷工，请假需提前一天以书面形式向甲方申请，以便甲方安排其他人员顶班。如因乙方无故旷工给甲方造成损失，甲方有权扣减乙方报酬。

5.乙方对因工作关系获悉的甲方商业秘密及内部资料应负有保密责任，不得对外透露、散布传播，如因乙方泄露甲方的商业秘密或内部资料给甲方造成损失，一经查实除解除本协议外，甲方可直接扣减乙方报酬并有权追索不足部分。

七、协议的变更、解除、终止和续订

1.甲、乙双方当事人可以随时通知对方终止用工。终止用工时，甲方不向乙方支付经济补偿。

2.因工作需要或在特殊情况下，甲方可提前终止本协议。

3.乙方有下列行为时，甲方有权随时辞退乙方且不承担任何补偿责任。

（1）违反国家法律法规。

（2）违反甲方的规章制度或损害甲方的利益。

（3）不服从甲方工作安排或擅自离岗、离职者或频繁请假者。

八、其他

1.本协议一式两份，甲乙双方各执一份，经甲乙双方签字、盖章后生效。

2.本协议未尽事宜，由甲乙双方协商解决，协商不成的，由甲方所在地法院管辖。

甲方（公章）：　　　　　　　　　乙方：

签订日期：＿＿＿年＿＿＿月＿＿＿日　　　　签订日期：＿＿＿年＿＿＿月＿＿＿日

企业在使用非全日制用工方式时需注意以下问题。

- 招聘时注意小时工的背景；
- 必须先办理上岗手续、经过入职培训后再上岗；
- 注意小时工的用工安全；
- 注意员工管理，不要因使用小时工造成正式员工的懒惰；
- 注意建立小时工的稳定性和忠诚度；
- 对小时工的工作安排要定时定量；
- 发放工资的时间与正式工不同。

4.1.3　学生实习操作

出于校企合作或甄选人才的考虑，许多企业会接受在校学生实习。企业接受学生实习，需要与其签订《实习协议》，其格式模板如下。

实习协议

甲方：_____

乙方：_____性别：_____年龄：_____电话：_____

身份证号码：_____现住址：_____

根据中华人民共和国有关法律之规定，甲乙双方经平等协商同意，自愿签订本合同，共同遵守本合同所列条款。

一、实习期限

第一条　实习期为_____年____月____日起至_____年____月____日止。

二、实习内容

第二条　甲方接收乙方在甲方下属子公司、关联或控股企业进行学业或毕业实习，以便乙方拓展实践自身专业知识。

第三条　乙方在实习期间应服从甲方公司实习工作安排，认真完成指定的任务。乙方在实习期间，应该虚心学习，发扬艰苦奋斗、吃苦耐劳的精神。乙方同意根据双方的协商，在_____岗位进行实习。

三、实习期间的工作保护和工作条件

第四条　甲方为乙方在实习期间提供必要的劳动条件和劳动工具，建立健全生产工艺流程，制订操作规程、工作规范和劳动安全卫生制度及其标准。

四、实习期间的工作津贴

第五条　甲方以____元／日的标准支付乙方实习津贴，于每月____号前统一结算。

五、实习期间保障待遇

第六条　乙方在实习期间，因工作生产造成身体损害时，享有同甲方临时雇用劳务人员同等待遇。若因非工作原因造成自身损害，应视具体情形由乙方承担相应责任。

第七条　乙方应清楚知悉本人作为在校学生接受所在学校管理不具有国家法定劳动者身份，与甲方不存在事实劳动关系，不享有与甲方企业员工在报酬、保险、工伤等方面的同等待遇。

六、实习期间的劳动纪律

第八条　乙方在实习期间应遵守甲方依法规定的规章制度；严格遵守劳动安全卫生、生产工艺、操作规程和工作规范；爱护甲方的财产，遵守职业道德；积极参加甲方组织的培训，提高思想觉悟和职业技能。

七、合同的变更、解除

第九条　订立本合同所依据的客观情况发生重大变化，致使本合同无法履行的，经甲乙双方协商同意，可以变更本合同相关内容。

第十条　经甲乙双方协商一致，本合同可以解除。

八、本合同争议处理

第十一条　因履行本合同而发生的争议，当事人双方应本着平等、互助的精神进行协商解决，协商不成由甲方所在地人民法院处理。

第十二条　本合同一式两份，甲乙双方各执一份。

甲方（公章）：　　　　　　　　　乙方：

签订日期：_____年___月___日　　　签订日期：_____年___月___日

企业在接受学生实习时需注意以下问题。

- 一定要为学生购买商业保险；
- 必须先培训、后上岗，保证岗前的安全和操作教育；
- 必须为学生提供足量的劳动防护用品和措施；
- 应给学生分配帮带师傅，并应培训帮带师傅的帮带技巧；
- 不应让学生承担能力要求较高的复杂工作；
- 不应让学生承担危险性较高的工作。

4.1.4　劳务用工操作

劳务用工指的是劳动者向用人单位提供一次性的或特定的服务，由用人单位向其提供一定报酬的关系。劳务关系的本质是一种民事权利义务关系。劳务关系可以口头约定也可以签订书面合同。为规范用工，建议用人单位与劳动者确立劳务关系时，签订《劳务合同书》，其格式模板如下。

劳务合同书

甲方：＿＿＿＿＿＿＿＿＿＿＿＿＿＿＿＿＿＿＿＿＿＿＿＿＿＿＿＿＿＿＿

乙方：＿＿＿＿＿＿＿＿身份证号：＿＿＿＿＿＿＿＿＿＿＿＿＿＿＿＿＿

联系地址：＿＿＿＿＿＿＿＿＿＿＿＿＿＿＿＿＿＿＿＿＿＿＿＿＿＿＿

电话：＿＿＿＿＿＿＿＿手机：＿＿＿＿＿＿＿＿

甲乙双方根据有关规定，经平等协商一致，自愿签订本协议，共同遵守本协议所列条款。

第一条　本协议期限为＿＿＿年。

本协议于＿＿＿＿年＿＿月＿＿日生效，至＿＿＿＿年＿＿月＿＿日终止。

第二条　乙方承担的劳务内容、要求为：

乙方根据甲方工作要求和安排，担任＿＿＿＿＿＿职务，并保证按照甲方要求按时保质完成工作任务。

乙方同意甲方根据工作需要调整乙方的具体劳务内容和岗位。

第三条　乙方应参加甲方为乙方提供劳务安排的培训、学习，并按照甲方要求的时间和地点提供劳务。

乙方提供劳务期间，应当遵守甲方的各项规章制度、严格遵守甲方的业务操作规程和工作规范，爱护甲方财产。如果乙方出现任何违反甲方规章制度的行为，甲方均有权随时解除本协议。

第四条　乙方认为，根据乙方目前的健康状况，能依据本协议第二条、第三条约定的内容、要求、方式为甲方提供劳务，乙方也愿意承担所约定劳务。

第五条　乙方负有保守甲方商业秘密的义务。

第六条　甲方按月给乙方结算报酬，标准为：

甲方以不低于＿＿＿元／月支付乙方报酬，每月＿＿＿日为发薪日。

第七条　发生下列情形之一，本协议自行终止：

一、本协议期满的；

二、乙方服务的项目合同终止或提前终止的；

三、双方就解除本协议协商一致的；

四、乙方由于健康原因不能继续履行本协议义务的；

五、因本协议签署时依据的客观情况发生重大变化，致使本协议无法履行的。

第八条　甲、乙任何一方单方面解除本协议的，需提前30日书面通知另一方。

第九条 本协议终止、解除前，乙方应在7日内将有关工作向甲方移交完毕，并附书面说明，如果给甲方造成损失应予赔偿。

第十条 甲乙双方约定，由甲方为乙方购买意外伤害保险，乙方在为甲方提供劳务过程中发生意外伤害产生的费用由保险机构进行赔付，甲方不再支付其他费用。

第十一条 乙方同意发生疾病时医疗费用自理，医疗期内甲方不支付劳务费。

第十二条 依据本协议第七条、第八条约定终止或解除本协议，双方互不支付违约金。

第十三条 因本协议引起的或与本协议有关的任何争议，双方应协商解决，如果协商不成，交由甲方所在地法院解决。

第十四条 本合同中甲、乙双方的联系地址为双方唯一固定的通信地址，若在履行本协议中双方有任何争议，甚至涉及诉讼时，该地址为双方法定地址。若其中一方通信地址发生变化，应立即书面通知另一方，否则，造成双方联系障碍，由有过错的一方负责。

第十五条 本合同一式两份，甲乙双方各执一份。

甲方（公章）： 乙方：

签订日期：_____年___月___日 签订日期：_____年___月___日

企业与劳动者建立劳务关系时需注意以下问题。

- 企业不能以劳务关系代替实际的劳动关系，以逃避责任；
- 企业同样有必要为与企业具有劳务关系的劳动者提供劳动保障用品和必要的培训；
- 劳务关系适用法律为《中华人民共和国民法典》。

4.1.5 外籍用工操作

在《外国人在中国就业管理规定》（劳部发〔1996〕29号，2017年3月13日第二次修订）中规定了以下内容。

第五条 用人单位聘用外国人须为该外国人申请就业许可，经获准并取得《中华人民共和国外国人就业许可证书》（以下简称许可证书）后方可聘用。

第八条 在中国就业的外国人应持Z字签证入境（有互免签证协议的，按协议办理），入境后取得《外国人就业证》（以下简称就业证）和外国人居留证件，方可在中国境内就业。

未取得居留证件的外国人（即持 F、L、C、G 字签证者）、在中国留学、实习的外国人及持职业签证外国人的随行家属不得在中国就业。特殊情况，应由用人单位按本规定的审批程序申领许可证书，被聘用的外国人凭许可证书到公安机关改变身份，办理就业证、居留证后方可就业。

可见，企业要容纳外籍人员在中国境内就业，必须具备四个证件。首先，企业必须要有中华人民共和国外国人就业许可证书。其次，外籍人员必须具备职业签证（Z 字签证）、外国人就业证、外国人居留证。外籍人员就业证上注明的用人单位必须与其实际就业单位一致。若有变更，需要办理变更手续或重新办理就业证。

外籍人员就业许可证的办理流程参照《外国人在中国就业管理规定》第三章的规定。证件齐全后，外籍人员的入职流程可以参照全日制人员的入职流程操作。用人单位与外籍人员签订《劳动合同书》，劳动合同的期限最长不得超过 5 年。

4.2　员工入职管理

员工入职管理，不仅是保证员工在入职阶段基本的手续办理、合同签订、试用转正等流程的标准化、规范化，降低企业的风险，更是让新员工感受到企业的办事效率，并快速融入组织文化、进入工作角色的方法。

4.2.1　员工入职流程

员工面试合格，公司对其发放录取通知后，员工一旦接受并确认，下一步将办理入职手续。员工入职的基本流程及关键控制点内容如下。

1. 入职前的准备

在新员工报到前，人力资源需要做好充分的准备工作，主要包括以下内容。

（1）确定好新员工的入职时间，提前做好入职手续办理的各项准备。

（2）虽然录取通知中已包含入职需要携带的相关资料，为防止新员工入职时遗漏，人力资源部门最好提前电话确认。

（3）若需要新员工做入职前体检的，要安排好体检相关事宜。

（4）协同相关部门，为新员工安排好座位，并提前准备好相关的办公用品、工作服、工作牌、餐卡、入职需要的各类资料和表单等。

（5）提前与用人部门对接，通知用人部门领导，提前为新员工准备好帮带师傅或入职对接人。

　　2．办理入职手续

　　办理入职手续的过程主要是收集资料、核对信息、整理归档的过程，主要包括以下内容。

　　（1）面试时使用的《岗位申请表》可以作为面试的入职登记表使用。

　　（2）收取新员工的相关资料。

　　（3）核对《岗位申请表》上的相关信息与入职后个人准备的信息是否一致。

　　（4）与新员工签订劳动合同。

　　（5）告知新员工入职培训的时间和地点。

　　3．入职培训

　　入职培训，也就是新员工培训，基本操作是执行新员工培训流程，但需要注意以下内容。

　　（1）学习公司各类规章制度、员工手册，一定要有培训前的签到和培训后的考试。

　　（2）培训结束后，由所有新员工对学习内容签字确认，签字内容参考如下。

　　本人已详细阅读并学习了公司××的全部内容，并谨此声明本人愿意自觉遵守。如有违反，自愿按照公司相关规定执行。

　　（3）带新员工参观公司或相关的岗位。参观前，需要与各部门做好沟通，以免影响各部门工作的正常运转。

　　（4）新员工参观过程中需要有专门人员进行专业细致的讲解，耐心全面地解答新员工的问题。

　　4．用人部门接待

　　用人部门在新员工入职过程中的作用比人力资源部门更重要，它直接影响着新员工的感受，决定了新员工未来是否愿意留在企业、能否融入企业长期稳定工作，其主要内容如下。

　　（1）部门安排的帮带师傅或专人负责引导新员工并做相应的人员介绍。

　　（2）对新员工做本部门规章制度和岗位职责要求的必要介绍。

　　（3）部门例会上向同事介绍新员工。

4.2.2　员工保密操作

　　为了保障公司的信息安全，防范和杜绝发生各种泄密事件，保护和合理利用公司秘密，确保公司信息披露的公平、公正，保障公司及其他利益相关者的合法权益不受侵犯。公司在日常管理中，对某些接触公司商业和技术秘密的特殊岗位的员工会有保密的要求。

要使员工做好保密工作，除了日常的流程设置、教育培训等保密管理工作外，还需要在入职的环节做好相关工作。与保密工作类似的还有知识产权管理，比较好的办法是与员工签订《保密、知识产权协议》，并将其作为《劳动合同书》的补充附件，格式模板如下所示。

《劳动合同书》附件：

保密、知识产权协议

甲方（公司）：

乙方（员工）：

鉴于：

1. 甲乙双方于_____年____月____日签订《劳动合同书》，乙方现在甲方从事_____岗位工作；

2. 乙方在受聘于甲方期间可能会创造职务成果；

3. 因受聘于甲方（包括但不限于接受甲方向其提供的培训），乙方可能充分接触甲方的各类信息，并且熟悉甲方的经营、业务和前景，与甲方的客户、供应商及其他与甲方有业务关系的人有广泛的往来。

甲、乙双方就乙方在甲方工作期间及离职以后保守甲方技术及其他商业秘密等有关事项，订立下列条款，以资共同遵守。

第一条　定义

在本协议中：

"技术秘密"，指甲方拥有的不为公众所知悉、具有商业价值、能为甲方带来经济利益、具有实用性并经甲方采取保密措施的技术资料和信息。

"其他商业秘密"，指甲方的一切非公开技术信息和经营信息。技术信息包括但不限于：技术方案、工程设计、电路设计、制造方法、配方、工艺流程、技术指标、计算机软件、数据库、研究开发记录、技术报告、检测报告、实验数据、试验结果、图纸、样品、样机、模型、模具、操作手册、技术文档、相关的函电等。经营信息包括但不限于：甲方内部组织机构、运作方式、客户信息、竞争对手信息、代理产品信息；甲方的经营策略、经营状况、与合作伙伴的意向、合同、协作等法律文件的内容；甲方谈判方案、内容、会议会谈纪要、决议；甲方营销计划、业务渠道、供货来源、销售渠道、客户名单、产品成本、交易价格、定价政策、利润率、销售策略方案；甲方为客户制作的策划方案、咨询服务工作成果、设计方案、图纸；甲方不公开的财务资料，包括但不限于财务账簿、报表、工资、奖金、福利分配方案、盈亏状况；甲方人事状况，包括但不限于企业人员档案资料，内部重大人事变动、重要管理人员的个人信息计划；甲方的重大决策与行动计划，包括但不限于投资计划、收购、兼并、清算、分立计划，准诉讼、仲裁行动，或未公开审理的诉讼、仲裁，企业形象设计、广告计划、活动安排；甲方招投标中的标底标书内容以及其他甲方需要保密的有关信息等。

"公司业务"指甲方的经营范围所涉及的研发、生产及销售等相关业务；包括但不限于甲方实际进行的或明显预期进行的一切研究与开发。

"成果"指所有可取得或不可取得专利权的发明创造、发现、设计、工序、公式、革新、开发、改进，可取得或不可取得著作权的各种作品（包括但不限于计算机软件、文章、报告、制图、图纸、蓝图、广告、营销材料、标识等），技术诀窍以及商业秘密。

"职务成果"指乙方在受聘于甲方期间（包括本协议日期前的任何受聘期间）单独或与其他人共同设想、创作、开发、实施或以某种有形形式表现的并至少符合下列两个条件之一的所有成果：（1）涉及公司业务任何方面的技术成果；（2）按照适用法律、法规的规定构成职务作品、职务发明创造或其他职务技术成果的。

"任职期间"，以甲、乙双方签订的劳动合同期限为标准，以乙方从甲方领取工资为标志，并以该项工资所代表的工作期间为任职期间。任职期间包括乙方正常工作时间或加班时间或非工作时间，而无论场所是否在甲方工作场所内。

"离职"，以任何一方明确表示解除或辞去聘用关系的时间为准。

第二条　保密

2.1　乙方在甲方任职期间，应认真遵守国家保密法规和甲方规定的任何成文的保密规章、制度，履行与其工作岗位相应的保密职责。甲方对此会按照级别标准每月支付乙方保密费用，随工资一起发放，标准为：_____元／月。甲方的保密规章、制度没有规定或者规定不明确之处，乙方亦应本着谨慎、诚实的态度，采取任何必要、合理的措施，维护其知悉或者持有的任何属于甲方或者虽属于第三方但甲方承诺有保密义务的技术秘密或其他商业秘密信息，以保持其机密性。

2.2　乙方承诺，除了履行职务的需要之外，未经甲方书面同意，不得以泄露、告知、公布、发布、出版、传授、转让或者其他任何方式使任何第三方（包括按照保密制度的规定不得知悉该项秘密的甲方其他职员）知悉属于甲方或者虽属于他人但甲方承诺有保密义务的技术秘密或其他商业秘密信息；不得私自携带、复制、销毁属于甲方的技术秘密和其他商业秘密信息；也不得在履行职务之外使用这些秘密信息。

2.3　与甲方业务有关的记录、计算机程序、电子储存信息、计算机软盘、光盘、照片及其他存储媒介物、文档、图纸、草图、蓝图、手册、信函、笔记、笔记本、报告、备忘录、客户清单、其他文件、设备等，无论是否由乙方草拟，均属于甲方单独拥有的财产，未经甲方事先书面同意不得移出甲方办公场所。乙方不得擅自以任何方式复制该等信息或资料。劳动关系终止后或根据甲方的其他要求，乙方应立即将所有形式的信息资料及其所有复制品、摘录等返还甲方。乙方同意不制作或保留该等信息资料的任何复制品，并确认在办理离职手续之时交还所有信息资料及其任何复制品，并在之后不制作或保留该等信息资料的任何复制品。

2.4　乙方不得利用甲方的技术秘密和其他商业秘密进行违法犯罪活动，否则，由此引起的一切法律后果由乙方承担。

2.5　乙方承诺，在为甲方履行职务时，不得擅自使用任何属于他人的技术秘密或其他商业秘密信息，亦不得擅自实施可能侵犯他人知识产权的行为。

2.6　乙方保密的义务在本协议届满或终止、乙方与甲方的劳动关系终止后继续有效，直至相关信息成为公开信息。

2.7　乙方承诺，乙方离职之后仍对其在甲方任职期间接触、知悉的属于甲方或者虽属于第三方但甲方承诺有保密义务的技术秘密和其他商业秘密信息，承担如同任职期间一样的保密义务和不擅自使用有关秘密信息的义务，而无论乙方因何种原因离职。

第三条　知识产权所有权

3.1　双方确认，乙方在甲方任职期间，因履行职务或者主要是利用甲方的物质技术条件、业务信息等产生的发明创造、作品、计算机软件、技术秘密或其他商业秘密信息，有关的知识产权均属于甲方享有。甲方可以在其业务范围内充分自由地利用这些发明创造、作品、计算机软件、技术秘密或其他商业秘密信息，进行生产、经营或者向第三方转让。乙方应当依甲方的要求，提供一切必要的信息和采取一切必要的行动，包括申请、注册、登记等，协助甲方取得和行使有关的知识产权。

3.2　乙方同意在职务成果产生后立即（但无论如何不迟于职务成果产生后的30日内）全部向甲方披露。

3.3　乙方在甲方任职期间所完成的发明创造、作品、计算机软件、技术秘密或其他商业秘密信息，乙方主张由其本人享有知识产权的，应当及时向甲方书面申明。乙方应提供有效书面证据证明同时满足下列条件：（1）乙方没有使用甲方的任何设备、物品、设施或技术秘密或其他商业秘密并完全利用自己的时间所创造的；（2）不是因乙方为完成甲方任何工作所产生的。

经甲方核实并书面确认，认为确属于非职务成果的，由乙方享有知识产权，甲方不得在未经乙方明确授权的前提下利用这些成果进行生产、经营，亦不得自行向第三方转让。乙方没有申明的，推定其属于职务成果，甲方可以使用这些成果进行生产、经营或者向第三方转让或授权。乙方申明后，甲方对成果的权属有异议的，可以通过协商解决；协商不成的，通过诉讼途径解决。

3.4　乙方进一步同意，除本协议另行规定或甲方以书面形式同意的以外，乙方无权并不得直接或间接：

（1）复制、改变、修改、翻译、生产、营销、出版（发布）、发行、销售、许可或分许可、转让、租赁、传送、传播、展示或使用甲方拥有的成果、其任何部分或任何形式的复制品。

（2）将甲方拥有的成果以及其任何部分或任何形式的复制品用于创作派生作品、提供电子方式的访问或阅读或存入计算机储存器；在中国或其他国家、地区申请（或申请注册）甲方拥有的成果或与其有关的任何专利权、著作权、商标、其他知识产权。

（3）引起、协助、配合其他人的任何上述行为。

3.5　乙方在甲方任职期间，因履行职务或者主要是利用甲方的物质技术条件、业务信息等产生的发明创造、作品、计算机软件、技术秘密或者其他商业秘密信息，有关的知识产权乙方享有署名权。职务发明创造成果经授权或认定后，发明专利技术奖（一次性）＿＿＿元，实用新型技术创新奖（一次性）＿＿＿元，外观设计技术创新奖（一次性）＿＿＿元，专利实施不再进行额外奖励。

第四条　违约责任

4.1　因甲方持有的技术秘密为甲方投入巨额资金才攻克的国内空白和科技

难关，故乙方如违反本协议任一保密条款而泄露技术秘密的责任也应是重大的。双方约定，根据乙方泄密的性质、主观故意或过失、对甲方的损害程度，甲方有权在____万元～____万元幅度范围内向乙方追索违约金。

4.2 如乙方违反上述约定给甲方造成的实际损失超过了违约金的数额，还应据实给予赔偿，违约金不能代替赔偿损失，但可以从损失额中抵扣。所有违约金和赔偿金额，甲方均可在乙方在甲方处拥有的包括但不限于工资报酬、股权及红利等各种财产中抵扣。

（1）乙方如将甲方技术及其他商业秘密泄露给第三方或使用甲方技术及其他商业秘密使公司遭受损失的，乙方应对公司进行赔偿，其赔偿数额为其违反义务所给甲方带来的损失的二倍；如泄密给第三者的，第三者对甲方损失依法承担民事责任。

（2）在保密期限内，甲方有权利要求乙方提供保密期限内与甲方之外的任何其他公司或组织订立的劳动合同文本原件、6个月的社保缴费清单和工资收入证明以供查阅，乙方必须提供真实有效资料，否则视为违约。

（3）乙方因泄密获得的利益所得归甲方所有。

4.3 前款所述损失赔偿按照以下方式计算。

（1）损失赔偿额为甲方因乙方的违约或侵权行为所受到的实际经济损失，计算方法：因乙方的违约及侵权行为导致甲方的产品销售数量下降，其销售数量减少的总数乘以每件产品的利润所得之积。

（2）如果甲方的损失按照前述方法难以计算的，损失赔偿额为乙方因违约或侵权行为所获得的全部利润。计算方法是乙方从每件与违约或侵权行为直接相关的产品获得的利润乘以在市场上销售的总数所得之积；或者以不低于甲方商业秘密许可使用费的合理数额作为损失赔偿额。

（3）甲方因调查乙方的违约或侵权行为而支付的合理费用，如律师费、公证费、取证费等，应当包含在损失赔偿额之内。

4.4 因乙方恶意泄露甲方技术及其他商业秘密给甲方造成重大经济损失和其他严重后果的，甲方将通过法律手段追究其侵权责任，甲方还将依《中华人民共和国刑法》追究乙方的刑事责任。

4.5 如乙方泄露与甲方相关的国家秘密，给公司造成重大经济损失和其他严重后果的，乙方除按照本协议4.1～4.3的规定承担责任外，甲方还将追究乙方的行政责任，以及依《中华人民共和国保守国家秘密法》《中华人民共和国刑法》等相关规定追究乙方的刑事责任。

第五条　其他

5.1　本协议受中华人民共和国法律管辖。因本协议而引起的纠纷，双方应首先争取通过友好协商解决，如果协商解决不成，任何一方均有权提起诉讼。双方同意，选择甲方住所地的、符合级别管辖规定的人民法院作为双方纠纷的第一审管辖法院。上述约定不影响甲方请求知识产权管理部门对侵权行为进行行政处理。

5.2　本协议是双方于_____年____月____日签订的《劳动合同书》不可分割的一部分，与该合同具有同等的法律效力。

5.3　本协议自甲方法定代表人签字并加盖公章、乙方签字之日起生效。

5.4　本协议任何部分无效，本协议的其他部分仍然有效。

5.5　本协议对双方及其各自的继任者和受让人均具有约束力。

5.6　本协议如与双方以前的口头或书面协议有抵触，以本协议为准。对本协议的修改或补充必须以书面形式做出。

5.7　双方确认，在签署本协议前已仔细审阅过协议的内容，并完全了解协议各条款的法律含义。

5.8　本协议一式两份，甲乙双方各执一份，具有同等法律效力。

甲　　方（盖章）：　　　　　　乙　　方（签名）：

法定代表人（签名）：

签署日期：　　年　月　日

4.2.3　竞业限制操作

竞业限制指的是用人单位为了保护自身的商业秘密，经过劳资双方协商后约定，在劳动关系存续期间，限制或禁止员工直接或间接在与企业存在竞争关系的公司兼职；或者在劳动关系结束后的一段时间内，限制或禁止员工直接或间接到与企业存在竞争关系的企业任职。

为便于管理，实务中的竞业限制大多是直接采取竞业禁止的方式。比较好的处理竞业禁止的方式是企业经过与员工协商后，与员工签署《竞业禁止协议》，并将其作为《劳动合同书》的补充附件，《竞业禁止协议》格式模板如下所示。

《劳动合同书》附件：

竞业禁止协议

甲方（公司）：

乙方（员工）：

鉴于：

1. 甲乙双方于_____年____月____日签订《劳动合同书》，乙方现在甲方从事_____岗位工作；

2. 乙方因受聘于甲方而充分接触甲方的各类信息，并且熟悉甲方的经营、业务和前景及甲方的客户、供应商及其他与甲方有业务关系的相关方。

因此，为保护甲方技术及其他商业秘密，甲乙双方根据《中华人民共和国劳动法》《中华人民共和国劳动合同法》等法律、法规规定，就乙方对甲方承担的竞业禁止义务等相关事项，订立下列条款，以资共同遵守。

第一条 乙方承诺在甲方任职期间，将以其全部的时间和精力投入甲方的业务，并尽其最大努力为甲方拓展业务、扩大利益，而不会参与任何其他（竞争或其他）业务。

第二条 乙方同意其在甲方任职期间不得有下列行为：未经甲方股东大会同意，利用职务便利为自己或者他人谋取属于甲方的商业机会，自营或者为他人经营与甲方相同、相近或相竞争的业务。

第三条 乙方同意，在其与甲方无论因何种原因解除或者终止劳动关系后的两年内继续承担竞业禁止义务，不得到与甲方生产或者经营同类产品、从事同类业务的有竞争关系的其他用人单位任职，或者自己开业生产或者经营同类产品、从事同类业务。

第四条 乙方同意，在竞业禁止期限内，无论其是为自己还是代表任何其他个人或企业，不应：

（1）直接或间接地劝说、引诱、鼓励或以其他方式促使甲方或其关联企业的（ⅰ）任何人员终止与甲方或其关联企业的聘用关系；（ⅱ）任何客户、供应商、代理、分销商、被许可人、许可人或与甲方或其关联企业有实际或潜在业务关系的其他人或实体（包括任何潜在的客户、供应商或被许可人等）终止或以其他方式改变与甲方或其关联企业的业务关系。

（2）直接或间接地以个人名义或以一个企业的所有者、许可人、被许可人、本人、代理人、咨询顾问、乙方、独立承包商、业主、合伙人、出租人、股东或董事或管理人员的身份或以其他任何名义：（ⅰ）投资或从事与甲方或其关联企业所经营的业务相同、相近或相竞争的其他业务，或成立从事竞争业务的组织；（ⅱ）向竞争对手等任何其他第三方提供任何服务或披露任何保密信息。

（3）在业务过程之外使用或允许任何未经甲方批准的第三方使用由甲方使用的任何名称、标志或其他知识产权，或者可能与甲方之名称、标志、其他知识产权相混淆的名称或标志。

第五条　自甲乙双方解除劳动关系之日起，乙方将不再声称自己仍然：为甲方的雇员或高级管理人员；或者有权以甲方的名义行事；或者与甲方的业务或事务存在利益关系。

第六条　甲方应当对乙方离职以后因承担本协议项下的竞业禁止义务可能受到的损失，给予一定程度的补偿，根据《最高人民法院关于审理劳动争议案件适用于法律若干问题的解释（四）》第六条中相关规定，我公司员工在签订劳动合同或者保密协议中约定了竞业限制，在解除或者终止劳动合同后履行了竞业限制义务，我公司将按照在劳动合同解除或终止前十二个月平均工资的____% 按月支付经济补偿。在乙方离职时，甲方书面通知乙方无需承担竞业禁止义务者，甲方无需向乙方支付经济补偿金。

第七条　违约责任

1. 乙方有违反本协议规定的任何行为，应当承担违约责任，须一次性向甲方支付违约金人民币_____万元；乙方因违约行为所获得的收益应当归还甲方；因乙方违约行为给甲方造成损失的，乙方应当承担赔偿责任（如已经支付违约金的，应当予以扣除）。所有违约金和赔偿金额，甲方均有权以乙方在甲方处拥有的包括但不限于工资报酬、股权及红利等各种财产抵扣。

2. 前项所述损失赔偿额按照以下方式计算。

（1）乙方的违约行为尚未造成甲方技术秘密完全公开的，经济损失赔偿额为甲方因乙方的违约行为所受的实际经济损失；如果甲方的损失依照上述计算方法难以计算的，损失赔偿额为乙方因违约行为所获得的全部利润。

（2）乙方的违约行为造成甲方技术秘密为其他任意第三方部分或全部拥有或使用，或者公开的，经济损失赔偿额应当按该技术秘密的全部价值量计算。企业技术秘密的全部价值量，由甲方认可的资产评估机构评估确定。

第八条　其他

1.本协议受中华人民共和国法律管辖。因本协议而引起的纠纷，双方应首先争取通过友好协商解决，如果协商解决不成，任何一方均有权提起诉讼。双方同意，选择甲方住所地的、符合级别管辖规定的人民法院作为双方纠纷的第一审管辖法院。

2.本协议是双方于_____年____月____日签订的《劳动合同书》不可分割的一部分，与该合同具有同等的法律效力。

3.本协议自甲方法定代表人签字并加盖公章、乙方签字之日起生效。

4.本协议任何部分无效，本协议的其他部分仍然有效。

5.本协议对双方及其各自的继任者和受让人均具有约束力。

6.本协议如与双方以前的口头或书面协议有抵触，以本协议为准；对本协议的修改或补充必须以书面形式做出。

7.双方确认，在签署本协议前已仔细审阅过协议的内容，并完全了解协议各条款的法律含义。

8.本协议一式两份，甲乙双方各执一份，具有同等法律效力。

甲方（盖章）：　　　　　　　　　乙方（签名）：

法定代表人（签名）：

签署日期：　　年　月　日

4.2.4　试用期及转正

许多人力资源管理人员搞不清楚试用期、实习期、见习期的基本概念，常常在口头表达或正式文件中将三者混淆。其实，三者存在本质的不同，其主要区别如下。

试用期，指的是劳动合同履行的初期，代表劳资双方已经正式确立劳动关系，但需要一个过渡期可以供彼此了解、尝试、熟悉，给彼此都留有选择的空间和余地。劳动者在试用期的工资不得低于用人单位所在地的最低工资标准、不得低于本单位相同岗位最低档工资、不得低于劳动合同约定工资的 80%。

实习期一般是指学生在校期间，为了能够提升自身的综合素质、更好地适应未来踏入社会后的角色转变，选择提前到企业实地参与、熟悉工作岗位、获得实践工作经验而进行的活动。实习期学生和单位之间的关系不是劳动关系，而是一种学习实践的关系。学生实习期所在的企业，也不一定是未来与之签订劳动合同的企业。

见习期不是法律层面的概念，它通常是组织内部岗位职级的规定，也是一种过渡期。它指的是当员工新进入某个岗位或职务时，由于对岗位或职务不熟悉，需要一段熟悉和实际操作的过程，组织在此期间考察候选人的工作表现、能力或绩效是否能够匹配该岗位的基本要求。

《中华人民共和国劳动合同法》（2012 年 12 月 28 日修改）第十九条规定如下。

劳动合同期限三个月以上不满一年的，试用期不得超过一个月；劳动合同期限一年以上不满三年的，试用期不得超过二个月；三年以上固定期限和无固定期限的劳动合同，试用期不得超过六个月。

同一用人单位与同一劳动者只能约定一次试用期。

以完成一定工作任务为期限的劳动合同或者劳动合同期限不满三个月的，不得约定试用期。

试用期包含在劳动合同期限内。劳动合同仅约定试用期的，试用期不成立，该期限为劳动合同期限。

员工在试用期间，人力资源部门不能"放任不管"，需要及时摸底和跟进，具体工作如下。

（1）面谈。一般在入职的一周之内、一个月之内和转正之前需要做三轮面谈，每轮面谈的对象分别是员工本人、员工的帮带师傅或周围的同事等。面谈的内容主要是员工对工作氛围和工作内容的感受、员工是否得到了来自部门内部应有的关心和帮助、员工的师傅或同事对该员工的评价、员工遇到的问题以及需要的帮助等。

（2）反馈。根据员工试用期间的三轮面谈情况，提炼出有建设性的、有价值、有意义的信息反馈给新员工的直属领导或部门负责人。如果发现新员工的直属领导或部门负责人没有很好地帮助新员工融入新的工作环境，人力资源部门需要及时指出，了解实际情况并及时修正，根据情况给出指导和建议。

（3）总结。针对新员工在试用期间遇到的不同问题，根据与新员工和部门之间的面谈结果，人力资源部门要总结招聘、面试、入职、试用过程中存在的问题，比如对于人才的招聘标准是否有问题、面试的方法和判断是否有问题、入职培训的全面性是否有问题、入职和试用期间的管理是否能优化等。

为便于员工总结和提高能力，新员工在试用期间，需要定时提交总结报告，频率一般为一周到一个月提交一次，员工试用期总结报告格式模板如表 4-1 所示。

表 4-1　员工试用期总结报告

姓名		部门	
岗位		入职日期	
工作总结			
帮带师父评价			
部门负责人评价			
人力资源部门评价			

试用期满后，新员工可以按照公司的转正流程提交转正申请。员工转正申请表的格式模板如表 4-2 所示。

表 4-2　员工转正申请表

编号：　　　　　　日期：

申请人		所属部门		岗位名称	
入职时间		实习期间 缺勤天数			
实习部门					
实习期间自我评价					
帮带师傅意见	□同意转正 □转岗（建议岗位）		□延期转正（建议延期至） □终止试用，辞退 　　　　　　签字：		
部门负责人意见	□同意转正 □转岗（建议岗位）		□延期转正（建议延期至） □终止试用，辞退 　　　　　　签字：		
人力资源部门意见	□同意转正 □转岗（建议岗位）		□延期转正（建议延期至） □终止试用，辞退 　　　　　　签字：		
总经理意见	□同意转正 □转岗（建议岗位）		□延期转正（建议延期至） □终止试用，辞退 　　　　　　签字：		

　　员工提交转正申请后，在正式转正之前，人力资源部门需要组织对员工的评估。转正前的评估可以根据必要性设置知识层面的评估、能力层面的评估、行为 / 态度层面的评估和绩效层面的评估四个维度。

　　知识层面的评估是评估新员工对该岗位应知应会相关知识的掌握程度。测评的方式可以是笔试或者面试时的口试。需要注意的是，实施知识层面的评估需要提前准备试题库和标准答案，设置的问题需要和新员工的工作相关性强且属岗位必备的知识。

　　能力层面的评估是评估新员工是否已经掌握了岗位必备的各项基本能力。测评的方式可以有实测操作模拟、工作成果评估、专家意见评价、直属领导评价、团队成员评议、关联方打分等。

　　行为 / 态度层面的评估是评估新员工日常工作过程的行为和态度是否符合公司的要求和期望，是否存在消极怠工、违规操作等不好的态度和行为。测评的方式可以通过民主评议或直属领导打分。

　　绩效层面的评估是评估新员工的工作成果是否达到了岗位的基本要求。测评的方式是岗位绩效评价。需要注意的是，由于新员工入职的时间较短，对新员工的要求不应过于严苛，一般是达到该岗位绩效的最低要求就可达标。

4.2.5　工时制度选择

　　工时制度分为三种，即标准工时制、综合工时制和不定时工时制。企业可以根据自身经营情况的特点，选择适合自身特点的工时制度。

　　1. 标准工时制

　　标准工时制是我国最普遍的工时制度，如果企业不进行申请，则默认实行标准工时制。标准工时制的工作标准为员工每天工作时长为 8 小时，每周工作不超过 40 小时。每周保证劳动者至少休息 1 日；有生产经营需要的，经与工会和劳动者协商后，一般每天延长工作时间不得超过 1 小时；特殊原因每天延长工作时间不得超过 3 小时；每月延长工作时间不得超过 36 小时。

　　2. 综合工时制

　　综合工时制是以标准工时为计算基础，在一定时期范围内，综合计算工作时间的工时制度。这类工时制度不再以天为单位计算工作时间，而可以用月、季、年为单位计算，所得平均日或平均周的工作时间应当与标准工时制的时间相同。

　　劳动部《关于企业实行不定时工作制和综合计算工时工作制的审批办法》（劳

部发〔1994〕503 号）第五条规定如下。

第五条　企业对符合下列条件之一的职工，可实行综合计算工时工作制，即分别以周、月、季、年等为周期，综合计算工作时间，但其平均日工作时间和平均周工作时间应与法定标准工作时间基本相同。

（一）交通、铁路、邮电、水运、航空、渔业等行业中因工作性质特殊，需连续作业的职工；

（二）地质及资源勘探、建筑、制盐、制糖、旅游等受季节和自然条件限制的行业的部分职工；

（三）其他适合实行综合计算工时工作制的职工。

实行综合工时制的企业，无论劳动者单日的工作时间为多少，只要在一个综合工时计算周期内的总工作时长不超过以标准工时制计算的应当工作的总时间数，就不视为加班。如果超过该时间，则应视为延长工作时间，同样地，平均每月延长的工作时间不得超过 36 小时。

3．不定时工时制

标准工时制和综合工时制都属于定时工时制，它们都是根据工作时间来衡量劳动者的劳动量。不定时工时制是一种直接确定劳动者工作量的工时制度。因生产特点、工作特殊需要或职责范围的特点，无法按照标准工作时间计算工时的，可以申请不定时工时制。

劳动部《关于企业实行不定时工作制和综合计算工时工作制的审批办法》（劳部发〔1994〕503 号）第四条规定如下。

企业对符合下列条件之一的职工，可以实行不定时工时制。

（一）企业中的高级管理人员、外勤人员、推销人员、部分值班人员和其他因工作无法按标准工作时间衡量的职工；

（二）企业中的长途运输人员、出租汽车司机和铁路、港口、仓库的部分装卸人员以及因工作性质特殊，需机动作业的职工；

（三）其他因生产特点、工作特殊需要或职责范围的关系，适合实行不定时工时制的职工。

实行不定时工时制的企业，不再受《中华人民共和国劳动法》（2018 年 12月 29 日第二次修正）第四十一条规定的日延长工作时间标准和月延长工作时间标准的限制。

4．特殊工时认定

综合工时制和不定时工时制都属于特殊工时制，企业如果想实行这两种工时制度，需要到有关政府部门申请，并办理相关的审批手续。申请和审批方式以各省、自治区、直辖市人民政府劳动行政部门的制订为准。否则，一旦出现劳动争议，企业主张自己是综合计算工时制时没有法律依据的，劳动者有权要求按照标准工时制计算加班工资。

需要注意，劳动部《关于企业实行不定时工作制和综合计算工时工作制的审批办法》（劳部发〔1994〕503号）第六条的规定如下。

对于实行不定时工作制和综合计算工时工作制等其他工作和休息办法的职工，企业应根据《中华人民共和国劳动法》第一章、第四章有关规定，在保障职工身体健康并充分听取职工意见的基础上，采用集中工作、集中休息、轮休调休、弹性工作时间等适当方式，确保职工的休息休假权利和生产、工作任务的完成。

4.2.6　入职注意事项

人力资源部门在办理新员工入职时，需要特别注意以下事项。

1. 入职前的准备环节

《中华人民共和国劳动合同法》（2012年12月28日修改）第三十九条的规定如下。

劳动者有下列情形之一的，用人单位可以解除劳动合同：

（一）在试用期间被证明不符合录用条件的；

（二）严重违反用人单位的规章制度的；

（三）严重失职，营私舞弊，给用人单位造成重大损害的；

（四）劳动者同时与其他用人单位建立劳动关系，对完成本单位的工作任务造成严重影响，或者经用人单位提出，拒不改正的；

（五）因本法第二十六条第一款第一项规定的情形致使劳动合同无效的（以欺诈、胁迫的手段或者乘人之危，使对方在违背真实意思的情况下订立或者变更劳动合同的）；

（六）被依法追究刑事责任的。

规范、明确、合理、经得住推敲的人才录用条件和合法、合规、有效的规章制度对企业的用工意义重大，是企业规避用工风险、防止用工欺诈的有效手段。其中，录用条件包括岗位职责条件、身体健康条件、兼职条件、档案存放情况以及社会保险缴纳条件、绩效考核条件等。

规章制度需要包括但不限于与劳动者息息相关的八类，包括劳动报酬、工作时间、休息休假、劳动安全卫生、保险福利、员工培训、劳动纪律、劳动定额管理相关制度。规章制度要合法有效，不能与法律规定相冲突。公司规章制度通过的程序也要合法合规，需要经过职工代表大会，并在当地人力资源和社会保障部（简称人社部门）备案。

规章制度通过后，要通过公司的网站、邮件、公示栏等方式向劳动者公示并告知。可以在劳动合同中或者劳动合同的附件中明确说明公司的规章制度属于劳动合同条款，员工入职前必须学习、培训、考试并签字确认。为方便员工快速学习并了解所有的规章制度，比较好的方式是制作并发放员工手册。

2．岗位职责明确环节

新员工入职前，企业需要有用人岗位清晰明确的岗位职责，一是为了评估该岗位究竟需要招聘什么类型的人才；二是为新进人才入职后能够快速理解岗位工作内容，快速进入工作状态提供保障；三是为了能够有效评估新员工上岗后工作职责的履行情况。

明确岗位职责需要罗列出各岗位所有的基础性工作活动，分析涉及的相关工作任务，并据此明确列举出必须完成的任务以及每项任务背后的目的和需要达成的目标，根据任务和目标的要求，明确出该岗位需要具备的各项能力。

3．入职前的登记环节

人力资源部门要对员工入职材料和信息的真实性做仔细核查，重点关注的信息包括员工的教育背景信息、工作经历信息、家庭成员信息、紧急联系人及通信地址信息、健康状况信息。务必需要新员工在岗位申请表最后的声明中亲笔签字。

人力资源部门要核查员工上一个单位开具的双方已经解除劳动关系、并不存在任何劳动纠纷的证明；对于特殊或敏感岗位，要提前通过电话、邮件、传真等方式审查候选人是否还处在竞业限制期。

4．入职前的体检环节

入职前的体检环节是确认候选人身体健康状况的依据，人力资源部门应注意核查，有效甄别出个别员工体检作假的情况。同时注意，不要有健康歧视，要根据劳动者的健康状况合理分配岗位。《中华人民共和国就业促进法》（2015 年 4 月 24 日修订）第三十条的规定如下。

用人单位招用人员，不得以是传染病病原携带者为由拒绝录用。但是，经医学鉴定传染病病原携带者在治愈前或者排除传染嫌疑前，不得从事法律、行政法规和国务院卫生行政部门规定禁止从事的易使传染病扩散的工作。

5．签订劳动合同环节

用人单位与劳动者劳动关系的确立是自用人单位用工之日起，也可以理解为劳动者第一天报到开始。劳动合同需要在劳动者工作之日起的一个月内签订。《中华人民共和国劳动合同法》（2012 年 12 月 28 日修改）第八十二条规定如下。

用人单位自用工之日起超过一个月不满一年未与劳动者订立书面劳动合同的，应当向劳动者每月支付二倍的工资。

签订劳动合同时，人力资源部门要主动告知新员工工作中的相关内容，包括工作条件、工作时间、可能存在的职业危害、职业安全状况、工作职责、劳动报酬等劳动者需要了解和掌握的相关信息。

一份完整的劳动合同必备的要件：完整的用人单位名称、单位地址、法定代表人、劳动者真实完整的姓名、劳动者住址、身份证号码、劳动合同的起止日期等。

4.2.7　入职风险提示

新员工入职环节存在各种风险，不了解或不注意的企业很容易在这些问题上犯错误，从而给企业造成不必要的损失，入职环节比较常见的风险包括以下事项。

（1）禁止招用不满 16 周岁的未成年人，即使该未成年人主观上想到企业工作。法律依据为《禁止使用童工规定》（国务院令第 364 号，2002 年 12 月 1 日起施行）。

（2）用人单位要保存好新员工的相关录用材料，建立员工名册。法律依据为《中华人民共和国劳动合同法实施条例》（国务院令第 535 号，2008 年 9 月 18 日公布）。

（3）依据《中华人民共和国就业促进法》（2015 年 4 月 24 日修订），劳动者就业，不因民族、性别、宗教信仰等不同而受歧视。用人单位招用人员，不得以是传染病病原携带者为由拒绝录用。

（4）企业不得让劳动者提供财物或扣押劳动者的证件，作为劳动关系的担保。法律依据为《中华人民共和国劳动合同法》（2012 年 12 月 28 日修改）。

（5）禁止招用没有合法证件的人员。法律依据为《就业服务与就业管理规定》（劳动保障部令第 28 号，2022 年 1 月 7 日第四次修订）。

（6）禁止欺诈、胁迫或乘人之危，在违背当事人意愿的情况下订立劳动合同。法律依据为《中华人民共和国劳动合同法》（2012 年 12 月 28 日修订）。

（7）企业对员工的个人信息有保密的义务，不得泄露员工的个人信息或擅自使用劳动者个人的劳动成果。法律依据为《就业服务与就业管理规定》（劳动保障部令第 28 号，2022 年 1 月 7 日第四次修订）。

4.3 员工离职管理

员工离职管理在企业人力资源管理体系中起着举足轻重的作用，它是企业减少人才流失、降低人力资源管理成本、保证人才有序流动、维护企业和员工的合法权益、提高人力资源管理水平的重要方式。

4.3.1 离职的作业流程

根据员工是否出于主观意愿，可以把员工离职分为主动离职和被动离职两种。主动离职包括员工由于各种原因主动提出辞职、合同期满后员工不再续签、退休后不接受公司的返聘三种类型；被动离职包括员工被公司辞退、合同期满后单位不再续签、单位被迫的经济性裁员三种类型，如图 4-1 所示。

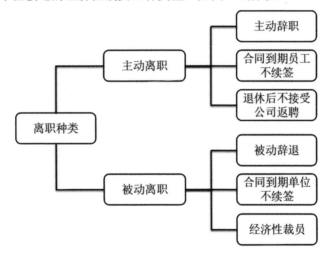

图 4-1 离职的种类

针对不同的离职方式有不同的作业流程。

1. 主动辞职

《中华人民共和国劳动合同法》（2012 年 12 月 28 日修改）第三十六条、第三十七条规定如下。

用人单位与劳动者协商一致，可以解除劳动合同。

劳动者提前三十日以书面形式通知用人单位，可以解除劳动合同。劳动者在试用期内提前三日通知用人单位，可以解除劳动合同。

主动提出辞职的员工，应在《中华人民共和国劳动合同法》（2012 年 12 月

28日修改）规定的时间内提出，填写离职申请表，经单位直属领导、部门负责人和人力资源部门审批后，办理离职手续。离职申请表的格式模板如表4-3所示。

表4-3　离职申请表

姓名		性别		身份证号	
公司		部门		岗位	
入职日期		申请离职日期		预计离职日期	
家庭住址			联系方式		
离职原因					
直属领导面谈记录				直属领导审批意见	
部门负责人面谈记录				部门负责人审批意见	
人力资源部门面谈记录				人力资源部门审批意见	

离职员工应填写离职交接表，按照离职交接表中的内容逐项执行交接手续，离职交接表如表4-4所示。

表4-4　离职交接表

姓名		性别		身份证号	
公司		部门		岗位	
入职日期		申请离职日期		预计离职日期	
交接手续					
部门办公用品	□办公设备　□办公用品　□其他		□文档资料　□物料工具	部门负责人签字：	
交接内容 1. 2. 3. 4. 5. 6.		交接人签字 1. 2. 3. 4. 5. 6.		日期：	
行政部门	□办公钥匙归还　□通信记录更新　□其他		□宿舍　□餐卡	行政部门负责人签字： 日期：	
信息部门	□OA账号　□其他			信息部门负责人签字： 日期：	

续表

财务部门	□借款清算 □其他		财务部门负责人签字： 日期：
人力资源 部门	□工作服 □出勤情况 □人事档案 □其他	□工作牌 □工资计算 □员工手册	人力资源部门负责人签字： 日期：

总经理意见：

日期：

　　交接的过程需注意，由于员工离职后的工作职责、文件资料、办公用品等每一项不一定是全部交接给同一个人，所以，移交的过程需要逐项核对后，由接收人逐项签字。如果表格填不下，可以附交接清单。如果交接过程中发现有物品或资料遗失或毁损，给公司造成损失的，应按照相关规定折价赔偿。

　　2．劳动合同到期

　　根据《中华人民共和国劳动合同法》（2012 年 12 月 28 日修订）第四十四条第一项规定，劳动合同期满的，劳动合同终止。也就是说，当劳动合同期满时，若无特殊情况或特殊条款说明，劳动合同自动终止，用人单位和劳动者之间的劳动关系解除。

　　但需注意，根据《中华人民共和国劳动合同法》（2012 年 12 月 28 日修订）第四十六条第五项规定，除用人单位维持或者提高劳动合同约定条件续订劳动合同，劳动者不同意续订的情形外，依照本法第四十四条第一项规定终止固定期限劳动合同的，用人单位应当向劳动者支付经济补偿。

　　简单地说，就是当劳动合同到期时，如果用人单位不想和劳动者续签合同，用人单位需要向劳动者支付经济补偿。劳动合同到期解除劳动关系，用人单位无须支付经济补偿的情况只有一种，就是用人单位想要和劳动者续订劳动合同，且条件是维持并提高劳动者的劳动条件，而劳动者本人不愿意接受。

　　用人单位向劳动者支付经济补偿的标准参照《中华人民共和国劳动合同法》（2012 年 12 月 28 日修改）第四十七条的规定。

　　经济补偿按劳动者在本单位工作的年限，每满一年支付一个月工资的标准向劳动者支付。六个月以上不满一年的，按一年计算；不满六个月的，向劳动者支付半个月工资的经济补偿。

　　劳动者月工资高于用人单位所在直辖市、设区的市级人民政府公布的本地区上年度职工月平均工资三倍的，向其支付经济补偿的标准按职工月平均工资三倍的数额支付，向其支付经济补偿的年限最高不超过十二年。

本条所称月工资是指劳动者在劳动合同解除或者终止前十二个月的平均工资。

3．退休

根据各地人社部门的规定不同，退休办理的流程不尽相同，当员工达到法定退休年龄后，正常退休的办理流程如下。

（1）员工先填写退休申请表（一般需含有一寸照片）。企业每月在当地人社部门规定的时间内，向人社部门提交退休人员的退休申请表、身份证原件及复印件（复印件一般一式两份）、医保卡复印件、员工档案（一般需要加盖企业公章）。

（2）人社部门审核退休人员的出生年月、参加工作时间、历年调资表、社保缴费年限等，审核后开具公示单。

（3）企业公示无异议后，加盖企业公章。当月缴纳完社保后，人力资源管理人员对退休人员进行减员，向人社部门提交退休申请表、退休申报表、退休公示表。

（4）有部分地区的人社部门对有需要的人员，可以打印退休证明。

如果是特殊工种或因病等情况需要提前办理退休的人员，办理流程比正常的退休流程多一步提前审核的过程，人力资源管理人员可以根据当地人社部门的具体要求提交相关审核材料。

4．辞退和经济性裁员

辞退，指的是因员工违反公司的规章制度、劳动纪律或犯有重大错误，但还没有达到双方自动解除劳动关系的条件，经过合法合规的处罚、调岗、培训后仍然无效，用人单位经研讨后，经过一定的程序，主动与该员工解除劳动关系的行为。

经济性裁员，指的是企业的生产经营遇到困难，为了保证自身能够正常存续，通过一次性主动辞退部分员工的方式，以缓解经营状况的过程。经济性裁员的规定可参考《中华人民共和国劳动合同法》（2012年12月28日修改）第四十一条：

有下列情形之一，需要裁减人员二十人以上或者裁减不足二十人但占企业职工总数百分之十以上的，用人单位提前三十日向工会或者全体职工说明情况，听取工会或者职工的意见后，裁减人员方案经向劳动行政部门报告，可以裁减人员：

（一）依照企业破产法规定进行重整的；

（二）生产经营发生严重困难的；

（三）企业转产、重大技术革新或者经营方式调整，经变更劳动合同后，仍需裁减人员的；

（四）其他因劳动合同订立时所依据的客观经济情况发生重大变化，致使劳动合同无法履行的。

裁减人员时，应当优先留用下列人员：

（一）与本单位订立较长期限的固定期限劳动合同的；

（二）与本单位订立无固定期限劳动合同的；

（三）家庭无其他就业人员，有需要扶养的老人或者未成年人的。

用人单位依照本条第一款规定裁减人员，在六个月内重新招用人员的，应当通知被裁减的人员，并在同等条件下优先招用被裁减的人员。

辞退和经济性裁员都是用人单位主动与劳动者解除劳动关系的行为，实施之前应当事先将理由通知工会，工会同意后，与员工谈话，并按照相关法律法规执行。如果有员工给用人单位造成损失的，用人单位有权要求赔偿。

4.3.2　离职的面谈方法

离职面谈是用人单位工作人员与待离职人员就离职相关问题进行的谈话。离职面谈分为两种，一种是对主动离职人员的面谈，另一种是对被动离职人员的面谈。

对主动离职人员的离职面谈的目的通常是为了安抚员工的情绪、挽留员工留在企业继续工作、了解员工离职的真实原因、收集员工的改进意见或建议、提高公司人力资源管理水平、提高公司声誉。对被动离职人员面谈的目的通常是为了劝员工离开公司。本节主要介绍对主动离职人员的面谈方法。

1．离职面谈的时间

离职面谈通常都是在员工正式提出离职的想法之后，其实这并不是沟通的最佳时机。防患于未然，是对待员工离职最好的管理手段。沟通开始的时机，最好选择在当员工出现工作态度散漫、工作积极性下降、阶段性请长假、行动诡异、神色慌张、时不时地到无人地点接听电话等具有离职意向的行为苗头时。

2．离职面谈的地点

在选择离职面谈的地点时，要注意对离职员工的隐私保护，选择光线较明亮的房间，注意面谈地点周边的环境，在面谈过程应尽量避免周围产生噪声、杂音或干扰。

3．离职面谈的内容

如果是提前发现员工的行为反常，但员工还未提出离职的情况，可以与员工分享企业发现他行为上的异样，想了解他最近是不是有什么事情发生，是不是生活或者工作中遇到了什么问题。

如果是生活上的问题，可以和员工讨论企业是否能够通过做些什么具体事项帮助员工解决问题或渡过难关。如果是工作中的问题，人力资源管理人员可以和员工一起寻找解决问题的出路和方法。

如果是员工已经提出离职，首先要了解员工离职的真实想法和离职原因，参考谈话技巧如下。

"能让我了解一下你为什么会产生这种想法吗？"

"是什么让你产生了这种想法呢？"

如果员工不愿意吐露心声，人力资源管理人员还可以询问员工一些更加具体的问题，参考谈话技巧如下。

"你觉得咱们公司的工作氛围如何？"

"你喜欢咱们公司的企业文化吗？"

"你平时对公司组织的学习和培训满意吗？"

了解到员工的离职原因后，要传达共情，即表达出人力资源管理人员对员工情感和所处情景的理解和感同身受。通过对离职原因的判断，如果存在挽留员工的可能，人力资源管理人员可以与员工一起做利弊分析，突出留在企业的优势，和员工一起寻找既能让员工留下，又能让双方达到满意的解决方案。

如果员工不置可否或者表示要好好想想，可以给员工3～7天的时间做出决定。如果员工坚持要选择离开，人力资源管理人员可以征询员工对企业的意见或建议、了解员工离职后的去向、提醒员工离职前要继续履行工作职责并协助做好工作交接、提醒员工必须履行的保密和竞业禁止责任。

4．离职面谈注意事项

要明确离职面谈的目标。离职面谈的总体目标是改善企业的人力资源管理能力，但对于不同类型的员工，目标侧重有所不同。对态度好、能力强、绩效高的员工，离职面谈的目标以挽留为主；对态度差、能力弱、绩效低的员工，离职面谈的目标可以只了解离职原因。

在做离职面谈之前需要有所准备，要提前了解员工的家庭情况、工作情况、上下级关系、同事评价、人格特质及可能的离职原因等信息，提前预测对话过程中可能发生的情况、可能采取的行动以及可能的解决方案。

应体会和感知离职人员的想法，多站在他的角度思考问题。围绕员工的利益，选择他认同或感兴趣的话题与其交流。注意语调的平和、态度的平等，避免产生判断性的语言或语调。

离职面谈应多采用开放性问题，比如为什么、是什么、怎么样，少用封闭性的语言，比如是不是、对不对、行不行。当涉及敏感隐私问题的时候，要小心询问。

离职面谈后，要注意对面谈过程内容的保密，不得随意泄露员工的隐私。

4.3.3　离职的分析方法

对人才离职的分析可以分为以下四大类。

1．人才流失原因分析

人才流失的原因通常分为个人原因、公司原因和主动淘汰三大类。其中，个人原因包括家庭、地域、个人职业发展、退休等原因；公司原因包括薪酬、领导、同事关系、工作环境、晋升受阻等原因。根据需要，离职原因分析可以更细致，可以按序列 / 角色或部门 / 岗位分析，也可以按职等 / 职级分析，还可以按入职年限分析。

2．人才流失情况预测

预测即将流失的人员，可以为公司提前储备人才。可能流失的人才通常包括三年内将要退休的人员、孕期的人员、已婚未孕的人员、曾经提出过要离职的人员、绩效评分排末位的人员。

3．关键人才流失情况分析

那些从事关键岗位时间较长或者对绩效有较突出贡献的人才流失可以列成表格单独分析。可以分成关键管理岗位、关键技术岗位、司龄 5 年以上员工、司龄 3 ～ 5 年的员工、高绩效的员工的离职情况等类别。

4．人才流向分析

对人才流向的分析，是对商业竞争的预警，是对潜在危机的洞察。人才流失后是去了同业或竞业，还是去了其他行业，对本企业的意义和影响完全不同。如果是去了其他行业，那本企业的损失只是人才流失造成的直接成本；如果到了具有竞业业务的单位，相当于替竞争对手培养了人才，还存在客户丢失、关键技术泄露、商业秘密泄露等难于发现和维权的间接成本。

4.3.4　离职的风险提示

员工离职过程如果操作不当可能存在许多风险，比较常见的有以下几种。

1. 违法解雇的风险

用人单位应保留好员工的辞职申请书，员工离职后，企业开具离职证明，需要注明详细的离职原因和离职时间。如果员工是因为严重违反公司规章制度而离职，还需要保留员工违反规章制度的证明、向工会提出的申请、公司内部的公告、向员工发放的通知等全套证据材料。

2. 经济赔偿的风险

员工离职时，劳资双方应严格按照相关法律法规执行。需要用人单位支付经济补偿金的，用人单位应合法合规支付；员工在职期间造成用人单位损失需要赔偿的，员工也应该在离职前赔偿。

有的企业错误地认为员工未提前 30 天向企业提出离职申请可以扣押员工工资作为对企业损失的补偿。除非企业有明确的证据证明员工给企业造成了一定金额的损失，否则在员工离职时，企业应一次性结清员工的工资。

3. 竞业禁止的风险

用人单位在与员工签订《竞业禁止协议》时，要约定经济补偿金的金额。在员工离职后，用人单位要切实履行经济补偿金的义务，否则该《竞业禁止协议》无效。

4. 泄密的风险

对于签署保密协议的员工，应按照协议的约定履行在职或离职期间保守企业相关秘密的义务。如果保密协议中明确规定了保密的期限包括员工离职之后，而员工未履行，则企业可以按照协议约定追究员工的法律责任。

为了避免员工离职后产生不必要的劳动纠纷，在员工正式离职之前，用人单位可以要求员工加签一份《离职承诺书》，《离职承诺书》格式模板如下。

离职承诺书

本人与公司在平等自愿、协商一致的基础上解除劳动关系，特作以下承诺。

1. 本人在离职前的工作移交、手续办理和资料交接等方面，没有遗漏和不当之处。如因本人工作交接不清或遗漏而导致的公司直接或间接损失，本人愿意按公司相关制度承担相应责任。

2. 离职以后，本人在职所经办未了的事务需要提供协助，本人愿意尽力协助。

3. 本人在工作期间，若有任何损害公司权益的行为，即使本人已离职，公司依然保留追究责任的权力。一经核实，本人愿意承担由此而引起的一切经济和法律责任。

4. 本人承诺离职后遵守公司保密制度，保守在公司任职期间所知悉的公司商业秘密，绝不泄露；如有泄露，本人愿意接受公司制度的惩罚并承担法律责任；同时承诺离职后不抢夺公司客户或者引诱公司其他员工离职，也不自营与公司相同或具有竞争性关系的产品或服务。

5. 本人自愿离职，与公司无其他任何纠纷。自离职之日起，本人保证不再向公司主张任何权利，并不再以公司的名义对外行事，否则，一切后果由本人承担。

特立承诺！

承诺人签字：

身份证号码：

承诺日期：

4.4　各类证明模板

劳动者在职或离职期间，常需要单位开具相关的证明材料，比较常见的有三类，即在职证明、离职证明和收入证明。

4.4.1　在职证明模板

当员工参加各类职业资格考试时，可能需要企业开具在职证明。在开具在职证明前，企业要问清楚员工的具体用途。为了减少风险，在职证明只需要包含员工的基本信息、入职时间和所在岗位情况，不需包含其他额外信息。在职证明的格式模板内容如下。

在职证明

兹证明　　　，性别：　，身份证号码：　　　　，于　年　月　日起在公司工作，现任职岗位为　　　部门　　　岗位　　　职务。

特此证明。

＿＿＿＿＿年＿＿月＿＿日

公司名称：（公章）＿＿＿＿＿＿＿＿＿＿＿＿＿＿＿＿＿＿＿＿

公司地址：＿＿＿＿＿＿＿＿＿＿＿＿＿＿＿＿＿＿＿＿＿＿＿＿

公司电话：＿＿＿＿＿＿＿＿＿＿＿＿＿＿＿＿＿＿＿＿＿＿＿＿

4.4.2　离职证明模板

当用人单位与劳动者之间解除或者终止劳动合同时，为了保障劳动者的合法权益，避免产生劳动纠纷，用人单位应当为劳动者出具解除或终止劳动合同的证明，即离职证明。不论是主动离职还是被动离职，单位都需要开具离职证明。

开具离职证明时需注意，应当写明劳动者的基本身份信息、劳动合同的起止日期、工作岗位等信息。离职证明的格式模板内容如下。

离职证明

姓名：　　　，性别：　　　，身份证号码：　　　　　　，自　年　月　日入职我公司，因自身原因，于　　年　月　日向我公司提出辞职申请，离职前从事岗位为　　　，最后到职日期为　　年　月　日。

我公司同意其辞职申请，经协商一致，与其解除劳动合同。双方已办理完全部离职手续，并无任何劳动争议。

特此证明！

_____年____月____日

公司名称：(公章)_____

公司地址：_____

公司电话：_____

4.4.3　收入证明模板

当员工需要办理签证、信用卡或银行贷款时，需要单位协助开具收入证明。收入证明的目的是证明员工的经济收入，它具有一定的法律效力，所以单位在开具之前要特别注意，不能为了帮员工的忙而开具虚假的收入证明。

收入证明的重点信息是在本单位的收入状况，一般包括月收入和年收入两部分。收入证明的格式模板内容如下。

收入证明

兹证明　　　，性别：　　　，身份证号码：　　　　　　　，系我公司正式工作人员，现从事岗位 / 职务为　　　　。月收入为　　人民币（每月扣除社保公

积金个人部分的税后收入，已包含所有的固定工资、津贴、福利和奖金），年收入约
为　　　人民币（月收入加年终奖的税后收入，因年终奖根据公司业绩和个人绩
效水平的不同每年会有所浮动，本数据采用的是去年的年终奖，所以为约数，仅供
参考）。

特此证明。

备注：本证明仅用于证明我公司员工的工作及在我公司的工资收入，不作为
我公司对该员工任何形式的担保文件。

　　　　　　　　　　　　　　_____年____月____日

公司名称：（公章）_____

公司地址：_____

公司电话：_____

【疑难问题】如何劝退不合格的员工

劝退不合格的员工是企业降低用人成本、提高用工效率的必要方式。虽然企
业需要严格遵守劳动法律法规，不得随意辞掉员工，但也不能让管理流于形式，
任由不合格的员工在企业中工作。

在劝退不合格的员工之前，首先需要确认该员工不合格。如果员工在某一岗
位达不到岗位要求，企业需要提供必要的培训；如果该员工还是不能达到岗位要
求，可以调岗或继续培训，若仍不合格，再进行劝退。

劝退不合格员工的核心目的，并不是企业为了免于支付经济补偿金，而是为
了让员工了解自身能力与公司岗位要求之间的差异，减少员工对劝退的抵触心理，
保留公司的社会声誉。如果员工意识到这一点后自愿提出离职，也能在事实上为
企业降低成本。

在劝退不合格员工前，要了解相关的法律规定，要提前经过工会的同意，
面谈者要分析该员工的性格特点，了解他的上下级关系，了解大家对他的评价
以及必要的数据资料或文档等证明材料，要提前预测面谈过程中可能会出现的
情况。

面谈的内容应以事实为主，简单的寒暄之后，可以直奔主题，围绕员工不合
格的原因，展开对事实的讨论。如果员工接受，则可以适当提出建议；如果员工
不接受，可以提出反对的原因和证据，人力资源管理人员做必要的核查。

为了稳定离职员工的情绪，人力资源管理人员需告知员工能够享受的权利，承诺如果其他公司对员工进行背景调查时，公司不会透露对员工再就业的不利信息。人力资源管理人员可以为员工提出职业发展的建议，有条件的公司可以提供给员工职业生涯发展的培训。确认员工离职后，要启动员工离职程序，做好工作交接。

在劝退员工前，企业需要做好以下工作。

1．具体化人才录用条件

企业需要具备具体明确的岗位工作条件。根据《中华人民共和国劳动合同法》（2012 年 12 月 28 日修改）的规定，劳动者在试用期间被证明不符合录用条件的，用人单位可以与其解除劳动合同，并且不需要支付经济补偿金。实务中，难点往往出现在企业难以证明员工究竟在哪方面不符合录用条件。

要具体化人才录用的条件，可以参考以下内容。

如果某岗位需要员工上夜班，则要在人才录用条件中注明这个需求。对于这个需求，某企业做出的规定为：该岗位每个自然月需要上 10 天夜班，必须根据公司统一的排班要求出勤，每月夜班的请假时间不得超过 2 天，此条件为从事本岗位的必要条件。

2．具体化岗位胜任条件

企业需要具备具体明确的岗位胜任条件。根据《中华人民共和国劳动合同法》（2012 年 12 月 28 日修改）的规定，如果劳动者不能胜任现岗位的工作，经过培训或岗位调整仍不能胜任工作的，用人单位可以与其解除劳动合同。实务中，能否胜任工作也是一个难以衡量的概念。

要具体化岗位胜任的条件，可以参考以下内容。

某生产岗位的胜任条件为 8 小时以内，生产合格品的数量不少于 50 件；或者某服务岗位的胜任条件为每个月顾客满意度的调查结果须达到 90% 以上；某人力资源管理招聘岗位，胜任条件为公司每月的招聘满足率须达到 95% 以上。

3．具体化严重失职条件

企业需要具备具体明确的在工作岗位严重失职的条件。根据《中华人民共和国劳动合同法》（2012 年 12 月 28 日修改）的规定，劳动者因为严重失职给用人单位造成重大损失的，用人单位可以与其解除劳动合同。同样地，"严重失职"和"重大损失"也都是不可以直接衡量的语言。

要具体化严重失职的条件，可以参考以下内容。

某公司保安岗位规定，如果在未登记的情况下，让非本公司的人员进入公司，则属于严重失职；某财务岗位规定，如果账务问题出现 10 万元以上的差额，则属于严重失职；某质量检验岗位规定，如果某批次产品出现重大质量问题，则质检岗位属于严重失职。

能够看出，不论是人才的录用条件、岗位的胜任条件，还是存在严重失职的情况，能够避免争议、化解误解、提升管理的关键点都是通过数字量化的方式定义岗位的基础要求、能力要求、绩效指标等的具体数值来实现的。同时，人力资源管理人员平时要注意相关数据和证据材料的收集和保存。

【疑难问题】员工非正常离职怎么办

个别员工有时因为存在负面情绪或为了节省离职的时间，可能会选择不办理离职手续或者旷工的方式，直接与企业解除劳动关系。从法理上讲，员工不履行正常的离职手续就擅自离岗的，需要承担相应的违约责任。如果给原用人单位造成经济损失的，还应当承担相应的赔偿责任。但实务操作中，这种员工的行为往往让用人单位很头疼。

应对这种情况，用人单位可以在规章制度中规定：员工连续旷工 7 天或一年之内累计旷工 20 天，属于严重违反公司规章制度和劳动纪律的行为，将视为员工主动离职，单位可以和员工解除劳动关系并不需要支付经济补偿。需要注意的是，所有新入职员工必须学习公司的规章制度，并签字确认。

按照这种方式操作，如果员工连续旷工满 3 天，人力资源部门应履行提醒义务，首先通过电话与员工联络，如果通过电话无法联系到员工本人，尝试联络员工的紧急联系人。如果仍无法取得联络，则可以通过快递向员工发送《恢复上班通知函》，《恢复上班通知函》格式模板内容如下。

恢复上班通知函

　　　　同志：

您自　　年　　月　　日起一直未正常出勤，现通知您务必于收到本通知后三日内到　　　　　　　公司人力资源部门办理恢复工作手续。

若在规定时间内您未恢复工作，公司将根据《××规章制度》第　章第　节第　条规定，即连续旷工 7 日者，按自动离职处理，公司有权直接解除劳动关系，由此导致的一切不利后果，将由您自行承担。同时，公司保留通过法律途径追究您因未正常履行工作职责给公司造成经济损失的权力。

特此书面通知。

××公司

人力资源部门

年　月　日

从对非正常离职员工的处理方式中能够看出，在员工入职阶段填写个人信息中员工的电话信息、地址信息、紧急联系人的联系方式等信息是多么重要。人力资源管理人员应核实员工提供的电话信息是否准确。员工填写的地址信息不可笼统，必须提供细到门牌号的可邮寄地址。如果是员工异常离职情况较多的企业，可以要求员工入职时至少提供两个紧急联络方式。

《恢复上班通知函》的快递发出后，若仍未收到员工的任何回复，员工旷工7日后，人力资源部门应立即通知工会，经工会同意后，通过快递向员工送达《解除劳动关系通知函》，《解除劳动关系通知函》格式模板内容如下。

解除劳动关系通知函

同志：

因您严重违反《劳动合同》的约定和公司相关规定，现经研究决定，自即日起解除双方劳动合同关系。

请您务必于收到本通知后三日到　　　　　公司人力资源部门办理毕离职手续，并领取解除劳动关系证明，若在规定时间内未办理行上述手续，由此导致的一切不利后果将由您自行承担。

特此书面告知。

××公司

人力资源部门

年　月　日

注意事项：

（1）《恢复上班通知函》和《解除劳动关系通知函》是公司的正式文件，发送前需要加盖公司公章。

（2）发函选择的快递公司应为规模较大、管理规范的公司，快递公司要能够提供快递签收的回执单。

（3）人力资源部门需要妥善保留发函的快递单号和快递回执单作为通知的依据。

（4）若发函地址无效，函被退回，人力资源部门应立即登报公示。

【疑难问题】如何降低员工的流失率

人才流失对企业造成的损失不仅包含招聘成本、培训成本等管理成本，还包括从寻找接任者到接任者达到能够满足该岗位需求能力的时间成本和因人才流失而影响现有在职人员士气的精神成本。降低员工的流失率可以从以下方面着手。

1．注意招聘的环节

面试时，如果候选人曾经的工作经历转换比较频繁，平均每份工作的时间不超过三年，工作过的单位数量较多，转换工作的理由含糊其词，说明该员工的稳定性较差，用人单位在选择时需谨慎考虑。

有的人力资源管理人员为了迅速吸引人才，在招聘宣传的时候会给候选人传递过多的正面信息；有的人力资源管理人员提供薪酬信息时只提供薪酬范围（比如，月薪 4 000 ～ 15 000 元）；有的甚至提供虚假岗位、薪酬、福利待遇等信息。候选人因此而产生过高的期望，入职后发现实际情况与人力资源管理人员的描述或自己的期望不符，必然会产生较大的心理落差，最终导致离职。

2．用薪酬福利留住员工

具有市场竞争力的薪酬福利体系是留住员工的有效手段之一。薪酬和福利应采取多样化的方式，不应仅包括工资和奖金金额的提高，还应在薪酬福利的多样性、长远性、独特性上下功夫。比如，设置员工持股计划、提供菜单式可选的个性化福利、定期组织集体活动等。

需要注意，薪酬和福利是保健因素，而不是激励因素；是能够满足员工物质和生活需求的基本资源，而不是万能钥匙，一味期望通过采取高薪酬、高福利留住人才的方式并不可取。

3．用文化和情感留住员工

比制度更能够影响员工的是企业文化，企业文化是员工扎根的土壤，优秀的企业文化天然具有吸引和留住员工的作用，能够让员工在这片土壤上茁壮成长；而不好的企业文化，就像一股无形的力量在把员工往外推。

与薪酬和福利的保健因素不同，与员工建立起的情感交流属于激励因素。通过上级和同事与员工之间建立起的感情纽带，能够极大地增加员工的幸福感、满意度、责任感，进而增加员工的稳定性。

4．用职业发展留住员工

如果企业能够为员工提供良好的学习和培训机会，提供一条畅通、清晰的职业发展通道，那么哪怕目前企业在该岗位上的薪酬没有市场竞争力，但是未来的预期收益是明显的，职业的发展和能力的提升意味着员工将收获自身价值提高的满足感，会有更多员工为了得到更好的发展而选择留在企业。

所以，企业应完善培训管理体系，做好职业发展通道建设，为员工创造更多的学习和发展的平台和机会。

第 **5** 章

培训管理

　　培训管理是指组织为开展业务及培育人才的需要，采用各种方式对员工进行有目的、有计划培养和训练的管理活动，使员工不断积累知识、提升技能、更新观念、变革思维、转变态度，开发潜能，更好地胜任现员工作或担任更高级别的职务，从而促进组织效率的提高和组织目标的实现。

5.1　培训管理的流程制度

完善的培训流程和制度规定，是保证培训工作能够专业化、规范化、制度化的前提，是提高全员整体素质、保证全员达到岗位要求的能力、打造优秀的员工团队、建立学习型企业、增强企业核心竞争力的有力保障。

5.1.1　培训管理的原则

1．战略性原则

培训要服务于组织的战略，要拥有长期的目标和系统的规划并形成持续运转的体系和制度。培训除了为当前的经营服务，解决组织目前经营中需要解决的问题之外，还要有战略意识，要看到组织未来的发展和需求，变被动为主动。通过培训，员工能够满足组织变革发展的需要，能够随时迎接未来的挑战。

2．针对性原则

培训是为了提高组织的基础能力，提高员工在生产经营中解决具体问题的能力，进而提升组织的绩效。培训要有目的性，培训内容要与实践相结合，要务实、有效；要针对某一具体待解决的问题、困难，或者实际的培训需求进行；要按需施教、学以致用。

3．计划性原则

培训管理者要根据培训需求制订培训计划，并保证计划的实施。培训计划能够进一步明确和实现培训目的，且要形成具体的行动路径和方案，避免盲目性，使培训工作有章可循、循序渐进、有条不紊。

4．全方位原则

在培训内容上要把基础培训、素质培训、技能培训结合起来。在培训方式上要把讲授、讨论、参观、外聘、委培等多种方式综合运用。在培训层级上要划分并覆盖到高层领导、中层管理者和基层员工。需要注意，全方位并不代表着全覆盖，培训不需要也不可能面面俱到地覆盖到每名员工的每个需求。在抓大放小时，要全方位地考虑。

5．有效性原则

培训工作不能走过场，培训管理者要针对组织经营管理的需要策划培训的内容、方式、方法，使培训对组织的经营活动产生实质性的效果。为保证培训的有效性，培训结束后要对培训内容进行考核、对培训效果进行评估，以促进培训工作的持续提升；培训后要巩固所学，强化应用，并定期检查，及时纠正错误和偏差。

6．重意识原则

思想和意识是人们行为的根源，组织首先要注重对员工价值观、态度、责任心、思想观念等的培训，要有真正打动人心的思想、出色的表达技巧和形式、引起听众强烈的共鸣，才更有可能产生预期的行动。要引导员工的学习兴趣和激发员工的学习意愿，变"要我学"为"我要学"。

7．统筹兼顾原则

组织要安排好培训工作和日常的生产经营活动之间的关系，不能为了搞培训影响正常的生产或经营。在时间上，要避开生产经营的高峰期，在培训项目的安排上，要根据组织的能力做出妥善的安排。组织没有必要同时进行过多的培训项目，要从组织整体出发，综合考虑、分清轻重缓急，使培训工作与正常经营两不误。

8．低成本原则

培训经费和培训效果并不一定完全成正比，培训投入的经费越高，并不代表培训越有效。培训管理部门要对培训资金做出合理安排，要在保证效果的前提下量力而行，使培训投入的每一分经费都物有所值。

5.1.2 培训管理的方法

有效的培训管理绝不是人力资源部门的"独角戏"，而是全公司的联动，全员参与的系统运转工程，由总经理、人力资源部门、培训负责人、各部门负责人、各部门培训管理员（一般为兼职）上下合力，通力配合，共同完成。

人力资源部门负责公司级别培训、新员工培训、外出培训的计划、组织和实施工作，各部门、各子公司负责做好部门内部培训工作，培训可以灵活采取授课式、视频式、讨论式、情景模拟式等多种方式，人力资源部门负责配合并督促指导，保证各项培训计划顺利完成。

1．公司级培训

公司级培训是针对公司多个部门或公司某个层次的干部员工进行，采取整体规划的定期培训和解决实际需要的不定期培训相结合的方式，主要目的在于不断学习新观念、新知识、新方法，逐步提高管理人员与普通员工的素质与工作技能。

具备普遍性、广泛性的公司级培训由人力资源部门组织，各部门培训管理员在收到培训通知后配合执行，组织本部门人员按时参加，同时可以根据部门内部需要临时增补培训内容。

2．新员工培训管理办法

新员工培训一般每周或每月统一时间集中进行，由人力资源部门与各公司培训管理员负责实施，并整理每月的培训签到表、培训记录、培训总结报告等相关资料，定期交公司人力资源部门备案。

3．外出培训管理办法

有外出培训需求的人员需填写外出培训申请表，由部门负责人和分管领导签字后提交人力资源部门备案，如涉及培训费用的，还需由人力资源部门提交至总经理处审批，审批通过后方可外出培训。每人次的培训费用超过一定金额的，参训人员需签署服务协议，未满服务期离职的，需按照协议处理。

外出培训结束回公司一周时间内，参训人员填写外出培训记录表报人力资源部门，作为参加外训的资料保存。一般回公司的一周内，参训人员要将培训相关的纸质或电子版资料交到人力资源部门和档案室存档。一般回公司的两周内，要将参训内容向公司相关人员分享。

公司承担培训费用的，参训结束后如果有结业证、资格证或其他证明材料，要将原件交人力资源部门或档案室统一存档。服务期满后，人力资源部门或档案室将相关证书或材料交还参训人员。

4．部门内训管理办法

部门负责人是部门培训的第一责任人，培训管理员负责协助部门负责人制订培训计划并落实方案，并纳入到各部门年度、季度整体的工作计划中，保证内训质量，并于内训前两天通知人力资源部门，以便督促检查。

部门内训讲师可以由本部门人员担任，也可利用公司内部合适的人员，如有需要，人力资源部门可以协助安排合适的讲师资源。部门培训管理员需做好培训通知、组织、签到、培训记录、培训总结等工作，并于内训结束一周内将培训档案交予人力资源部门备案。

5．继续教育管理

为提升员工综合素质和学历层次，公司应鼓励有发展前途和学习潜力的干部员工在岗期间继续学历教育，鼓励员工参加国家职业资格认定学习。公司骨干参加继续学历教育，如需公司承担教育费用的，填写继续教育申请表，并与公司签订服务协议，经公司相关领导批准后，一切教育费用由公司承担。

参加继续教育费用由公司承担的，在取得毕业证书或职业资格证书后，其证书原件应暂时由公司人力资源部门或档案室代为保管，服务协议规定的服务期满以后归由个人持有。未满服务期离职的，按服务协议规定处理。

5.1.3　培训管理的流程

（1）培训需求调查。一般在每年 11 月底之前，由各子公司、各部门的培训管理员对本部门内部的培训需求进行客观、准确、细致、全面的调查分析，并统一汇总至公司人力资源部门培训负责人处。人力资源部门培训负责人对于培训需求进行分类汇总，对于各部门共性的需求由人力资源部门统一组织公司级别的培训，而对于某个部门的个性需求，则由子公司或部门的培训管理员自行组织部门培训。

（2）编制培训计划。根据对员工培训需求的调研，培训管理部门于每年 12 月底前制订出下一年度公司级的培训计划，并报公司领导审核批准后执行。各部门参考公司级培训计划，于 12 月底前制订出本部门的培训计划，由部门负责人审核批准后，交人力资源部门备案。

培训计划需结合参训人员部门的实际情况，详细具体、切实可行，并明确每次培训的培训对象、培训主题、培训时间、培训负责人、培训讲师等，做到分工明确、保障有力，保证培训计划的可执行性。

（3）培训计划的贯彻落实。培训计划一旦通过，就要严格执行，并根据实际需要及时变更培训计划。人力资源部门组织公司级培训以书面形式通知各参训部门，参训部门人员要按时参加，并严格执行签到制度。各部门组织的部门培训需至少提前两天通知人力资源部门，人力资源部门定期对各部门培训计划执行情况进行跟踪。

（4）培训的组织实施。培训实施者须提前准备，做好现场布置、音响投影仪调试、教材道具等培训准备工作。培训前 30 分钟到达培训地点，检查参训人员到场情况。参训人员需提前 15 分钟到达培训地点并签到，讲师提前 10 分钟到达培训地点，熟悉培训场地，保证培训准时按计划、按要求进行。

（5）培训效果评估。培训结束后，培训实施者现场发放调查问卷，对培训效果进行评估总结，形成培训总结报告，与培训签到表、培训记录一起，形成一次完整的培训档案，交至人力资源部门存档。培训后，培训实施者要与部门负责人和参训人员做持续的沟通和交流，定期跟踪参训人员情况。

（6）培训信息汇总。人力资源部门汇总每名员工的培训信息和记录，若有人力资源管理系统的，将培训信息录入系统。人力资源部门应定期检查员工的培训情况，包括是否按照培训计划进行，是否达到公司培训要求的培训次数、课程数或课时数。

5.2　新员工培训

新员工培训是培训管理中比较重要的一环。它是使新员工全方位地了解企业环境、认同并融入企业文化，坚定自己的职业选择，理解并接受公司的规章制度和行为规范的关键。好的新员工培训，应能使新员工明确自己的工作目标和岗位职责，掌握工作程序和工作方法，尽快进入岗位角色。

5.2.1　新员工培训的操作流程

（1）人力资源部门根据新入职员工的规模情况确定培训时间，拟定培训具体方案，填写新员工入职培训计划报送相关部门确认。待相关部门确认无异议并给出反馈后，发送正式的新员工培训通知。

（2）人力资源部门负责与各公司及相关部门进行协调，做好培训全过程的组织管理工作，包括人员协调组织、场地的安排布置、培训讲师的沟通安排、课程的调整及进度推进、培训质量的监控保证以及培训效果的考核评估等。

（3）培训新员工的讲师不宜为外部讲师，应在公司内部寻找，一般可以由优秀的部门领导或有较丰富工作经验、品行兼优、具备正能量的骨干员工担任。规模不大的公司，可以由公司的创始人或最高领导参与。

（4）人力资源部门负责在每期培训结束当日对新员工进行反馈调查，填写新员工入职培训效果反馈调查表，并汇总分析新员工反馈的意见，总结出对培训课程、培训讲师、授课方式、授课时间等予以改进的参考意见。

（5）人力资源部门在新员工培训结束后一周内，提交该期培训的总结分析报告，报相关领导审阅。

5.2.2　新员工培训的核心内容

新员工培训的核心内容一般分为两部分：一部分是由人力资源部门在全公司范围内统一策划组织，集中培训；另一部分是由各用人部门负责人根据岗位特性自行实施。

1. 由人力资源部门组织的集中培训

（1）公司概况。公司的创业历史、发展历程、公司的现状以及在行业中的地位、品牌影响力、经营理念、经营目标、未来前景。公司的组织机构、各部门的功能和业务范围、人员结构。公司的企业文化、愿景、使命、核心价值观等。

（2）员工守则。公司的规章制度、奖惩条例、行为规范、纪律规范、员工手册、个人仪表、商务礼仪、电话礼仪等。

（3）入职须知：员工入职的程序、需要准备的资料及相关手续办理流程。

（4）财务制度：费用报销程序及相关手续办理流程、办公设备的申领使用等。

（5）人事制度：薪酬制度、福利制度、社保和公积金管理制度、考勤制度、绩效考核制度、培训制度、人事档案管理制度等。

（6）晋升通道：公司的职务等级划分、晋升条件、晋升的流程、方法、标准等。

（7）安全知识：消防安全知识、设备安全知识及紧急事件处理等。

（8）实地参观：参观公司内部的展厅、展馆；参观具备标志性意义的部门；参观餐厅、宿舍、图书阅览室、工会活动室、党员活动室等生活设施相关的公共场所。

2．由各部门负责人实施的培训

（1）岗位概况。部门职责、部门内用到的政策、部门内的汇报关系、工作职责、工作汇报流程、岗位对外联络的可能性、岗位用到的相关程序操作方法、岗位相关的设施与设备基本操作方法与保养方式等介绍。

（2）个性要求。岗位的班次、就餐时间，岗位可能遇到的紧急情况及处理程序，岗位需要用到的规范文件、表格、作业程序、业务知识及技能培训等。

（3）熟悉环境。介绍部门同事，介绍外部可能联络部门的同事或领导，介绍工作场所，参观工作相关岗位需要了解的地点等。

5.2.3　新员工培训的常见问题

实务中，新员工培训的过程难免会出现一些问题，造成培训达不到想要的目标和效果。常见的问题如下。

1．信息超载

信息超载指的是在短时间内给员工提供过多信息。这是新员工入职培训中最常见、最普遍的问题。许多培训者为了图省事，总希望在短时间内向参训人员灌输大量的信息。然而，人在一定的时间内能够吸收的信息是有限的。当信息量超过人所能接受的程度时，人的学习效率会下降，压力会上升，培训的体验和效果会变差。

参考的解决方案如下。

● 在培训的初期阶段只包含重要的信息；

● 提供纸质材料以便受培训者课后复习，尤其是对于复杂或重要的主题；

- 分期、分阶段进行培训，使各项培训之间有时间上的缓冲；
- 进行新员工跟踪，以确保他们完全理解主要的培训内容并回答他们提出的其他问题。

2．缺少反馈

一般培训操作人员更重视培训的数量、时间、人数，以为培训结束就完成任务了，对于最重要的培训效果却常常忽视。对培训效果的检验仅在培训过程中进行，没有与实际工作相联系，容易造成培训与实际工作脱节。在新员工培训后，很少有企业会向员工了解反馈意见，并分析改进。大多数企业没有互动，不知道员工要什么。没有反馈，不知道将来要在哪方面进行改进。

参考的解决方案如下。

- 按照科学的方法进行培训效果评估（四级评估体系）；
- 养成每次培训结束后，形成总结报告的习惯，报告中体现培训的跟踪、反馈和效果；
- 培训结束后一段时间，到工作岗位上了解员工的真实想法；
- 定期关注和跟踪新员工的成长和职业发展情况。

3．体验感差

新员工培训的效果与培训给人的体验感成正相关，由于新员工是第一次在企业参加培训，对于公司的培训风格并不了解，心中有想象、有期待甚至有比较。在这种情况下，如果培训实施者不够重视，不做改进，得过且过，则会进一步影响到员工对企业的印象，甚至会影响新员工的留存率。

常见问题如下。

- 有的新员工培训与员工不相关的信息太多；
- 培训中过分地强调组织的优点，对组织可能存在的问题避而不谈；
- 培训过程缺乏策略，过多地强调一些工作的失败状况或负面情况；
- 培训形式更强调单向的沟通，有的甚至使用录像，而没有给新员工互动的机会、讨论的机会或提问的机会；
- 有的是闪电式结束，将培训项目压缩为半天或者一天来完成。

参考的解决方案如下。

- 准确把握新员工培训的需求，精心设计新员工的培训课程和安排；
- 培训的课程内容要客观、积极向上，要以传播正能量为主；
- 除了单纯的课堂授课外，加入游戏、体验、交流、探讨等互动环节；
- 课程本身除了传递知识外，还要增加培训讲师与员工间的情感交流。

5.3 培训需求分析

许多企业开展培训时，不知该培训什么内容。因此，常常流行什么培训什么，或者抓住什么培训什么。培训没有建立在需求分析的基础上，结果是浪费了很多资源，做了许多无用功。因此，只有挖掘到真正的需求，才能对症下药，设计出具有针对性的培训课程，以达到最佳的培训效果。

5.3.1 培训需求分析的原理

培训需求分析指的是公司在设计与规划每个培训活动前，对各组织及其所属的成员要达到的目标、需要的知识和技能等各方面进行的系统分析与鉴别，用来确定是否需要进行培训或需要什么样的培训内容的一种活动。

培训需求以岗位需要的知识和技能要求为基础，以员工的职业生涯规划为前提，以员工和企业共同受益为目的，才能调动起员工参训的热情和积极性，从而避免培训的盲目性。只有这样，培训才能有目标、有步骤地开展，才能形成完善的体系。没有准确的培训需求分析，就没有使企业绩效提升和员工满意的培训方案或培训课程。

培训需求分析分三个层面，第一层是战略发展层面的需求，也即公司层面的需求，是把握公司整体发展方向的高层管理者根据战略发展目标对公司关键部门、关键岗位、关键能力的培训需求。第二层是岗位工作绩效层面的需求，也即部门的需求或中层管理者的需求，是指与岗位绩效提升直接相关的培训需求。第三层是个人职业发展层面的需求，即个人需求，是指个人对培训需求的意愿。

培训需求分析三个层面的关系如图 5-1 所示。

图 5-1 培训需求分析三个层面的关系

5.3.2 培训需求分析的方法

三个层面的培训需求关注的侧重点不同，确认需求的方式也不同，战略层面需求更关注企业目标、发展战略和企业文化，可以通过参加公司的高层会议、与公司高层管理者面谈，研究与公司战略相关的重要文件、研究公司重要会议资料、研究公司重要咨询文件、研究公司的纲领性文件等方法进行判断。

岗位层面的需求更关注具体工作、具体问题、绩效结果，可以通过与各部门胜任力测评、管理者面谈、问卷调查、观察法、关键事件法、绩效分析法、经验判断法等方法判断。员工个人层面的需求更关注员工个人发展、员工兴趣、员工个体的困难，可以通过问卷调查、小组访谈、工作跟踪、头脑风暴、专项测评等方法判断。培训需求分析三个层面的侧重点及可用的方式如图 5-2 所示。

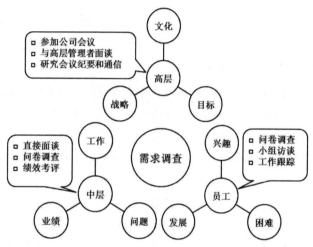

图 5-2　培训需求分析三个层面的侧重点及可用的方式

1. 培训需求的收集

培训需求要从知识、环境和职业发展等多个角度来进行收集。知识指的是员工完成本职工作所必需的知识和技能；环境指的是人事、工具、技术上的阻碍等；职业发展指的是员工的工作态度以及是否愿意在公司长期发展。

培训需求收集分为定期收集和日常收集两大类。定期培训需求收集的方案为：每年在固定时间向某类员工发放培训需求调研问卷，接受调研人员根据自身条件和当时工作状况提出下一步将接受培训的想法或意愿。

日常培训需求收集的方案为：每次培训结束以后，由参训人员根据培训内容和自身接受培训的情况提出下一步接受培训的个人意愿，操作方式是填写"培训评估调研问卷"和培训师现场与参训人员进行访谈和交流等形式。

2. 培训需求的分析

分析汇总后的培训需求，根据公司战略发展目标（未来的需要）和当前发展的需要，从战略、组织和个人三个层面进行综合性的考量，突出培训的战略承接性，并能够充分地体现培训对战略的支持。

3．培训需求的确认

相关人员组成培训需求分析小组，共同分析及讨论相关培训需求的信息，最终确定适合公司战略需求、符合公司实际情况的培训需求，由公司培训负责人根据结果安排培训计划的制订、培训课程的开发、培训师的选择与培养、预估培训的预算等工作后，报人力资源总监审批，总经理终审。

5.4 培训方案的制订

制订培训方案的过程是一个根据培训需求分析结果思考和形成培训计划的过程，完成后的培训方案将输出一份年度 / 季度 / 月度的培训计划表，如表 5-1 所示。

表 5-1 培训计划表

序号	培训类别	培训名称	举办部门	培训人数	培训时间	培训内容	培训讲师	培训教材	培训地点	备注

5.4.1 培训方案包含的要素

完整的员工培训方案是培训目标、培训内容、培训资源、培训对象、培训时间、培训方法、培训场所及设备的有机结合。

1．确定培训目标

确定培训目标会给培训方案的制订提供明确的方向。有了培训目标，才能确定培训对象、内容、时间、讲师、方法等具体内容，并在培训之后对照此目标进行效果评估。确定了总体培训目标，再把培训目标进行细化，就成了各层次的具体目标。目标越具体越具有可操作性，越有利于总体目标的实现。

2．选择培训内容

培训内容一般包括三个层次，即知识培训、技能培训和素质培训。知识培训是组织培训的第一个层次。员工看一本书或者听一次课，就可能获得相应的知识。知识培训有利于对知识的理解，增强对新环境的适应能力。

技能培训是组织培训的第二个层次。招进新员工、采用新设备、引进新技术等都要求员工具备相应的技能而不仅是知识，因为知识转化为具体的操作技能需要一段时间的积累和练习，需要刻意训练。

素质培训是组织培训的第三个层次，也是最高层次的培训。素质是人发展的基础，素质高的人即使在短期内缺乏知识和技能，也会有内升动力，主动自发地为实现目标进行学习和练习。素质不高的人即使组织为他提供了培训的机会，他也不愿接受。

选择哪个层次的培训内容，可视组织具体情况而定。一般而言，对越高层次的管理者，可以越多偏向于素质培训；而对一般职员，可以更多偏向于知识和技能培训。不同层次培训与不同层级职级的比例关系可以参考图 5-3。

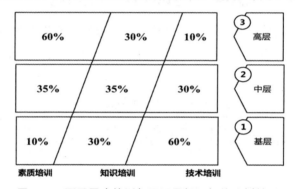

图 5-3　不同层次培训与不同层级职级的比例关系

3. 确定培训资源

培训资源可分为内部资源和外部资源。内部资源和外部资源各有优缺点，应根据培训需求分析和培训内容来确定。一般而言，企业专属的、涉及企业机密的、岗位技能关联性较大的培训内容，选择内部培训为宜；通用理论、社会公共知识、企业内部无法满足的需求，可以利用外部资源。

4. 确定培训对象

培训对象可以分为理论范围和实际范围。理论范围是根据需求和计划，由人力资源部门制订出的人员范围。实际范围是人力资源部门向各业务部门征求意见后，根据人员的实际情况确定的范围。如果不考虑实际情况，直接按照理论范围确定培训对象，则可能影响正常工作，且培训往往达不到效果。

与理论范围相比，实际的培训对象范围可能更多，也可能更少。可能有人力资源部门没有考虑到的员工或者有入职不久表现优秀的员工，部门建议增加；也可能有根据实际工作需要，暂时无法参加的，要考虑分批次、分阶段。总之，培训对象并不是简单的一概而论，而是需要与相关部门充分沟通后再行确定。

5．确定培训时间

培训的时长和周期不是培训管理部门拍脑袋决定的，也不是根据培训内容的多少死板确定的。培训的时间、时长、周期、批次、阶段也需要根据培训的实际情况、员工的实际工作安排，与相关部门沟通后确定。

6．培训方法的选择

企业培训的方法有很多种，如讲授法、演示法、案例分析法、讨论法、视听法、角色扮演法等。各种培训方法都有其适合的领域，也有各自的优缺点。为了提高培训质量，达到培训目的，往往需要将各种方法综合起来灵活运用。

7．培训场所和设备的选择

培训场所包括教室、会议室、工作现场、户外等。如果培训内容以技能培训为主，考虑培训内容的具体性和操作性，最适宜的场所为工作现场。如果培训内容以素质培训为主，注重培训的体验感，可以考虑选择在户外，以拓展训练的方式进行。培训设备包括教材、演示模型、投影仪、激光笔、培训道具等。不同的培训内容和培训方法最终决定了培训场所的选择和需用到的设备。

另外，从培训需求分析开始到最终制订出一套系统、完整的培训方案，并不意味着培训方案的设计工作已经完成，还需要不断测评和调整。只有不断地改进，才能使培训方案逐渐完善。培训方案的测评要从以下三个角度来考察。

（1）从培训方案本身的角度来考察：看方案的各个组成要素是否合理，各要素前后是否协调一致；看培训对象是否对此培训感兴趣，培训对象的需求是否得到满足；看以此方案进行培训，传授的信息是否能被培训对象吸收。

（2）从培训对象的角度来考察：看培训对象培训前后行为的改变是否与所期望的一致。如果不一致，找出原因，对症下药，及时调整。

（3）从培训实际效果的角度来考察，即分析培训的成本收益比。培训的成本包括培训需求分析费用、培训方案的设计费用、培训方案实施费用等。若成本高于收益，则说明此方案不可行，应找出原因，设计更优的方案。

5.4.2　培训方式的比较与选择

组织根据每期培训预计要达到的培训效果和培训有关的主题，确定所要采取的培训方式。培训不仅是局限于课堂教授式的集中培训，更多融入的是多媒体教学、角色扮演、讨论法、案例分析、游戏拓展培训、模拟类的训练等多种多样的培训方式和手段，使培训不仅能够丰富多彩、富有趣味性，而且更加有效。

针对不同的培训目标，选择不同的培训方式的优先顺序参考如表 5-2 所示。

表 5-2　培训类型和方式选择优先度参考

方法	接受知识	改变态度	解决问题技巧	人际关系技巧	参与者的接受度	记忆知识
案例研究	4	5	1	5	1	4
研讨	1	3	4	4	5	2
演讲	8	7	7	8	7	3
拓展游戏	5	4	2	3	2	7
音像	6	6	8	6	4	5
程式化课程	3	8	6	7	8	1
角色扮演	2	2	3	1	3	6
团队合作	7	1	5	2	6	8

在表 5-2 中，数值越小代表优先度越高。比如，如果某次培训的目标是为了提高员工人际关系技巧中的沟通能力，选择角色扮演的培训方式效果是最优的，选择演讲的培训方式效果是最差的。

培训方法多种多样，常用的可以分为四大类，分别是直接传授类、态度改变类、实践参与类和远程教育类。

1. 直接传授类

常见方法有讲授法和讲座法，其优点和缺点如表 5-3 所示。

表 5-3　讲授法和讲座法优缺点比较

类别	优点	缺点
讲授法	• 知识比较系统、全面； • 有利于大面积培养人才； • 对培训环境要求不高； • 有利于讲师的发挥； • 能够向讲师请教疑难问题	• 传授内容多，学员难以完全消化； • 不利于教学双方互动； • 不能满足学员的个性需求； • 讲师水平直接影响培训效果； • 学过的知识不易被巩固
讲座法	• 培训不占用大量的时间，形式比较灵活； • 可随时满足员工某一方面的培训需求； • 学员易于加深理解	• 讲座中传授的知识相对集中； • 内容可能不具备较好的系统性

2. 态度改变类

常见方法有角色扮演和拓展训练，其优点和缺点如表 5-4 所示。

表 5-4 角色扮演和拓展训练优缺点比较

类别	优点	缺点
角色扮演	• 参与性强，学员与讲师之间的互动交流充分； • 学员可以互相学习，可以提高学员培训的积极性； • 模拟环境和主题有利于增强培训效果； • 及时认识到自身存在的问题并进行改正，了解自身的不足，使各方面能力得到提高； • 具有时间、形式等的高度灵活性，实施者可以根据培训的需要改变学员的角色，调整培训内容	• 场景是人为设计的，如果设计者没有精湛的设计能力，设计出来的场景可能会过于简单，使学员得不到真正的角色锻炼、能力提高的机会； • 实际工作环境复杂多变，而模拟环境却是静态的、不变的； • 扮演中的问题分析只限于个人，不具有普遍性
拓展训练	• 以体验活动为先导，使训练充实丰富； • 学员通过身体力行的活动来感受并悟出道理； • 学员能够体会到发自内心的胜利感和自豪感； • 分组活动，增强团队合作； • 是心理、体能、智能的共同挑战	• 会被看作是一种旅游形式或体育运动； • 若组织不力，有人会心不在焉； • 若项目不够新颖，或设计流于形式，则很难激发学员的热情； • 可能出现危险； • 培训费用较高

3. 实践参与类

常见方法有模拟演示和头脑风暴，其优点和缺点如表 5-5 所示。

表 5-5 模拟演示和头脑风暴优缺点比较

类别	优点	缺点
模拟演示	• 有助于激发学员的学习兴趣； • 可利用多种感官，做到看、听、想、问结合； • 感受直观，有利于获得感性知识； • 有助于加深对所学内容的印象	• 适用范围有限，不是所有学习内容都能演示与模拟； • 设备或装置移动不方便，不利于培训场所的变更； • 操作前需要一定的费用和精力做准备
头脑风暴	• 学员能主动提出问题，表达个人的感受； • 有助于激发学习兴趣； • 鼓励学员积极思考，有利于能力的开发； • 有助于加深学员对知识的理解； • 讨论交流可以取长补短，互相学习； • 增强学员的集体意识	• 若引导不善，可能使讨论范围漫无边际； • 学员自身水平影响培训的效果； • 不利于学员系统地掌握知识和技能

4. 远程教育类

常见方法有视频教材、网络培训（E-Learning）、远程培训，其优点和缺点如表 5-6 所示。

表 5-6　视频教材、网络培训、远程培训优缺点比较

类别	优点	缺点
视频教材	• 比讲授或讨论能给人更深的印象； • 教材内容与现实情况比较接近； • 生动形象且给学员以新鲜感； • 容易引起学员的关心和兴趣； • 可反复使用	• 视听设备和教材的购置需要一定的成本； • 较难选择到合适的视听教材； • 学员受视听设备和视听场所的限制
网络培训 （E-Learning）	• 不需要学员在同一空间，可以节省培训费用； • 可及时、低成本地更新培训内容； • 可利用网络上的声音、图片和影音文件等资源，增强课堂教学的趣味性，提高学员的学习效率； • 进程安排灵活，学员可充分利用碎片化时间进行，不需中断工作	• 网络培训系统需要大量培训费用，中小企业由于资金限制，往往无法花费资金购买相关培训设备和技术； • 某些培训内容不适用于网上培训方式，比如沟通技巧
远程培训	• 不需要学员在同一空间，可节省培训费用； • 比看视频教材或网络培训更直观，可以互动	• 相关设备或系统投入的费用较高； • 对网络带宽有要求； • 不如现场互动的交流更充分

5.5　培训实施作业流程

培训实施的优劣是培训效果的基础保障，培训组织得如何对培训效果起着至关重要的作用。没有好的培训实施，就算有再好的培训资源、培训目标再正确、培训方案做得再好，最后给学员的培训体验感也会很差，结果也会引起员工的不满。

5.5.1　培训的准备工作

1. 发送培训通知（培训前 10 天）

初拟培训的时间、地点、方式、内容、名单等信息，发给相关部门负责人审核，经沟通后，再报决策层领导审核，确认所有的信息后，拟定培训通知。注意培训通知的文号、字体、格式，发送后需登记备案。

如果是通过内网系统、邮箱或者公示栏发布通知，需要注意，可能由于出差原因或者不是每个参训人员都有邮箱，也不是每名参训人员每天会注意看公告栏，所以通知下发后，一定要通过电话确认，以便信息的有效传达。

2. 确定培训课程并联络讲师（培训前 7 天）

培训课程和培训时间确定无误后，制订出培训的流程。提前一周与培训讲师联系。要让培训讲师有充裕的时间准备，同时培训讲师的课件要提前审核。当培

训需要考试时，要提前告知培训讲师，提前做好考试内容和时间等安排。

3．准备培训资料（培训前 2 天）

在物资准备方面，最快捷、有效又不容易出现错误或遗漏的方法是先召开小组会议，列出一个本次培训需要的全部工具、道具、模型、设备等物资清单，将已经准备好的物资和经测试确认可以正常使用的设备在清单内画"√"。注意培训用的麦克风、音响、电脑、投影仪等设备，除正常使用的量外，需要多准备一套以便应急。

要准备相关数据报表或文件的，需提前向财务部索要。拿到数据之后，要做适当的筛选、整理和加工，让数据表格清晰易懂。培训中有考试题的、需要人手一份培训教材的，要提前打印。提前打印培训需要的评估问卷。注意，需要打印分发的资料，为避免出现异常状况，应适当多打印几份。

培训过程中用到的课程 PPT 文件、视频资料、音频资料等相关电子版文档，需在培训前 1 天拷贝到培训用电脑上，并逐项测试，保证其正常可用。同时，准备一个 U 盘或硬盘，将所有电子版资料拷贝备用。注意，若无特殊情况，在培训开始之前，调试好的设备不要做与培训无关的他用。

4．准备培训须知

培训须知是对本次培训的目的、意义、安排、希望达成的目标、注意事项等这些不一定会完全体现在培训通知上的重要内容的相对详细的说明材料。一般培训学员到齐后、培训开始之前，首先要宣读培训须知。如果时间紧张，也可以随培训通知提前发给学员，或在学员陆续到场后、培训开始之前，投影在屏幕上。

5.5.2　培训的期间工作

1．签到及资料发放

培训组织人员需要提前 1 小时到达会场，在固定地点设置培训签到处（一般为门口），并设置明显的标识。如果有培训期间用到的教材、数据资料等，需提前发给参训人员，方便学员提前做好预习。

2．维持培训纪律

在培训开始时首先要宣读培训须知，并声明培训过程中的纪律。培训过程中注意课堂情况，时刻检查参训人员的遵守纪律情况，如有严重违反培训纪律的行为，可以在记录后按照培训纪律规定相应处理。

3．与培训讲师的持续沟通

培训期间如果有多位培训讲师，要安排好每一位讲师的讲课时间，要有充裕的时间与下一位讲师联系，让其有足够的时间前往培训地点做好准备。同时，要控制培训讲师的授课时间，到预定结束前15分钟、5分钟分别进行提醒。若无特殊情况，超过预定时间15分钟后须礼貌地打断，防止下一位讲师等待时间过长。

4．培训服务工作

培训进行中要"照顾"全场，主要包括对讲师的服务（茶水、教具）、学员的服务以及培训的摄影、录像等相关服务工作。若有需要就餐的情况，要提前与培训基地餐厅或者外部送餐单位沟通，让备餐部门有充分的准备时间。

5.5.3　培训的后续工作

1．整理培训试卷

对于培训试卷要认真批阅，将成绩汇总在表格中，发给相关部门负责人审阅，并存入个人档案，有人力资源管理系统的，要录入系统备案。对考试成绩不合格者，组织相关人员进行补考，或算作培训不合格，参加下一期的培训。

2．整理培训评估问卷

对于培训评估调查问卷的整理，一定要注意细节，仔细检查每一份问卷，对无效问卷要及时剔除，做到数据可靠。调查结果汇总完毕后，形成最终数据和结论，上报给相关领导。汇总完的评估问卷存入本次培训档案。

3．收集培训作业

有的培训师基于培训课程的需要，会给参训人员布置作业，对此要及时收集并整理。若有未按时提交的，要与相关参训人员确认未提交原因，并催促及时提交，如仍不提交的，可在培训总结工作汇报中注明，或报告相关领导，按培训须知的相关规定进行处理。

4．培训总结报告

培训总结报告包括两方面的内容：一是培训学员关于本次培训的总结报告，收集后并入参训人员的培训档案；二是人力资源部门对于本次培训的总结报告，包括培训档案、培训成绩、培训评估问卷总结等与本次培训有关的资料。

5．整理培训档案

培训档案是重要的人事档案，由人力资源部门分类统一存放，完整的培训档案包括但不限于培训签到表、培训反馈表、考核试卷、培训档案卡、培训心得、培训座谈记录表、行动改进计划表、培训评估问卷、培训跟踪与辅导表、培训总结报告等。

其中，培训档案卡按照部门分类存放，培训签到表、培训反馈表、考核试卷、培训心得、培训座谈记录表、行动改进计划表、培训评估问卷、培训跟踪与辅导表、培训总结报告等按照培训的类别及时间的先后顺序归档。

5.6 培训效果评估与参训人员跟踪

培训效果评估与跟踪的目的在于确定培训是否起到了应有的作用。如果没有起到应有的作用，对该次培训的投资就属于失败的投资。人力资源部门应全面掌握并控制培训的质量，对不合格的培训，应该及时找到失误的地方并进行纠正。同时总结工作中成功的亮点，本着不断改进培训质量的原则，让培训工作越做越好。

5.6.1 培训效果评估

培训效果评估指的是运用科学的方法、理论和程序确定培训的意义或价值的系统过程，它是培训体系中重要的组成部分。操作方式为通过对培训目标和现况的差距分析，评价预定的目标是否实现，从而有效地促使被评价者不断朝着预定的目标发展。

依据培训评估理论，按照培训目的和类型的不同，可以把培训评估分为四级，分别是反映层面、学习层面、行为层面和结果层面的评估。这四级培训评估体系的递进逻辑关系如图 5-4 所示。

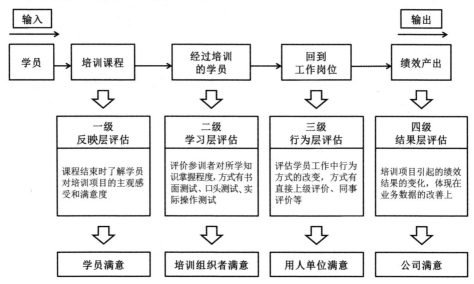

图 5-4 四级培训评估体系的递进逻辑关系

1. 反映层面评估

反映层面的评估又称一级评估，指的是参训人员对培训项目的意见，包含培训的场地环境、设施设备、参训讲师、资料、内容和方法等的意见。采用此评估的方法是观察、座谈、问卷调查。参训人员反映层面的评估对培训的改进至关重要，是评估效果和实用性最直接的反映。反映层面评估样表如表5-7所示。

表5-7　反映层面评估样表

问题	非常好	很好	好	一般	差
1. 你对课程内容的理解程度	5	4	3	2	1
2. 你认为本次培训内容对你工作的帮助程度	5	4	3	2	1
3. 你对本次培训时间安排的满意程度	5	4	3	2	1
4. 你认为本课程内容前后衔接的合理程度	5	4	3	2	1
5. 你认为课件的清晰明了程度	5	4	3	2	1
6. 你对本次培训主题选择的满意程度	5	4	3	2	1
7. 你认为本次培训内容与您期望的符合程度	5	4	3	2	1
8. 你认为讲师的语言表达清晰程度	5	4	3	2	1
9. 你对本次培训中案例的满意程度	5	4	3	2	1
10. 你认为培训讲师的专业程度	5	4	3	2	1
11. 你认为讲师充分调动学员参与的程度	5	4	3	2	1
12. 你认为培训讲师的仪容仪表和精神面貌	5	4	3	2	1

你对本次培训的哪部分更感兴趣？
你对此次培训有何建议？

2. 学习层面评估

学习层面的评估又称二级评估，指的是测试参训人员对培训项目传授的知识、理念和技能的掌握和领悟情况。每项工作有对应的技能和知识，学习层面的评估就是通过笔试、案例分析、情景模拟、技能实际操作等方式，考察参训人员培训前后知识、理念、技能有多大程度的改善。

3. 行为层面评估

行为层面的评估又称三级评估，指的是衡量参训人员培训前后的工作变化情况，是说明参训人员有没有把掌握的知识和技能落实到行动或运用到工作中去。这种评估方式一般是由平级、上级观察参训人员的行为在培训前后的差别，评价方法可采用行为观察法、360考评法、现场访谈、操作考核等方式。行为层面评估样表格式如表5-8所示。

表 5-8　行为层面评估样表格式

序号	姓名	培训收获	预期结果	执行措施	检查人	评估结果
1	王××	团队精神 责任心 学会感恩 充满激情	团队人人有分工，7 月鸡肉销售增加 30%，牛、羊肉销售增加 25%，毛利率不低于 10%	7 月底增加宣传投入，多印 2 000 份宣传海报并保证目标客群的精准投递，同时扩大宣传影响范围	李××	全部执行到位
2	张××	清晰目标 结果导向 自我否定 责任感	7 月 15 日前自动补货率达到 80%，生鲜毛利率达到 18.86%	对主管进行培训，做好单品管理	常××	全部执行到位
3	于××	明确目标 自我否定 有危机感 团队激情	7 月 30 日前生鲜盘点损耗率降低 0.5，三季度预算增长 25%	利用晨会培训，持续做好单品管理，指标分配到柜组	刘××	生鲜盘点目标达成，销售增长情况在 9 月进行评估

4．结果层面评估

结果层面的评估，又称四级评估，指的是衡量培训是否最终改善了公司的业绩。如果培训可以达到改变员工态度和行为的目的，那么接下来就是要考察员工的这种改变是否对公司经营业绩的改善起到积极的作用。由于绩效数据结果多种多样，结果层面评估无相对固定的形式，可以参考表 5-9 进行。

表 5-9　结果层面评估样表　　　　　　　　　　　　　　单位：元

分类	开始日期	结束日期	20×2 年业绩		20×1 年业绩	
			销售金额	毛利额	销售金额	毛利额
培训前	20×2-6-12	20×2-6-18	5 032 487	1 135 487	5 132 574	1 237 425
	20×2-6-19	20×2-6-25	6 095 294	1 513 792	5 901 714	1 420 305
培训后	20×2-6-26	20×2-7-2	5 793 909	1 467 626	5 444 911	1 297 784
	20×2-7-3	20×2-7-9	5 630 053	1 444 738	5 255 109	1 283 352
	20×2-7-10	20×2-7-16	6 035 636	1 640 722	5 428 318	1 314 703
	20×2-7-17	20×2-7-23	11 062 800	1 738 222	9 521 474	1 469 179
	20×2-7-24	20×2-7-30	6 888 144	1 535 316	6 024 382	1 232 302
分类	开始日期	结束日期	销售同比	销售率同比	毛利额同比	毛利率同比
培训前	20×2-6-12	20×2-6-18	−100 087	−2.0%	−101 938	−8.2%
	20×2-6-19	20×2-6-25	193 579	3.3%	93 488	6.6%

续表

分类	开始日期	结束日期	销售同比	销售率同比	毛利额同比	毛利率同比
培训后	20×2-6-26	20×2-7-2	348 997	6.6%	169 843	13.1%
	20×2-7-3	20×2-7-9	374 944	6.9%	161 386	12.6%
	20×2-7-10	20×2-7-16	607 318	11.2%	326 019	24.8%
	20×2-7-17	20×2-7-23	1 541 326	16.2%	269 043	18.3%
	20×2-7-24	20×2-7-30	863 762	14.3%	303 014	24.6%

5.6.2　参训人员追踪

持续追踪参训人员的目的，是为了了解参训人员的工作情况和思想状况，不仅能够让参训人员感受到公司对其的关心和重视，而且能够切实帮助他们解决工作中实际遇到的问题或困难，在增强他们对企业归属感的同时，以解决问题为导向，进一步提升技能和绩效。

1．撰写培训心得

要求参训人员撰写培训的心得体会，内容必须包含培训课程中讲到的关键词、关键理念、关键内容等信息。人力资源部门收集培训心得后将其发送至培训讲师或相关部门领导处，要求相关人员对培训心得给出反馈意见。

2．制订行动改进计划

培训结束后，要求学员制订行动改进计划，形成行动计划改进表（同行为层面评估）。详细写明重返工作岗位后运用培训中的理念或技巧的情况，参训人员与直属领导进行讨论后，共同确定该行动计划的操作方式和截止日期。人力资源部门留存行动计划改进表副本以备追踪，也可留给培训讲师一份。

3．问卷跟踪与辅导

培训结束一段时间后，利用培训跟踪与辅导表，请参训人员的相关领导对其工作态度、工作行为、绩效结果等整体改善状况进行评价，并将结果反馈至人力资源部门。通过跟踪，也可以了解参训人员对行动改进计划的执行情况。

4．实地访谈

培训专员或培训讲师到参训人员所在部门，与参训人员、其帮带师傅以及部门负责人进行面对面沟通。与参训人员的沟通内容包括其工作进展如何，存在什么问题，对下一步工作有何想法，对公司、对工作有何建议等，同时鼓励参训人员好好工作。

与帮带老师、部门负责人沟通内容包括参训人员近期的工作表现如何、参训人员还存在什么问题、有什么事情需要人力资源部门协助或协调等，向他们强调最有效的培训其实发生在日常的工作关系中，同时鼓励他们用心培养参训人员。

对参训人员、帮带师傅或部门负责人所反映的问题和提出的合理建议，若培训专员能够现场解决，则现场予以解决；若不能，培训专员需要汇总整理后及时与相关领导沟通，形成解决方案，定期跟踪完成情况，并向问题或建议提出者反馈。

5．召开培训后座谈会

由培训管理部门组织，在培训课程结束后一段时间（一般为 1～2 周内）开展培训心得及成果转化的座谈会，了解参训人员的思想和行为动向。召开座谈会前，需要拟出会议议程，由专人做座谈记录，并在座谈会结束后发放行动计划改进表，该表格需由参训人员及其直属领导签字确认，由人力资源部门统一归档。

6．成果认定与表彰

综合所有参训人员的行动改进计划表，在培训结束后的一个季度、半年或一年时间内，由培训专员跟踪完成行动计划改进表的成果认定部分，记入培训档案，并组织开展培训成果表彰大会，编写表彰成果转化优异员工的事迹，报道其成功的故事。

7．回炉再学习

对于培训成果转化不理想的员工，需由培训专员统计具体名单，与其直接上级或部门分管领导沟通后，安排其回炉再次学习。对拒不配合的员工，参考培训管理相关规定，给予处罚或通报。

【疑难问题】如何让公司各级重视培训

培训的重要性从理论的角度几乎人尽皆知，但是到了实操层面，总是发现有些人并不重视。有的是参训人员自己不当回事，有的是参训人员的直属领导以耽误正常工作为理由百般阻挠参训人员受训。要让公司各层级都重视起培训工作，需要做到以下几点。

（1）一把手重视是所有工作顺利开展的前提。总经理要担任公司培训（员工成长与发展）的第一责任人，要起到模范带头作用，要参与到培训活动的组织中，要在培训课程中担任讲师，要参与评估参训人员受训后的发展和变化。

（2）各部门、各子公司设立培训管理员，保证公司以及各部门的培训工作都有专人负责，培训管理员在做好本岗位工作的前提下，负责本部门的培训需求调查、部门内部培训计划的制订与上报、本部门内部培训的组织与实施及培训后的跟踪与评估，并配合组织公司范围的培训。

（3）部门负责人或子公司负责人分别作为本部门或子公司的培训第一责任人，要积极推动本部门、本公司的培训工作，并将培训工作列入日常工作项目长抓不懈。部门负责人要定期对本部门员工进行应知应会、提高工作能力与方法的培训，督促、指导培训管理员完成部门培训任务。

（4）人力资源部门作为公司培训工作的归口管理部门，负责公司整体培训工作的组织与督促工作。要定期检查和监督培训的开展情况，并定期向总经理汇报。要找准培训需求，保证培训收到效果。要定期组织以培训为主题的研讨会，广泛征求意见，不断评估改进培训工作。

【疑难问题】如何预防培训后离职损失

如果公司付出了大量的时间、投入了大量培训资源的员工离职，不仅是公司自身岗位的损失，同时也很可能为竞争对手节省了培训资源，提供了素质和能力较强的人才。如何预防公司投入了大量培训资源重点培养的员工离职，成了许多公司需要解决的一大难题。除了情感、文化、薪酬、福利等这些常用的留人手段之外，从培训管理的角度来说，可以与参训人员签订培训协议，其格式模板如下。

甲方：_____××公司：_____ 经营地址：_____

乙方：_____ 身份证号：_____

家庭住址：_____ 联系电话：_____

甲乙双方经友好协商，就乙方在甲方工作期间，关于乙方培训事项达成以下协议。

1.培训内容：_____

2.培训方式：_____

3.培训费用：指甲方为乙方培训所实际支出的全部费用。

本次培训费用数额为：_____元。培训费用包括但不限于培训场地费用、师资费用、学费、教材费用、食宿费用（包括培训师资人员和乙方）、交通费用、考试报名费、培训期间向乙方支付的工资以及因培训产生的用于乙方的其他直接费用。

4. 服务期限

甲方选派乙方参与培训的，乙方服务期自培训期满之日起开始计算，培训费每增加 1 000 元，服务期相应增加 1 个月。合同期限内连续培训或者多次培训的，服务期可累加。通过本条确定的服务期限，如果短于双方劳动合同期限，以双方劳动合同期限为服务期限；如果长于双方劳动合同期限，则双方劳动合同期限延长至服务期限截止之日。

5. 甲方的权利、义务

（1）甲方有承担培训费用的义务，但本协议和甲方规章制度另有规定的除外。

（2）因乙方的原因导致劳动合同解除或提前终止的，乙方应赔偿甲方支出的培训费用；给甲方造成其他损失的，甲方有权要求其赔偿实际损失。

（3）甲方有权选择培训的内容、方式、地点、人员、时间等。

（4）甲方在培训结束后，有权根据培训内容以及甲方经营之需要，调整乙方的工作岗位。培训结束后乙方应将培训证书原件交给甲方。

（5）乙方服务期未满擅自解除劳动合同或无甲方书面同意而擅自离职，需赔偿甲方支出的培训费用。赔偿培训费用的计算方式如下。

培训费用总额 - [（培训费用总额 ÷ 服务期限）× 乙方实际服务时间]。

培训期间乙方辞职的，也视为违反服务期限约定。

6. 乙方的权利、义务

（1）乙方享有要求甲方依照本协议约定承担相关培训费用的权利。

（2）在培训期间，乙方应当遵守甲方、培训方的规章制度，认真完成培训任务并取得培训合格的证明材料。培训方提供合格证明而乙方未能取得的，甲方有权要求其重新参加培训并且乙方应承担当次培训的费用。

（3）在培训期间，维护甲方的声誉、利益和自身安全。

（4）非工作地点培训结束后，乙方应当于合理期限内返回工作地点参加工作，否则视为旷工。

（5）乙方凡取得证书的须交由甲方存档。

甲方（盖章）：　　　　　　　　　　乙方（签字）：

年　月　日　　　　　　　　　　　　年　月　日

另外，最好在合同后附本次培训的费用清单。

【实战案例】某公司培训总结报告模板

20××年×月×日至×日，××在××进行了为期×天的××类型培训，现对本次培训工作做以下工作总结汇报。

1. 培训目的

为了……（略）。

附件：培训计划通知（附件略）。

2. 培训对象

本次培训对象为公司……，应到……人，实到参训……人。

具体应到与实到名单如下：（略）。

3. 培训课程

此次培训课程包括……（略）。

具体日程安排如下：（略）。

4. 参训人员表现

通过观察学员状况，以及在培训过程与学员的交流沟通发现，大约 $X\%$ 的学员可以做到积极主动，原因是……大约 $Y\%$ 的学员对培训并不认可，原因是……对于培训中的……，普遍的认同度较高。对于培训中的……，普遍的认同度较低。

5. 培训中的考试成绩

培训过程中，对学员进行了考试，考试形式为：开卷/闭卷。考试内容见附件：（附件略）。考试结果如下：（略）。

6. 奖励人员名单

培训过程中有……现象。根据××公司培训纪律和奖惩管理办法，建议给予以下奖励：（略）。

7. 处罚人员名单

培训过程中有……现象。根据××公司培训纪律和奖惩管理办法，建议给予以下处罚：（略）。

8. 培训评估结果

为了调查本次培训的满意度，在培训结束后，对每一位培训讲师进行了公开、公正的不记名问卷调查，调查问卷随机发放×份，有效问卷×份。本次培训，参训人员对课程的满意度为 $X\%$，对培训师的平均满意度为 $Y\%$（其中，×××为 $Y_1\%$、×××为 $Y_2\%$……），对培训期望的达成度和对整体培训的满意度是

$Z\%$。各分项评估结果见附件：（附件略）。

9. 学员跟踪

本期培训学员的跟踪计划及实施情况见附件：（附件略）。

学员的行动改进及进度见附件：（附件略）。

10. 下一步工作计划

总结本次培训可以看出，……需要加强，下一步将……（略）。

第**6**章

职业发展

组织的职业发展管理，是要将员工的职业发展与个人能力提升，通过岗位、绩效、胜任模型评估、人才晋升发展、人才激励等模块，与公司的组织能力提升、绩效达成结合起来，从而促成员工与公司的双赢。

6.1 职业生涯的发展阶段

所谓职业生涯，指的是一个人一生工作经历所包括的一系列行为活动。一个人的职业生涯可以分成四个发展阶段，如图 6-1 所示。

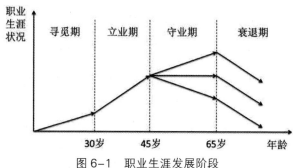

图 6-1 职业生涯发展阶段

通常 30 岁以前是寻觅期，属于初期职业生涯阶段。人们在这个阶段逐渐了解和接触到各类职业，并逐渐开始找到适合自己的职业或组织。

30 ~ 45 岁是立业期，属于人生中期的职业生涯发展阶段。在这个阶段，人们在组织中开始逐渐确立了自己的位置，逐渐明确了自己的发展方向，并沿着它发展。

45 ~ 65 岁是守业期，属于人生后期职业生涯发展阶段。在这个阶段，人们开始对中期的职业发展进行检讨，并开始面临职业生涯未来的选择，可以继续维持自己的成就，可以继续成长发展自己的事业，也可以选择职业衰退。

65 岁以上是衰退期，属于人生末期职业生涯的引退阶段。在这个阶段，人们可以选择继续留在组织中做贡献，维护在组织中的自我价值；也可以选择退休，离开职场，开始自己新的生活。

6.2 职业兴趣的测评方法

职业兴趣测试是心理测试的一种，是通过测评技术定位出一个人最感兴趣、最能够得到满足感的职业类型。因为能够实现量化，同时又有一定的理论支撑和数据支持，因此职业兴趣测试在员工职业发展和生涯规划中起着至关重要的作用。

在职业兴趣测评领域，最常用的是"霍兰德人格与职业兴趣测试"。它最早是由美国约翰·霍普金斯大学的心理学教授、美国著名的职业指导专家约翰·霍兰德（John Holland）编制的。霍兰德理论的核心假设是人根据其人格可以分为六个类别，分别是现实型（realistic）、研究型（investigative）、艺术型（artistic）、社会型（social）、企业型（enterprising）、传统型（conventional）。霍兰德人格分类如图6-2所示。

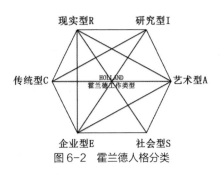

图6-2　霍兰德人格分类

每种职业兴趣类型的具体解释、独有特色、测评方式和职业索引可参见随书附赠的资料。

在员工招聘时，通过对应聘者职业兴趣的测试，可以帮助他判定自己属于哪种类型，由此和应聘者就录用职位更好地达成一致。在职业发展中，如果出现员工和职位不匹配的情况，可通过此测试，测出员工的职业兴趣，再安排与其职业兴趣相匹配的岗位。

根据霍兰德性格测试的结果，可以判断出候选人适合的职业方向。人格越靠近社会型（S），适合的职业类型和"人"越相关，人格越靠近现实型（R），适合的职业类型与"物"越相关；人格越靠近企业型（E）和传统型（C），适合的职业越贴近"实务"，人格越靠近研究型（I）艺术型（A），适合的职业越贴近"理念"。霍兰德人格分类适合的职业方向如图6-3所示。

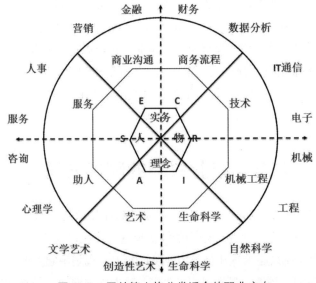

图6-3　霍兰德人格分类适合的职业方向

6.3 职业转换的选择方法

职业生涯发展过程离不开岗位的转换。当人们从事某一岗位达到某个节点时，必然会面临岗位转换，或得到晋升，或被迫降职，或调整到其他岗位有一个全新的开始。一般在企业中，长期从事某一岗位没有任何转换，则代表个人职业发展的停滞不前。

然而，人们在选择岗位时往往眼界不够开阔，其实，岗位转换可以选择的方向非常广泛。可以向上晋升到更高的职位，可以向内达到更专业的水平，可以转换到其他的职能，也可以向外寻找兼职或者获得职业生涯的平衡。职业生涯的多个角度如图 6-4 所示。

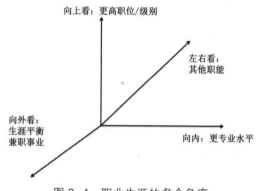

图 6-4 职业生涯的多个角度

 举例

从事会计岗位的小刘已经工作 5 年了，平时工作很努力，获得了领导和同事的一致好评。但是，从事这个岗位时间久了，让她感到有些苦闷，她隐约感觉到自己不想再做会计工作，希望自己未来有更长远的职业发展。

可是，对于未来都有哪些方向可以走她自己并不清楚，问了家人、朋友和周围的同事也都不能帮她厘清头绪。为此，她很苦恼，于是找到了公司的人力资源管理人员小王，小王利用职业生涯多角度的工具，帮她梳理了职业发展可选的方向，并让她对照着不同的方向，根据自身的情况做出选择。

（1）向上看，可以选择的路径为财务经理、财务总监、副总经理、总经理等在职位上逐渐提高的管理岗位。

（2）向内看，可以选择的方向有高级审计师、高级会计师、投资理财顾问、财务顾问等专业性较强的技能型岗位。

（3）左右看，可以选择变换岗位，专业相关的比如出纳、理财专员、财务培训专员、财务产品销售等岗位；如果不想再从事与财务相关的岗位，可以考虑其他岗位从零开始。

（4）向外看，可以选择的方式有通过业余时间旅游散心、培养一些业余爱好、利用业余时间炒股理财等。

6.4　价值观与岗位匹配

个人兴趣对职业发展的选择很重要，价值观同样重要。价值观是个体关于什么是有价值的、值得的一系列信念。它指导个体对行为进行选择与评估，是我们内心中的一把尺子，是我们人生对不同人、事、物重要程度的排列。职业价值观，是人们希望通过工作来实现的人生价值，是人们选择职业的重要因素。它是指不同人生发展阶段所表现出的阶段性的人生价值追求。

早在1970年，心理学家舒伯（Donald E. Super）研究开发了职业价值观量表（WVI, work values inventory），将职业价值观分成了13项，分别是：利他主义、美感、智力刺激、成就感、独立性、声望地位、管理、经济报酬、社会交往、舒适（环境）、安全感、人际关系（上司、同事）、追求新意。利用舒伯的13项职业价值观，可以做出岗位选择的决策量表，如表6-1所示。

表 6-1　职业价值观决策量表

价值标准（8项）	重要度（1～10）	岗位 1	岗位 2	岗位 3
1				
2				
3				
4				
5				
6				
7				
8				
总分				

在面临岗位选择时，可以用职业价值观决策量表做岗位的探索和验证，具体方法如下。

（1）罗列 8 项自己觉得重要的价值观，填入表格。注意：可以参照但不限于舒伯的 13 项价值观模型。

（2）给价值观的重要度打分，分值为 1 ～ 10 分。

（3）罗列自己的岗位选项，一般选择 2 ～ 3 个最想发展的填入表格。

（4）为不同岗位选择的满意度打分，分值为 1 ～ 5 分。

（5）计算各选项的加权总分。

（6）与自己或他人讨论并适当调整分数，得出结论。

 举例

小李在一家上市公司工作多年，兢兢业业，认真踏实，工作得到了领导和同事的一致认可，目前已经在分公司部门负责人岗位上做了 5 年时间。集团公司的领导有意提拔他，目前有两个职位空缺，一个是小李所在的分公司副总经理的岗位，另一个是集团公司某部门的负责人。集团领导找小李谈话后，想征求小李本人的意见，小李回到部门后，考虑了很久也不知该如何抉择，便找到了负责人力资源管理工作的小王。

小王利用职业价值观决策量表帮助小李做了决策。小李最重要的 8 项价值观分别是：成就、智慧、人际关系、美感、金钱、追求新意、自主、声望地位，不同价值观对应的重要度、不同岗位对应的满意度如表 6-2 所示。

表 6-2　小李职业价值观量表应用

价值观	重要度	分公司副总经理	集团公司部门负责人
成就	8	5	4
智慧	9	5	4
人际关系	6	5	3
美感	7	4	4
金钱	8	5	4
追求新意	7	4	4
自主	6	4	5
声望地位	5	4	4
总分		255	224

根据量表的测算结果，小李对分公司副总经理岗位的总体价值观满意度是

255分，对集团公司部门负责人的价值观满意度是224分。分公司副总经理岗位对小李的综合价值认可度高于集团公司部门负责人岗位。小李在反复检查各项分值与自身价值观的匹配度后，最终做出了选择分公司副总经理岗位的决定。

6.5　职业生涯的开发方法

组织生涯能够长效发展是组织的职业生涯管理与个人的职业生涯计划相结合产生的结果。通过组织内生涯发展系统以达到组织人力资源要求与个人生涯需求之间的平衡，创造一个高效率的工作环境。个人也在这个过程中明确并重视自己的职业计划，获得良好的职业生涯发展。个人职业生涯与组织生涯发展的关系如图6-5所示。

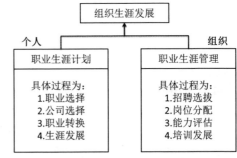

图6-5　个人职业生涯与组织生涯发展的关系

组织对员工职业生涯开发的关键步骤包含以下几步。

（1）准备多重职业生涯发展选择的可能性，并明确各个岗位可能的流动方向、晋升路线，使员工能依此确定个人的发展机会和途径。

（2）加强员工与企业的沟通，鼓励员工妥善制订个人发展计划，使其个人生涯目标与组织发展目标保持一致，并持续关注其个人发展行动计划的完成情况。通过个人发展计划，可以明确员工的职业目标，查找其能力缺陷，让组织能够帮助其更好地成长与发展。个人发展计划样表如表6-3所示。

表6-3　个人发展计划样表

姓名		所在公司		部门	
岗位		职务		直属上级	
计划有效期：　　　年　月　日—　　　年　月　日					
职业发展目标 （优势、劣势、挑战分别至少列出为实现目标最关键的三项）					
职业发展目标					
优势					
劣势					
挑战					

续表

个人现状总结				

期望发展的技能 （至少列出三项）				

具体行动计划				
行动计划	衡量标题	持续时间	评估方式	评估人

希望公司提供的支持				

签署计划		
□以上内容经过充分考虑和沟通，属于本人真实意愿，我同意此发展计划。	本人签字： 时间：	直属上级签字： 时间：

（3）建立并完善本组织的人力资源管理档案，根据员工的不同年龄、职位、技能水平、价值观等，设计出不同的教育方式和培养方案。

（4）由于组织中帮助员工制订符合企业发展和个人需要的生涯计划的关键角色是员工的直属上级，所以人力资源部门必须对他们进行培训、教育、辅导，以便能够及时地给出建议、提供信息。

6.6　职业发展晋升流程

晋升流程中的工作描述、重要的输入与输出等如表 6-4 所示。通用职业发展晋升流程如图 6-6 所示。

表 6-4　晋升流程描述及重要的输入 / 输出

流程步骤	工作内容的简要描述	重要输入	重要输出
1	部门经理根据人员规划、岗位设置、现有人员技能水平分析现有人员的合理配置	人员规划 岗位设置 现有人员技能清单	排出现有人员晋升优先次序

续表

流程步骤	工作内容的简要描述	重要输入	重要输出
2	根据业务发展需求和人员能力水平及职业发展目标提出晋升申请	个人发展计划 个人绩效承诺 专业能力认证	晋升申请
3	人力资源部门根据晋升要求审查晋升提名人员的资格	个人绩效承诺 专业能力认证业务需求 人员规划 其他晋升要求 岗位空缺状况	合格的晋升候选人名单
4	根据晋升人员的级别按权限划分由总监/副总经理/总裁进行审批	合格晋升候选人名单 其他考虑要素	审批结果
5	人力资源部门协助直线经理就审批结果与员工进行面谈沟通，解答员工困惑并进行晋升前的首次就职辅导		
6	人力资源部门下达任免通知书	晋升审批结果	任免通知书
7	员工按需进行履任新职的工作交接		
8	人力资源部门办理相关晋职手续，更新员工档案及相应的管理权限	任免决定	档案 权限更新

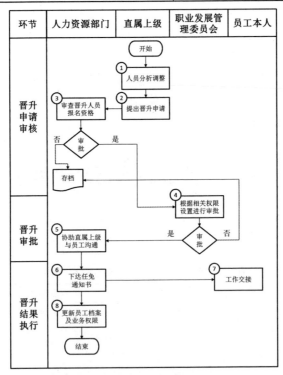

图6-6 通用职业发展晋升流程

【疑难问题】如何帮助员工适应职业发展要求

作为公司的人力资源管理人员，我们常常会听到一些员工对自己职业的抱怨，有的抱怨自己的工作就像是个打杂的，看不到希望；有的频繁变换工作岗位后，还是达不到自己的期待；有的绩效总是不达标，充满埋怨的情绪。面对这些问题，人力资源管理人员需要分析员工和职业的互动情况，明确问题核心，有针对性地进行调整。查找职业问题的核心思路如图 6-7 所示。

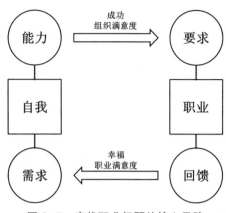

图 6-7　查找职业问题的核心思路

在没有问题的理想状况下，当个体的能力能够满足职业要求的时候，员工就能够获得组织的满意，获得职业的成功，获得职业上的成就感；当职业的回馈能够满足个体的需求时，员工就能收获对自己职业的满意，获得职业上的幸福感。

相反，如果个体能力不能满足职业的要求，组织对员工的行为表现必然不满意，员工无法获得职业上的成功，失去职业上的成就感；如果职业的回馈无法满足个体的需求，员工就无法获得对职业的满意，失去职业上的幸福感。

要搞清楚员工的问题出在哪里，可以将职业上查找问题的思路讲给员工听。然后，询问员工以下问题。

（1）你认为自己的问题出在哪里？是觉得自己不够成功还是不够幸福？或者你希望自己是更加成功还是更加幸福？

（2）在你看来，成功线和幸福线先解决哪一条线的问题你会更满意？或者哪一个是你目前待解决的重心？

（3）如果是成功线的问题，可以问：你到底是能力没有满足要求，还是对职位要求不清楚？如果是幸福线的问题，可以问：你到底是职业回馈无法满足需求，还是自我需求不明确？

通过询问员工以上问题，能够将问题聚焦在四种可能性上。

（1）自身的职业能力不足，需要提升职业能力。

（2）对职位的要求不明确，需要提升自身对职业要求的理解和认识。

（3）个人的需求多，没有得到满足，需要寻找满足需求的方法。

（4）组织的回馈少，无法满足需求，需要找到提高组织对个人回馈的方法。

这四类问题对应的解决方案如图 6-8 所示。

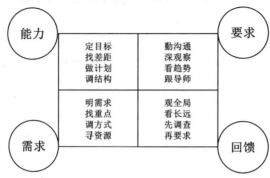

图 6-8   四类职业问题解决方案

1．提升职业能力

员工要提升自身的职业能力，可以选择以下方案。

- 定目标，设定一个本阶段自己可达成的恰当目标；

- 找差距，通过清晰的岗位要求，列出自己和岗位要求的能力差距；

- 做计划，制订清晰的、阶段性的能力提升计划；

- 调结构，主动学习，持续练习，提升缺项能力，调整自己的能力结构。

2．提升职业要求

员工要提升自身的职业要求，可以选择以下方案。

- 勤沟通，通过与上级和同事的沟通，明确岗位的具体要求；

- 深观察，通过企业要求矩阵图，关注以前没有关注的隐形要求；

- 看趋势，时刻关注企业和职业的变化趋势，提前做准备；

- 跟导师，尽量寻找优秀者做职业导师，以便少走弯路。

3．满足个人需求

员工要满足个人的需求，可以选择以下方案。

- 明需求，系统探索自己的职业价值观，系统了解自己对职业的需求；

- 找重点，明确本阶段自己最核心、最需要满足的 2 ～ 3 个核心需求；

- 调方式，主动调整工作状态，找到当下满足需求的方式；

- 寻资源，调动自我和企业资源，搜索更好自我满足的可能。

4．提高个人回馈

员工要提高个人的回馈，可以选择以下方案。

- 观全局，以职业回馈的全局来计算收益而不是只有金钱（比如，发展空间、情感）；

- 看长远，看到本岗位未来可能会有的职业回馈；

- 先调查，通过职业调查，做出恰当的自我评估；
- 再要求，向企业合理地提出新的待遇要求。

【实战案例】某大型互联网公司的职业发展体系

国内某大型互联网公司的职业发展体系分为干部领导力体系和员工职业发展体系。职业发展通道的设置建立在职位类别的基础上。该公司职位规划分为技术族、专业族、管理族、市场族、产品 / 项目族等类别，如表 6-5 所示。

表 6-5　该公司职位分类示意表

技术族	专业族	管理族	市场族	产品 / 项目族
软件研发类 质量管理类 技术类 技术支持类 游戏美术类 等	企管类 财务类 人力资源类 行政类 采购类 法务类 公共关系类 等	领导者 高级管理者 管理者 监督者 等	战略类 产品类 销售类 客服类 销售支持类 内容类 等	游戏策划类 产品类 项目类 等

技术族、专业族、管理族、市场族、产品 / 项目族等各类族群划分中的各个职业发展通道均由低到高划分为 6 个等级，即初做者、有经验者、骨干、专家、资深专家和权威。这 6 个等级的分类定义如表 6-6 所示。

表 6-6　等级分类定义

级别	名称	定义
6 级	权威 （fellow）	作为公司内外公认的权威，推动公司决策
5 级	资深专家 （master）	作为公司内外公认的某方面的专家，参与战略制订，负责大型项目 / 领域并获得成功
4 级	专家 （expert）	作为公司某一领域的专家，能够解决较复杂的问题或领导中型项目 / 领域，能推动和实施本专业领域内的重大变革
3 级	骨干 （specialist）	能够独立承担部门内某一方面工作 / 项目的策划和推动执行，能够发现本专业业务流程中存在的重大问题，并提出合理有效的解决方案
2 级	有经验者 （intermediate）	作为一个有经验的专业成员，能够应用专业知识独立解决常见问题
1 级	初做者 （entry）	能做好被安排的一般性工作

因为个人能力的发展是一个逐步积累和提升的过程，同一级别中的个体又有着不同的绩效表现。所以每个级别又分成三个子等，由低到高分别是：基础等、普通等和职业等。基础等指的是刚达到本级别能力的基本要求，还需要进一步巩固；普通等指的是完全达到了本级别各项能力的要求；职业等指的是在本级别的各项能力和表现已经成为部门内部或整个公司的标杆。

员工根据从事的岗位，只能选择对应的某一类职位作为自身职业发展的方向。为保证管理人员在从事管理工作的同时能够不断提升自身专业水平，要求除了总经理办公室的领导以及执行副总裁职位外，所有管理人员必须同时选择技术族、专业族、市场族中的某一职位类别作为自己专业的发展通道，进行双通道职业发展，如图6-9所示。

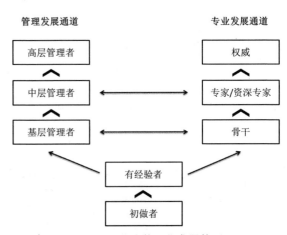

图6-9 双通道职业发展体系

员工职业发展与专业技术任职资格等级的评定流程如图6-10所示。

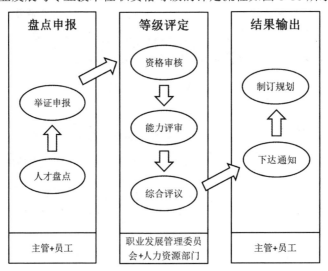

图6-10 员工职业发展与专业技术任职资格等级的评定流程

1. 盘点申报

每年的1月和7月，由人力资源部门启动员工的能力评估工作，各级主管在人力资源部门规定的时间内盘点本部门人力，汇总晋级、降级和换通道的下属名单。

2．等级评定

由人力资源部门及职业发展管理委员会组成评审委员会对员工进行能力评审。能力评审的方式主要是知识考试和行为认证。知识考试主要是考察培训课程的掌握情况，行为认证主要考察员工的态度、绩效和能力是否达标。

人力资源部门会定期组织各类知识考试，各职位、各级别的员工均可参加，通过后成绩在两年内有效。同时，各职业发展管理委员会对各通道分会能力的评审结果进行综合评议，统一全公司尺度，从总体上把握等级的变动结果。

3．结果输出

管理委员会将最终的评审结果反馈至各部门，同时正式下达就位级别的通知，通知将下达到各部门及各主管，由各主管启动职业发展规划的流程。级别确定后，员工的绩效考核、薪酬水平等方面均会有相应的应用。

第 **7** 章

绩效管理

绩效管理是人力资源管理的核心环节，是推动组织成长的发动机。组织如果没有行之有效的绩效管理体系，将很难实现组织目标和员工个人目标的关联，很难激发员工的积极性和创造性。

7.1　如何认识绩效管理

绩效管理指的是各级管理者和员工为了达到组织目标共同参与的绩效计划制订、绩效辅导沟通、绩效考核评价、绩效结果反馈的持续循环过程，绩效管理的目的是持续提升个人、部门和组织的绩效。

7.1.1　绩效管理的误区

有人认为绩效管理和绩效考核的含义相同，这种理解是错误的，它们实质上是两种截然不同的概念。

绩效考核指的是企业在既定的战略目标下，运用特定的标准和指标，对员工的工作行为及取得的工作业绩进行评估，并运用评估的结果对员工将来的工作行为和工作业绩产生正面引导的过程和方法。

绩效管理离不开绩效考核，绩效考核是绩效管理的一环，是绩效管理过程中的一种工具和手段。单纯看绩效考核，实质上反映的是过去的绩效，而绩效管理更强调未来绩效的提升。只有将绩效考核工作纳入绩效管理的体系和制度中，才能对绩效进行有效的监控和管理，从而实现绩效管理的目标。

绩效管理常见认识的误区和正确理解如表 7-1 所示。

表 7-1　绩效管理常见认识的误区和正确理解

分类	误区	正确
对工作成果	是一种判断	是一种计划
绩效管理重心	绩效评价的结果	绩效管理的过程
绩效管理目的	寻找错误	解决问题
公司与被考核人得失	此得 - 彼失	全胜 - 全输
关注重点	结果	行为和结果
绩效工作属性	人力资源部门的工作	全公司各部门的管理程序
对被考核人	是一种威胁	是一种成果或推动

7.1.2　绩效管理的领域

通过绩效管理，组织能够直接关注并影响到员工的工作任务、绩效考核、职业发展和个人生活四大领域。当然，要有效地处理好这四大领域，对管理者需要完成的任务和需要具备的能力有明确的要求。

1. 工作任务领域

在工作任务领域，绩效管理对管理者的任务和能力要求如表 7-2 所示。

表 7-2　工作任务领域管理者的任务和能力要求

管理者的任务	• 保证员工有明确的工作任务； • 保证员工按要求的标准操作； • 保证员工在规定的时间内完成； • 让员工对工作任务趋于熟练化
管理者需要具备的能力	• 能够辨识出工作任务的要求和下级的能力； • 能够分析员工的能力是否达到工作要求； • 能够向员工介绍清楚工作任务的具体要求； • 能够在必要时传授员工需要的知识和技能； • 能够检查员工的工作过程，给予其支持，并评价其工作结果

2. 绩效考核领域

在绩效考核领域，绩效管理对管理者的任务和能力要求如表 7-3 所示。

表 7-3　绩效考核领域管理者的任务和能力要求

管理者的任务	• 保证绩效结果达到公司要求； • 分析绩效下降的原因； • 激发员工提高自身技能和水平的动机； • 为员工的学习和发展创造更多的机会
管理者需要具备的能力	• 能够明确规定员工应达到的绩效水平； • 能够诊断出员工在绩效上出现问题的原因； • 能够提供员工支持并给予适度的挑战； • 能够和下级一起总结经验，并获得最大的收益

3. 职业发展领域

在职业发展领域，绩效管理对管理者的任务和能力要求如表 7-4 所示。

表 7-4　职业发展领域管理者的任务和能力要求

管理者的任务	• 挖掘员工职业发展的潜力； • 帮助员工做出最适当的选择； • 对员工在职业生涯的抉择提出建议； • 支持员工达到预期目的
管理者需要具备的能力	• 能够了解员工的内在需求和动机； • 能够评价员工职业发展的愿望与自身能力是否相称； • 能够为员工设计职业生涯发展最佳途径； • 能够协助员工制订实现职业生涯的具体策略

4. 员工个人生活领域

在员工个人生活领域，绩效管理对管理者的任务和能力要求如表 7-5 所示。

表 7-5　员工个人生活领域管理者的任务和能力要求

管理者 的任务	• 明确员工个人生活问题的本质以及对绩效的影响； • 协调员工处理个人生活与组织利益之间的关系； • 策划并帮助员工制订预期的生活目标和方案； • 适时、有感情地表明自己对员工的支持
管理者需要 具备的能力	• 能够清楚自己能为员工提供帮助的边界； • 能够帮助员工思考他们所面临的问题； • 能够倾听并聚焦员工的真实需求； • 能够帮助员工找到处理问题的最佳方法

7.2　绩效管理的工具

绩效管理的工具多种多样，比较常见的有目标管理（management by objective，MBO）、关键过程领域（key process Area，KPA）、关键结果领域（key result areas，KRA）、关键绩效指标（key performance indicator，KPI）、目标与关键成果法（objectives and key results，OKR）、平衡计分卡（the balanced score cards，BSC）、360 度评估（360° feedback）等工具。

这些工具本身没有好坏之分，处在不同管理阶段的企业应根据自身的经营管理状况，选择最适合自身发展阶段的工具。

7.2.1　目标管理

目标管理最早是由管理大师彼得·德鲁克（Peter F. Drucker）提出的。德鲁克指出，并不是因为有工作才有目标，而应是因为有目标才有了工作岗位。管理者应该通过目标管理下级，当组织目标确定后，各级管理者必须将其有效分解，转变成每个部门和岗位的子目标。组织中的各级管理者根据部门和岗位子目标的完成情况对下级实施评价、考核和奖惩。

目标管理的特点，主要表现在以下几个方面。

1. 具备明确的目标

目标的重要性无需赘述。目标要符合 SMART 原则，即目标必须是具体的（specific）、可以衡量的（measurable）、可以达到的（attainable）、与其他目标具有一定的相关性的（relevant）、有明确截止期限的（time-bound）。

2．各层级参与决策

与传统组织中上级向下级直接下达命令、传达任务目标不同，目标管理的方法强调让下级参与到目标的制订过程中来，通过上下协商的方式，让上级和下级共同制订组织整体、业务单位、经营单位、部门直至个人等各层级目标。让目标的制订过程不仅是自上而下，同时也是自下而上。

3．规定出具体时限

根据 SMART 原则，目标管理中的每项目标都有时效性的要求。一般情况下，越靠近组织层面的目标，目标设置的时间越长；越靠近个人层面的目标，目标设置的时间越短。目标期限一般有一个月、一季度、半年度、年度、三年度、五年度之分。

4．反馈目标的结果

目标管理强调员工的上级领导和员工一起定期检查、评估目标的完成情况，并持续将结果反馈给员工。在整个过程中，上级领导要持续地引导员工自己评价预先设定好的目标，鼓励员工自我发展的意识，激发员工的内升动力。

7.2.2　关键过程领域

关键过程领域指的是组织为了达到某个目标或达到某种结果，需要解决的具体的、关键的过程问题。当某一任务目标短时间内难以实现量化时，可以将完成它必须经历的关键过程分解为具体的行为或动作，形成多个完成行为或动作后的小目标。通过对这些小目标的完成情况进行评估，从而达到考核管理的结果。

对于一些难以将考核指标量化的部门（如行政办公室），可以通过关键过程领域工具实施考核。关键过程领域也是做短期计划的常用工具（如日计划或周计划）。对关键过程领域的梳理过程，不仅是大目标在过程层面的分解过程，而且也是更加聚焦和明确实现目标需要具备何种能力的过程。

每一个关键过程领域都可以包括六个方面的内容，即目标（goals）、执行任务（commitment to perform）、执行能力（ability to perform）、最佳实践（practice）、衡量与分析（measurement and analysis）、执行验证（verifying implementation）。

7.2.3　关键结果领域

关键结果领域指的是组织为了实现战略目标、使命和愿景，必须要实现的、最不可替代的、最关键的、最核心的，达到组织期望的结果。这些结果对组织的未来发展起着至关重要的作用。

关键结果领域一般可以从以下关键点中分析：时间，比如项目截止日期、生产截止日期、交货日期等；数量，比如产量、库存、销售收入、实现利润等；质量，比如产品质量要求、顾客满意度、员工满意度等；成本，比如产品成本、管理成本、销售成本、服务成本等。

选择关键结果领域的原则如下。

- 描述结果，而不是描述过程、程序、工具；
- 描述产出，而不是描述投入、付出、努力；
- 描述目的，而不是描述手段、方法、行为。

 举例

一位木匠准备为一位定制家具的顾客做一套家具，对关键结果领域正确和错误的描述如表 7-6 所示。

表 7-6　关键结果领域描述举例

错误的描述	正确的描述
买材料	完成 2 张床、8 把椅子、1 张桌子、3 个柜子
画图纸	必须在 10 天内完成
锯木板	购买材料的成本不能超过 5 000 元
钉钉子	保证质量达到公司产品的出厂要求
组装	保证顾客验收产品时满意

与错误的描述相比，正确的描述不是聚焦在过程、行为、投入、活动或程序的层面，而是梳理了要取得最终任务的成功（产品交付且顾客满意）必须要完成的关键结果。当这些关键结果全部完成时，最终的任务目标也能完成。

7.2.4　关键绩效指标

关键绩效指标指的是通过对组织内部流程的输入和输出的关键参数进行设置、取样、计算、分析，以衡量绩效的目标式量化管理指标，是组织实现战略目标需要的关键成功要素的归纳和提取，是企业中最常被用来衡量不同部门或岗位人员绩效表现的量化指标。

关键绩效指标来自公司战略目标的分解，是对公司战略目标的进一步细化和发展。如果公司的战略重心发生转移，战略目标发生变化，关键绩效指标也必须随之做相应调整，以重新适应和承接公司新的战略。

实施关键绩效指标绩效管理工具，有助于根据组织战略目标和发展计划来制订部门和岗位的业绩指标，将部门和个人的目标与组织的目标联系起来。关键绩效指标是绩效评价的依据，通过对 KPI 的实时监测，能够及时发现部门或岗位存在的问题，并通过反馈机制，促使部门或个人及时改进，引导组织向期望的目标发展。

7.2.5　目标与关键成果法

目标与关键成果法（Objectives and Key Results，OKR）的创始人是英特尔公司（Intel Corporation）前 CEO 安迪·格鲁夫（Andrew S. Grove）。在 1976 年左右，英特尔公司面临着从存储器业务到处理器业务的转型，格鲁夫为了能够让全员明确工作的重心，提出高产出管理（high output management，HOM），开始在公司内推行目标与关键成果法。

目标与关键成果法有两个典型特点：一是让每个岗位都能明确工作的重心，而不是设置大量的 KPI 指标；二是实现对公司全员的公开透明，以免某岗位人员因为原本的岗位职责或工作惯性所限而偏离方向。

同一时期，甲骨文公司（Oracle）也开始实施类似的绩效管理工具。1999 年，目标与关键成果法在谷歌公司（Google Inc.）得以实施。看到谷歌公司实施目标与关键成果法的成功，领英公司（LinkedIn）、Zynga 公司也相继开始实施。后来，谷歌在所有它所投资的企业，都要专门进行目标与关键成果系统的培训和实施。

谷歌公司的目标与关键成果是一套目标沟通、制订、展示和回顾的流程，以季度为单位实施。一般在每年 11 月，制订下年第一季度的目标；每年 12 月，公司层面沟通第一季度的目标，员工根据组织的目标，制订个人目标；第二年 1 月初，团队和个人在会议上汇报各自的目标；第二年 1 ～ 3 月，对目标实施监控；第二年 3 月底，对目标打分，进行沟通，并重复上述过程，沟通、制订、展示和回顾第二季度的目标。

目标与关键成果与关键绩效指标最大的不同之处如下。

- 每个团队或个人的目标与关键成果最多设置 5 个目标，每个目标一般包含 4 个关键结果，而关键绩效指标一般是每个部门或岗位设置 5 ～ 8 个；
- 公开透明，每个人的目标与关键成果在全公司都是公开透明的，通过这种公开透明，让员工的思维跟得上公司的目标和团队的目标，而关键绩效指标则很少公开；

- 60% 的目标最初来源于底层员工，因为底层员工与客户的接触更紧密，对工作的要求更实际，而关键绩效指标更多是自上而下目标分解的过程；
- 目标与关键成果剥离了员工的直接利益因素，它的结果不直接用于考核。目标与关键成果系统将组织的工作重心由"考核"回归到了"管理"，这与传统的关键绩效指标考核已大不相同。

7.2.6 平衡计分卡

平衡计分卡是由美国哈佛商学院的教授罗伯特·卡普兰（Robert S. Kaplan）和诺朗诺顿研究所所长（Nolan Norton Institute）、美国复兴全球战略集团创始人兼总裁戴维·诺顿（David P. Norton）共同创建的。

平衡计分卡的核心思想是通过财务（financial）、客户（customers）、内部经营过程（internal business progress）、学习与成长（learning and growth）四个方面的指标之间相互驱动的因果关系（cause-and-effect links），展现出组织的战略轨迹，实现从"绩效考核"到"绩效改进"以及从"战略实施"到"战略修正"的目标。平衡计分卡中的每一项指标都是一系列因果关系中的一环，通过它们把组织的目标和相关部门的目标联系在一起。

平衡计分卡优于传统的绩效管理，它把员工的被动变为主动，让员工能够充分参与进来；它着眼于未来，而不是一味对过去的结果做评判，让组织更可能实现目标；它通过指导和鼓励的方式来激励员工，而不是传统"胡萝卜加大棒"的方式。传统绩效管理与平衡计分卡的不同思路如表 7-7 所示。

表 7-7 传统绩效管理与平衡计分卡的不同思路

	传统绩效管理的思路	平衡计分卡的思路
转变	控制员工	员工主动承诺
着眼点	重点放在过去的业绩	重点放在如何改进将来的绩效
手段	主要通过"胡萝卜加大棒"的政策来提高绩效	主要通过指导、鼓励自我学习和发展来提高
管理人员的角色	判断、评估、控制工作的细节、解决问题者	指引方向和目标；指导、帮助、沟通和反馈；在允许的范围内积极授权
员工的角色	被动的 / 反作用的、防卫性的行为	在学习和发展过程中表现积极主动的行为

平衡计分卡表明了源于战略的一系列因果关系，发展和强化了战略管理系统。利用平衡计分卡作为核心战略管理的衡量系统，可以完成对关键过程的有效控制和资源的优化配置。通过平衡计分卡可以有效处理组织内部、外部各种变量的相

互关系，保证组织系统变革过程中的均衡性。

为什么把这种方法叫作平衡计分卡？理由如下。

- 既关注战略，又考虑实际经营管理，是战略落地和企业经营管理之间的平衡；
- 既有财务指标考核，又有非财务指标考核，是财务与非财务的平衡；
- 既有定量的指标，又有定性的指标，是定量与定性的平衡；
- 既有主观的评价，又有客观的评价，是主观与客观的平衡；
- 既有前馈指导，又有后馈控制，是结果与达成结果需要的动因或过程之间的平衡；
- 既考虑短期增长，又考虑长远发展，是短期价值与长远价值的平衡；
- 既考虑组织的利益，又考虑利益相关者的利益，是组织与各利益相关者期望的平衡；
- 既关注外部衡量，又关注内部衡量，是内部与外部衡量之间的平衡。

作为一套完整的业绩评估系统，平衡计分卡从四个层面来衡量组织的经营情况，体现了组织价值创造的全过程，如图 7-1 所示。

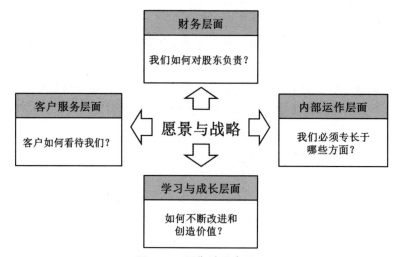

图 7-1　平衡计分卡图示

1. 财务层面

这个层面是站在股东的视角，看待组织的成长、盈利能力和风险情况，是组织在财务结果上的直观表现。常见的指标有营业收入、资本回报率、利润、现金流、经营成本、资产负债率、项目盈利性等。

2．客户层面

这个层面是从顾客的视角，看待组织创造价值在外部市场体现出的差异化，是顾客对组织感受的直接表现。常见的指标有市场份额、顾客满意度、顾客忠诚度、价格指数、顾客保留率、顾客获得率、顾客利润率等。

3．内部经营层面

这个层面是从经营管理的角度，看待内部流程为业务单元提供的价值主张，是产生结果之前的重要过程管控。常见的指标有新产品开发时间、产品质量、生产效率、生产成本控制、返工率、安全事故件数等。

4．学习与成长层面

这个层面是从创新和学习的角度评价企业的运营状况，是关注组织未来是否有持续稳定发展的人力资源的指标。常见的指标有员工满意度、员工离职率、员工生产率、人均培训时间、合理化建议数量、员工人均收益等。

通常情况下，平衡计分卡的衡量指标可以分为以下三大类。

1．结果类指标和驱动类指标

结果类指标是用以说明绩效结果的指标，一般属于滞后指标，它告诉我们发生过什么、结果是什么；驱动类指标是提前指标，它反映的是组织在实施战略时，关键领域的某些进展将如何影响绩效的结果，做好该指标可以获得良好的绩效或提前预防风险的发生。

2．内部指标和外部指标

内部指标是基于组织内部经营管理产生的指标，比如生产效率、产品合格率、员工满意度等；外部指标是基于组织外部的利益相关者及全社会产生的指标，比如顾客满意度、组织的社会声誉、产品的市场形象等。因为内部指标相对可控，要提升组织的核心竞争力，优秀的企业通常会在稳定内部指标的基础上，在如何提升外部指标上做文章。

3．财务指标和非财务指标

财务指标指的是可以用财务形式计算出来的指标，如收入、成本、费用等；非财务指标指的是无法用财务数据计算的指标，如方案类的指标，其评价标准往往在于上级领导或者评审小组的主观判断。

对于不同的企业和企业发展的不同阶段，平衡计分卡可以发挥不同的功能。如利用平衡计分卡实现传统组织与新战略的衔接；作为实施组织战略的工具；作为企业的核心管理系统，以完成重要的管理过程；作为企业目标体系建设和业绩控制、衡量的系统手段等。

7.2.7　360 度评估

360 度评估最早也是由英特尔公司提出并实施的。它是将员工的直接上级、直接下级、关联方、顾客以及员工本人全方位对自己的绩效进行评估。被评估者不仅可以获得来自各方的反馈，也可以从不同角度的反馈中更清醒地认识自己的优势与不足。360 度评估中被考核对象与各方的关系如图 7-2 所示。

在 360 度评估中，不同关系间设置的权重比例一般为①＞②＞③＞④＞⑤，比如，可以分别设置为 30%、25%、20%、15%、10%。

360 度评估的优点是更加强调对内、外部客户的服务，提升组织的运行效率；对员工的能力素质进行更全面的考核；使员工的参与感更强；能够提高考核的全面性和公正性。缺点是考核的成本较高；若管理不善，打分容易流于形式。

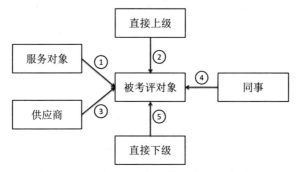

图 7-2　360 度评估中被考核对象与各方的关系

7.3　绩效管理的实施

选择了适合本企业的绩效管理工具后，能否让绩效管理发挥应有的作用，还需要有效的绩效管理实施过程。绩效管理实施得如何，直接决定了组织各级成员对绩效管理工作的接受度和认可度。

7.3.1　绩效管理的实施流程

绩效管理的整个实施流程可以概括为四个环节，即绩效计划、绩效辅导、绩效评价和绩效激励。组织每年的绩效管理都应按照这个顺序有序运行，它们之间的逻辑关系及包含的部分内容如图 7-3 所示。

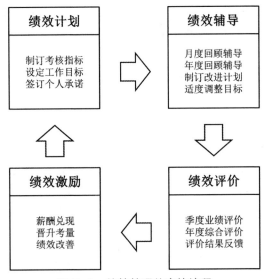

图 7-3　绩效管理的实施流程

7.3.2　绩效管理的注意事项

在实施绩效管理的过程中需要注意以下事项。

1. 沟通在绩效管理过程中的意义重大

实施绩效管理，不是为了给管理者省事，定好了指标和目标以后就不管了。它不仅不能够代替或者免除管理者日常的沟通与管理，相反，过程中能不能持续不断地进行有效沟通，是决定绩效管理能否有效实施的关键。绩效管理，其实是考核人与被考核人协商一致，并在过程中持续不断双向沟通的动态管理过程。

沟通，打通了考核人与被考核人之间的思想和情感，尽可能避免了产生误会和猜疑的可能性，贯穿了绩效管理的全过程，能够及时消除绩效管理实施过程中的阻力，保证考核能够相对客观、合理、和谐地运行，提高被考核人的积极性。

在绩效管理实施的过程中随时保持沟通和反馈，能够让考核人持续反思和确认考核的目标，也能让被考核人更加理解和支持考核工作。考核人与被考核人之间的持续沟通，是绩效管理得以顺利运行的保障，也是科学绩效管理的灵魂所在。

2. 绩效管理的目的不是令全体员工满意

有规则，就会有抵触，制度推行之前，要在遵循科学性、保证合理性的同时兼顾实用性，以便有效地落地实施。但是制度不可能面面俱到，组织出台任何一项制度和规则，都会有人赞成，有人反对；有些人受益、有些人认为自己没有受益；有人满意，有人不满意。

推行绩效管理，是从组织发展和全局性的角度考虑，同时尽量考虑和照顾员工的主观意愿和情绪。但如果在所有方法都用尽之后，仍然有抵触或者不满意的员工，也不必过分在意，毕竟进步是主流，发展是硬道理。

3. 绩效管理有一定的激励性，但不等同于激励

有的管理者把绩效管理和激励混为一谈，认为只要做了绩效管理，就等于组织有了激励机制，员工的工作热情、积极性和主动性就必然应该提高。其实不然，绩效管理本身确实具备激励功能，但相对而言，组织中的激励机制牵涉到的内容和范围更加广泛。

激励机制包括精神激励、薪酬激励、荣誉激励、股权激励、积分激励等各种不同的形式。一套完整、健全的激励机制由诱导因素集合、行为导向制度、行为幅度制度、行为时空制度、行为归化制度五个方面组成。

组织的绩效管理和激励机制之间的关系是互相作用、互相补充、互相促进、共同发展的，都是为了组织最终目标的实现。

7.4　绩效计划

绩效计划是整个绩效管理工作计划和设计的环节，它通常是自上而下地将指标层层分解到岗位，同时，各岗位员工自下而上地提供个人计划目标，并在过程中不断地上下交流沟通、争取达成一致、形成最终计划方案的过程。

7.4.1　制订分解绩效的指标

绩效指标分解，是按照岗位职责将组织目标分解、分配给各部门，再分配给各岗位的过程，以保证企业整体目标的实现。

绩效指标设定分解的原则一般有以下几个。

- 定量和定性指标保持平衡；
- 涵盖关键过程和结果领域；
- 体现对客户最关键的领域；
- 体现对组织最重要的贡献；
- 目标之间不冲突、不重复。

绩效指标分解的逻辑如图 7-4 所示。

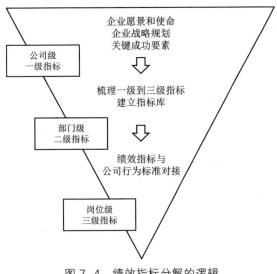

图 7-4 绩效指标分解的逻辑

一般来说，高层管理者注重综合性的财务指标和组织层面的关键业绩驱动要素；中层管理者注重效益、营运指标和部门对应的业务重点；基层管理者和员工注重相对单一的业务重点和营运工作内容。它们之间的相互对应关系如图 7-5 所示。

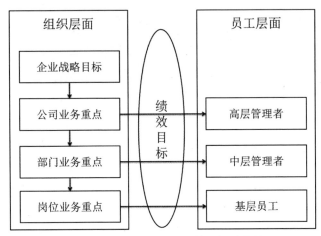

图 7-5 组织和员工层面绩效目标对应关系

 举例

某公司某年的战略目标是追求净利润的最大化，按照平衡计分卡（BSC）中财务、客户、内部流程和学习发展四个维度的指标分解逻辑，可以将与净利润直接关联的指标分解为如图7-6所示。

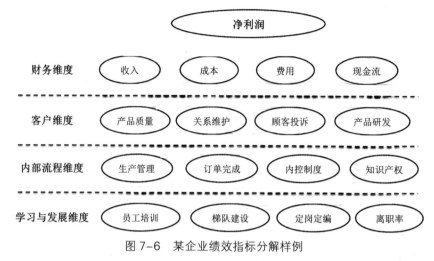

图7-6 某企业绩效指标分解样例

按照年度、季度、月度的时间维度，公司、部门、岗位的空间维度，可以将绩效指标由宏观的计划逐层分解为目标和任务，如图7-7所示。

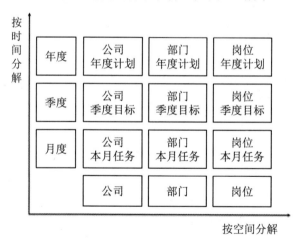

图7-7 绩效指标按照时间和空间维度分解的示意图

每个岗位绩效考核指标可以源于岗位说明书、部门绩效的目标以及跨部门的流程要求。将这些信息输入的来源共同整合后，寻找关键的绩效领域，最终选择5～8个适合该岗位的关键绩效指标，过程如图7-8所示。

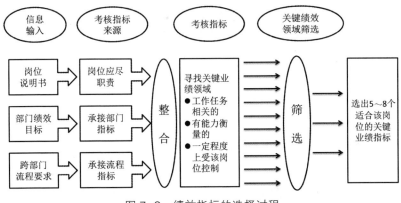

图 7-8 绩效指标的选择过程

7.4.2 编制绩效承诺计划

个人绩效承诺（personal business commitment，PBC）指的是员工对绩效达成的个人承诺。它反映了团队、结果与执行之间的紧密联系，体现了一种价值观和组织文化，强调了组织成员共同参与组织目标实现过程中承诺的重要性，也体现了绩效管理的核心思想。员工个人绩效承诺表如表 7-8 所示。

表 7-8　员工个人绩效承诺表

姓名		工号		部门		职位	
考核期			年　　月　　日—		年　　月　　日			
岗位应有的关键绩效指标							
计划栏 个人承诺		在评估期内，我郑重承诺					
	结果目标承诺						
	执行措施承诺						
	团队合作承诺						
		签字： 日期：					
结果栏 个人承诺 结果评估	结果目标 完成情况						
	执行措施 完成情况						
	团队合作 完成情况						
		评估人签字： 评估日期：					

其中，"结果目标承诺"指的是在考核期内，员工承诺本人能达到的绩效结果的目标，是员工准备做什么，准备做到什么程度。该项一般应有具体的衡量指标，说明程度及何时完成。

制订"结果目标承诺"后，需要做以下检验。

- 是否是结果导向的？
- 是否是明确具体的？
- 结果是否可以被衡量？
- 是否包含时间因素？
- 预定时间是否与组织、部门、团队目标达成一致？
- 是否反映了需要完成的关键结果？
- 是否伴随合适的难度水平？
- 是否与员工的岗位和能力等级相匹配？
- 汇总所有员工的目标后是否与组织目标吻合？
- 是否反映了企业的价值观？

"执行措施承诺"指的是员工为了达成结果目标承诺，准备执行的具体的措施或行动，是员工准备如何做。该项不一定需要有明确的衡量指标，可以是一种对过程的描述。执行评价时，主要看员工是否按照规范要求去做了。

制订个人绩效承诺的主要目的是让上下级之间能够就目标达成的关键措施互相沟通、认真分析，充分考虑到外部障碍和风险。因此，个人绩效承诺中的"执行措施承诺"并不需要罗列每一个目标，而是主要针对比较重要的、有难度的结果目标。

另外，"执行措施承诺"并不完全是具体的行动计划，而是实施行动计划的浓缩或者关键措施。为了更好地实现目标，尤其是那些比较复杂的目标，有时候还需要一个更加详细、具体的绩效行动方案，那就是"个人绩效行动计划表"，如表7-9所示。

表7-9　个人绩效行动计划表

序号	对应目标	行动步骤	所需资源	完成时间	监督人	监督时间	备注

"团队合作承诺"指的是为了保证部门或团队能够实现目标，员工在团队中协作、沟通、交流、参与、配合等方面的承诺，是员工准备与谁做。该项主要是

一种导向和引导的作用，强调配合为主，不需要有非常明确的衡量指标。

7.4.3　绩效计划的常见问题

绩效计划是实施绩效管理的起点，计划的制订过程也是组织内高层管理者、中层管理者以及基层管理者和员工参与管理、明确自己职责和任务的过程。然而在实务操作中，绩效计划的环节上往往会出现各种问题，比较常见的有以下几种。

（1）高层的参与较少，所有绩效计划都由人力资源部门与各部门沟通而来，高层极少参与，只做最后的审批。这就造成一旦将后续绩效管理实施过程中出现的各类问题反映到高层那里，高层不知其所以然，便不会对绩效计划保持应有的信心。

（2）绩效计划性较弱，绩效管理实施团队没有充分地考虑并设计好组织、部门和岗位层面应该做什么、为什么做、如何做、由谁评价、如何评价、由谁监督、如何监督、何时完成等一整套的系列性问题，就急于开展实施。

（3）忽略员工参与度，绩效计划的过程成了绩效管理实施团队单方的顶层设计过程，缺少组织内部上下级之间的沟通，最终让绩效管理成为了单纯的绩效考核，阻碍了绩效管理提升员工绩效和能力的作用。

（4）绩效指标不量化，或定量的指标过少，定性的指标过多，绩效评价的标准模糊，或者制订出来的绩效指标难以衡量，造成后续在实际进行指标评价时过于主观，造成公司各层级对绩效评价结果的信任度降低。

（5）绩效指标无针对性，大多数岗位的绩效指标都是用一套"通用指标"来衡量，而不是针对每个岗位设定该岗位应有的关键指标。指标过于笼统、"人人都适用"的指标结果是"人人都没用"。

（6）不指向最终目标，岗位的绩效指标成了因为该岗位存在而必须要完成的"任务"，而不是该岗位作为组织和团队的一分子，服务并保证上层目标达成的目的。当岗位目标不能有助于上层目标实现时，组织和团队的目标将与岗位形成弱关联。

（7）人员能力不到位，实施绩效计划的团队成员没有相关经验，或者本身对绩效管理和组织业务的认识不足，不能正确地预估障碍、挫折和问题。当遇到问题时，不知道如何应对和沟通，最终让绩效管理变成了走形式。

（8）全员认识有问题，组织长期推行岗位职责的工作管理模式，造成全体成员都认为，在规定时间内，完成自己的本职工作以及上级要求的工作任务是自己的工作价值，而不是实现组织层面的某个目标。

7.5　绩效辅导

绩效辅导指的是管理者就员工当前的绩效进展情况，与员工讨论可能存在的问题和障碍，并与员工共同制订方案、解决问题的过程，是上级辅导下级共同达成目标或计划的最重要的方式。绩效辅导不应仅仅在绩效管理的前端或末端实施，而应贯穿绩效管理的整个过程。

7.5.1　绩效辅导的实用价值

通过实施绩效辅导，能够使管理者与员工之间不断地就绩效完成情况进行沟通，保证员工始终明确组织和部门的目标和方向，特别是当组织的战略目标发生调整或变化时。管理者通过对绩效情况不断地进行监控，能够保证员工达到工作标准，并在这个过程中不断地提供反馈意见并在必要时提供指导。在辅导的过程中，通过员工的积极参与，保证他们对自己的绩效承担应有的责任。

绩效辅导是绩效管理的真正核心，它对员工绩效水平的影响如图 7-9 所示。

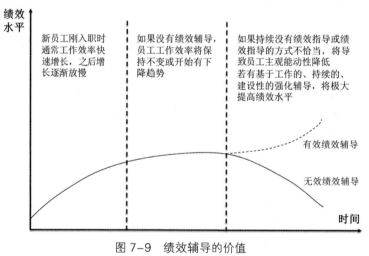

图 7-9　绩效辅导的价值

7.5.2　如何进行绩效辅导

在进行绩效辅导之前，首先要弄清楚员工当前绩效存在问题的原因。员工工作绩效差的原因有很多，有的是因为员工的态度问题，有的是因为员工缺乏经验，有的是因为员工的能力不足，有的是因为员工的情绪问题，有的是因为管理者自身没有将工作及时、准确地传达给员工，没有安排好工作。

通常可以把所有的绩效问题归结为态度、知识、技能和外部因素四个大类。要弄清楚员工究竟是在哪个大类出的问题，管理者要重点关注并问自己以下问题。

- 员工是否有正确的态度和自信心？
- 员工是否有这方面工作的知识和经验？
- 员工是否具备应用知识和经验的相关技能？
- 员工是否有不可控制的外部障碍？

管理者要在工作中不断进行绩效过程的监控，重点关注以下问题。

- 员工工作职责完成得怎样？还有哪些方面不好？
- 员工是在朝着实现目标的轨道运行吗？
- 如果偏离轨道，需进行哪些改变才能回到轨道上来？
- 在支持员工进步方面，自己能做些什么？
- 是否发生了影响员工工作任务或重要性次序的变化？
- 如果发生了，在目标或任务方面应做哪些改变？

没有沟通就不是绩效辅导，在绩效辅导中，管理者应就组织或部门内发生的重要事件进行定期和不定期沟通，持续不断地辅导和改进，同时根据情况需要采用正式或非正式的沟通方式。绩效辅导过程中管理者和员工应遵循的原则如表 7-10 所示。

表 7-10　绩效辅导过程中管理者和员工应遵循的原则

管理者	员工
坦诚率直	保持积极豁达的态度
客观地讨论具体行为和事实	有所准备并愿意表达意见
关注工作问题而不是个人问题	有所准备并愿意表达意见
维护员工的自尊	针对反馈意见提出问题使其明确具体
提供方法和建议	明确将来目标和行动计划

管理者发现员工绩效存在问题的原因后，应根据具体情况对症下药进行绩效辅导。绩效辅导的方法可以分为以下六步。

（1）要有意识地观察进而发现员工的问题。

（2）要去描述员工影响绩效的行为。

（3）要向员工表达自己的感受，表达这样做的后果。

（4）要征求员工意见，让员工能自我分析。

（5）要善于停下来，让员工表达自己心声。

（6）要着眼于未来，给员工一定的鼓励、支持或帮助，并规划正面的结果。

举例 —————————————————————————

生产统计岗位的小王平常工作认真仔细，极少出现错误。最近，小王的直接上级、生产管理者张总发现小王给他提报的生产统计日报表连续出现三次错误。(1)

张总单独把小王叫进办公室，对小王说："小王啊，这已经是你这个月第三次出现生产报表错误的问题了。第二次的时候我提醒过你一次，这次又出现了。(2)

统计岗位要求报表不能出现错误，这不仅是会影响你的绩效考核成绩，而且可能影响整个生产计划，甚至可能会给公司造成严重的损失。(3)

我想听你说说，最近到底是怎么回事？"(4)

小王说："张总，真对不起，是我工作的失误。一是因为咱们新上的ERP系统我用得还不太习惯，报表导出系统时有几个数据没弄明白；二是因为最近我母亲生病了在住院，平时是我爱人在照顾，我上班老是惦记着她的病。"(5)

张总说："小王啊，ERP系统我们可以逐渐熟练，你有什么不会的，我们可以请项目团队来单独培训也没问题。你母亲的病怎么不早说呢？现在病情怎么样了？需要的话我可以准你请假去照顾一下，一会儿我和你一起去看看她。"(6)

小王颇为感动，说："张总，谢谢您，不用了，医生说我母亲恢复得很好，后天就可以出院了，以后自己在家静养就可以。"

张总说："你还和我客气啥？一会儿你一定要带我去一趟！明天开始给你两天假，在医院好好陪陪你母亲，看看还有什么需要检查或注意的，后天一起回家安顿好。回来上班以后，我找新系统项目团队的人来手把手教你操作几遍，以你的聪明劲儿，以后肯定不会再出问题了！"

绩效辅导的语境形式有很多种，根据不同场景、不同员工和不同的管理者管理方式可以分为命令与劝说式、演示与帮助式、拓展与挑战式、鼓励与表扬式四种，如图7-10所示。

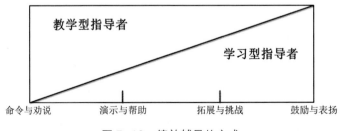

图7-10 绩效辅导的方式

绩效辅导的时机最好选择在以下时间。

- 管理者认为员工采取其他办法能够更好地完成任务时；
- 员工被安排参与一项重大的或非同寻常的项目时；
- 员工正在学习新技能时；
- 员工面临崭新的职业发展机会时；
- 员工未能按标准完成任务时；
- 员工弄不清工作的重要性时；
- 员工刚结束培训学习时。

通常在半年度或年度实施年中 / 年终的绩效回顾辅导，管理者与员工就个人的业务目标、员工管理目标和个人发展目标进行综合的、全面的、正式的沟通与辅导，为员工提出绩效改进意见和建议，必要时进行目标调整。

7.5.3　绩效辅导的常见问题

实务中，绩效辅导环节常常会出现管理者没有辅导意识、以各种理由不配合绩效辅导工作开展或者管理者自身能力没有达到能够识别员工能力缺陷并辅导员工等实际问题，比较常见的问题及对应的解决方案如表 7-11 所示。

表 7-11　绩效辅导常见问题及解决方案

常见问题	解决方案
管理者日常工作业务繁忙，没有时间和员工接触，或没有时间辅导员工	1. 在公司层面设定统一的绩效辅导时间，每天即使只有 1～2 分钟也比没有好； 2. 设定每月度 / 季度 / 年度的绩效辅导表格，以双方亲手填写的绩效辅导表格为绩效辅导实施的输出和依据； 3. 绩效管理小组定期检查督导，必要时实施相应的奖罚
管理者缺乏辅导员工的意识，不知道员工问题所在； 管理者认为与其辅导不如自己做，既正确又快速； 管理者担心"教会徒弟，饿死师傅"	1. 绩效管理小组针对管理者的辅导意识实施教育和培训； 2. 借助绩效管理制度的规定，从公司层面严格要求； 3. 通过继任者计划，培养管理后备人选； 4. 为管理者设立职业发展通道，晋升的条件之一是对员工的辅导和培养； 5. 绩效管理小组定期检查督导，必要时实施相应的奖罚
管理者无法正确地把握员工的能力，不知道员工完成工作需要具备哪些态度、知识或技能，不知道该教员工什么，也不知道如何教	1. 绩效管理小组针对绩效问题识别以及如何辅导员工对管理者培训； 2. 定期在公司层面组织绩效辅导的交流会，请绩效辅导优秀的管理者分享经验； 3. 设计绩效辅导的参考问题及解决方案，供管理者参照查询； 4. 与管理者一起讨论、制订、定期修改岗位胜任模型，并在工作中实际运用此模型

另外需要注意，在绩效辅导的过程中，管理者要对员工表现出充分的信任；对员工的辅导应该是经常性的，而不是等到出了问题才进行辅导，甚至当员工绩效表现出色时，也应该进行辅导；要给员工独立工作的机会，将传授和启发相结合，注意挖掘员工个人的主观能动性及潜能。

7.6　绩效评价

绩效评价是在一定时期内，通过系统的方法、原理来评定和测量员工在岗位上的工作行为和工作成果，是对组织、部门、员工的绩效考核结果做出客观、公正、准确的综合评价的过程。它为确定员工绩效水平提供了有效的信息，为员工的发展和绩效提升提供了有效的参照，为组织的各类相关决策提供了重要的参考依据。

7.6.1　如何设计绩效结果

不论是组织、部门还是个人的绩效评价结果都要划分出优劣，一般可以分为 5 个层级，每个层级对应的定义、绩效得分参考以及在组织中所占的比例参考表 7-12。

表 7-12　绩效结果对照表

等级	层级的定义	按百分制考核的参考得分区间	组织中所占比例参考
A 类（卓越层）	绩效水平显著超过岗位职责以及预期的计划和目标要求，工作各方面都取得了非常突出的成绩	$90 \leqslant X < 100$	10%
B 类（优秀层）	绩效水平达到或超过预期计划和目标的要求，工作各方面取得了比较突出的成绩	$80 \leqslant X < 90$	15%
C 类（合格层）	绩效水平基本达到预期计划和目标的要求，工作各方面既没有突出的表现，也没有明显的失误，或突出表现与明显失误基本持平	$60 \leqslant X < 80$	50%
D 类（不合格层）	绩效水平没有达到预期计划和目标的要求，工作的很多方面存在不足或失误较多	$50 \leqslant X < 60$	15%
E 类（淘汰层）	绩效水平远没有达到预期计划和目标的要求，工作的主要方面存在严重失误，存在较严重隐患或已经造成严重后果	$X < 50$	10%

7.6.2 如何进行绩效评价

绩效评价不是一种审问，也不是一种对质或者一个互相猜测的游戏，更不是一个对员工的终极判决。对绩效评价错误和正确的关注点如表 7-13 所示。

表 7-13 绩效评价的关注点

错误的关注点	正确的关注点
评判是非	计划未来
评估表格	管理流程
挑毛病	解决问题
赢 - 输的观念	双赢的理念
结果	结果＋行为
人力资源管理流程	业务管理流程
威胁	激励

进行绩效评价时应遵循以下原则。

- 以一定时间为单位，比如月度 / 季度 / 半年度 / 年度；
- 为了增加绩效评估的客观性、规范性，减少上下级间的分歧，绩效评估应采用经过明确界定的等级量表来进行衡量；
- 管理者与员工采用一对一的面谈或非面谈的方式反馈评价结果。也可根据部门的实际情况，由管理者酌情选择评价结果的反馈方式；
- 管理者与员工应以坦诚且尊重他人的方式就绩效评价结果交换意见。

7.6.3 绩效评价的常见问题

绩效评价如果搞不好，将直接影响整个绩效管理工作的进展和实施效果，影响员工对自身绩效的评价和改善，甚至将直接影响员工的金钱利益。许多企业绩效管理工作开展不下去，就是因为在绩效评价的环节出的问题。绩效评价过程中的常见问题及参考改进措施如表 7-14 所示。

表 7-14 绩效评价过程中的常见问题及参考改进措施

常见问题	参考的改进措施
绩效评价的标准不科学，可衡量性差或不贴近组织真正目标	界定工作本身的要求，明确考核标准，把评价标准建立在对工作进行分析的基础之上
评价走形式主义，没人真正对绩效评价结果进行认真客观的分析，没有真正利用绩效评估过程和评估结果来帮助员工在绩效、行为、能力、责任等多方面得到切实的提高	不断进行宣导教育，不断强化培训，组织的一把手带头进行

续表

常见问题	参考的改进措施
晕轮效应：以偏概全，放大某一次或几次并不关乎绩效重点的失误而忽略绩效的真正要求	以关键绩效指标达标情况或工作目标达成情况为依据
近因误差：以近期印象代替全部，或仅做某一时期的短暂评估而忽略一贯表现的好与坏	做好绩效管理过程中的数据收集、记录，按照客观绩效结果进行评价
感情效应：管理者的非理性因素，造成评价结果时不自觉地受感情影响	以客观绩效指标为依据，二次考核为监督
集中趋势：绩效评价的结果都趋于中间（合格层），彼此拉不开距离	结果以统计百分比进行衡量，或强制排名
暗示效应：绩效评价人受某几位领导或权威人士的影响	以客观绩效指标为依据，通过二次考核，并与相关领导沟通
倒推化倾向：先因某人平时的表现，为其确定出一个考核层级，而后倒推出各考核项目的得分	不戴有色眼镜，以客观绩效指标为依据

7.7　绩效结果反馈

　　绩效结果反馈是绩效管理的最后一环，是管理者向员工反馈绩效评价的结果，并对绩效期间内取得的成绩、存在的问题、下一阶段的工作目标、未来的绩效提升计划进行双向交流的过程，是管理者和员工之间就当前绩效的总结和未来绩效更好地实现而进行的有效沟通。能否达到绩效管理的预期目的，往往取决于绩效结果反馈的实施。

7.7.1　如何应用绩效结果

　　绩效管理的评价结果一定要有效地付诸应用才能真正发挥绩效管理的作用，帮助组织做出正确的决策，提高管理水平，提升员工素质，使组织和员工共同发展。如果绩效评价结果得不到有效的应用，奖惩决策将无法做到公平、公正，奖惩措施对员工不具有说服力，势必削减员工的士气，打击员工的积极性，降低工作效率。

　　对绩效结果的应用，主要体现在以下几个方面。

　　1. 提供上下级就绩效进行沟通的机会，有助于改进工作绩效

　　管理者的角色不再是评判员工绩效的法官，而是转变成绩效改进的教练，管理者不仅要承担监督的责任，更要做好人才培训与开发工作。通过上级将考核结果及时反馈给员工，员工不断完善和提高自身的能力，以达到绩效持续改进的效果，才是绩效管理实施的根本目的。

通过这种反馈，管理者与员工形成一种绩效伙伴关系，管理者向员工传递绩效需要改进的方面，并可以共同探讨改进工作绩效的手段。员工在这个过程中发现了自身的短板，认识到待解决的问题，以便制订自身的发展计划。让员工绩效朝着公司希望的方向发展，从而增加符合公司期望行为的出现频率，减少不期望的行为，为达成更高的绩效奠定基础。

2．作为薪酬调整和奖金分配的重要依据

公司除了基本工资之外，一般会有绩效工资。为了增强绩效结果的激励效果，通常会将员工考核的结果优秀（A）、良好（B）、合格（C）、不合格（D）与月度、季度、年度的绩效奖金挂钩。薪酬的调整往往也会以绩效结果为重要依据，这是绩效管理的最常见也是最普通的用途。

3．作为晋升、降职或调岗的依据

如果员工绩效结果持续较优，可以通过晋升让他承担更多的责任；如果员工在某方面的绩效持续较差，通过分析绩效结果，可以发现员工的不适应程度，聚焦问题，若通过指导与培训之后依然没有改善，则通常说明员工不能胜任该岗位的工作。可以通过职位的调整，让他从事更适合的工作。这也可以作为保持组织成员竞争意识和危机意识的手段。

4．作为人才选拔结果评判的依据

根据对外招人员绩效考核结果的分析，可以检验、评估选拔工作的成果和效度。若选拔出来的人才绩效考核结果达到预期，说明选拔工作是有效的；反之，则说明选拔工作有待改善。同时，对绩效结果的深层次分析，可以确认采用什么样的评价标准作为选拔员工时的依据更有效，以达到提高招聘质量、降低招聘成本的目的。

5．作为发掘教育培训需求和人才培育的依据

绩效管理人员通过分析公司整体的考核结果，能够聚焦大部分员工具体在哪方面的知识和技能上存在不足，从而确定公司的培训需求，帮助人力资源部门有的放矢地做好公司下一步的培训计划，整体提升公司素质。对绩效考核结果的分析，能够有效地避免盲目培训，提高培训的有效性。

在培训计划运行的过程中，也可以通过对绩效结果的持续跟踪，随时评估培训的有效性。如果培训之后一段时期内，员工绩效水平得到提高，说明培训是有效的；否则，说明培训没有达到预期的效果，需要及时调整改进。

6．作为员工个人发展及职业生涯规划的依据

员工的个人职业发展计划是根据员工目前的绩效水平与长期以来的绩效提高

过程，由组织和员工共同协商制订的一个长远工作绩效和工作能力改进提高的系统计划，是将个人发展与组织发展连接在一起的重要一环。

考核结果反映了公司的价值取向，对考核结果的运用可以强化员工对公司价值取向的认同感和归属感，让员工的职业生涯规划符合公司的价值取向；通过晋升和调岗的机制，能够让个人的职业生涯规划更快地实现；通过及时的绩效反馈，有助于员工客观分析自己的发展方向，及时调整自己的职业生涯规划，提高员工的满意度。

7．作为人才激活的工具

如果绩效结果较差的员工思想消极，长期下去会成为组织的"不良资本"，早晚会被淘汰出局，无法为组织有效地创造价值；但如果这类人能通过辅导或培训自我发现，努力提升自身的能力和素质，不断提高自身的业绩，达到绩效的要求，就会转化为组织的"优良资本"。通过有效的绩效结果应用，能够激活原本的庸才，形成优胜劣汰的激励机制，不断地提高员工的整体素质。

8．作为人力资源法律诉讼的重要依据

既然绩效管理的结果可以作为降职、调岗甚至解雇的重要依据，在实际操作的过程中难免会引发员工的不满情绪，即使在过程中尽力避免和安抚，却总有个别情绪失控的员工会诉诸法律。这时候，就需要企业方提供相关证据，个人绩效的书面记录能够帮助企业解决这类劳动纠纷，维护企业的合法权益。

7.7.2　绩效反馈面谈的方法

绩效反馈面谈是绩效结果反馈中最重要的环节，它是通过员工直属领导（考核人）与员工（被考核人）之间的沟通，就员工在考核周期内的绩效状况进行面谈和交流的过程。在肯定员工成绩的同时，找出员工绩效中的不足并加以改进。

绩效反馈面谈的目的是让员工了解自己在一段绩效周期内的业绩是否合格，使员工直属领导对绩效的结果以及造成结果的原因达成一致，共同讨论针对绩效不合格部分的改进方案，以及针对合格部分进一步提升的计划，形成下一个阶段的绩效目标和员工个人绩效承诺。

绩效反馈面谈最好是一对一的，建议不要相对而坐，这样容易使员工直属领导和员工之间产生距离感。常见正确的就座方式有三种：如果是圆桌形式，员工直属领导和员工应挨着坐；如果是方桌形式，员工直属领导和员工可以坐在方桌的一侧，也可以员工直属领导和员工坐在相邻两边，具体就座方法如图7-11所示。

绩效面谈大致可以分为三大类：开始时的绩效计划的面谈、过程中的绩效指导的面谈、末期的绩效结果的总结面谈。一套完整的绩效面谈，可以分为以下八步。

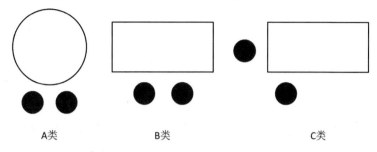

A类　　　　B类　　　　　　C类

图 7-11　绩效反馈面谈员工直属领导和员工的就座方法示意图

1. 事先通知

这个环节的要点一是考核人要提前做好计划，确定面谈的目的和目标，为面谈的基调、内容、方向性等做好充分的准备；二是提前告知被考核人面谈的时间、地点、目的以及需要被考核人准备的资料等。

2. 开场白

面谈的准备工作固然很重要，但面谈的实施过程更加重要，它能给被考核人最直接的感受。所以，一定要在面谈过程中注意方式、方法，让整个面谈在融洽的气氛中开场和进行，才能起到帮助员工提高绩效的目的。

这个环节的要点是考核人要清晰准确地说明这次面谈的目的，确定被考核人了解公司的绩效政策。沟通过程中，考核人要保持一个相对正式和严肃的态度，不宜过于轻松，但也不能太拘谨和死板。如"我们来随便聊聊""来说说你最近的工作吧"，这类开场白就显得很不正式。

 举例

根据公司的绩效管理办法（如果被考核人不清楚，可做一定的解释），公司在充分了解你考核期内工作成果的基础上，对你的工作绩效做了评估。我们通过本次面谈，想达到两个目的：一是与你沟通上期的考核得分；二是针对你上一期的工作表现，我们一起来寻找绩效改进的计划和步骤。我们现在开始好吗？

3. 聆听被考核人的自我评估

聆听的过程需要给被考核人一些简单的反馈，一种是无声的，比如点头或凝视对方；另一种是有声的，比如"嗯""哦"。还要通过对方的陈述，判断出他的特质并根据他的特质采取不同的面谈策略。针对不同的面谈对象，考核人应掌握相应的技巧，才能取得较好的面谈效果，真正发挥绩效反馈的作用。

（1）成熟型。

这类被考核人通常具备内升动力，成绩不会太差，自我评估正面居多。但是需要注意这类人往往会对物质奖励或晋升机会等有较高的期望。他们往往容易有自大的情绪，看不到自己的缺点和不足，听不进别人的劝告，可能会忽视自己的绩效改进计划。

对待这类被考核人应继续鼓励其上进，不要泼凉水、打击其积极性。要充分肯定其过去的贡献，关心他，并站在他的角度为他出些主意让他更优秀。如果没有足够的理由，就不需要对其许愿诱惑。

（2）迷茫型。

这类被考核人通常是一些没有想法或主见随大流的人，喜欢被动地接受而不是主动地思考，自我评估的过程往往话不多，基本是考核人提出什么他就接受什么。

对待这类被考核人要给予他应有的尊重，不使其自尊心受伤害。要耐心地启发他的思想，以提出非训导性的问题或征询意见等方式，引导其做出积极的反应。有时候如果要节省时间，不必兜圈子，可以直接告诉他该怎么做，并给他必要的指导，最后要请他重复你对他说的重点，确认他完全接受并理解了你的意思。

（3）推诿型。

这类被考核人是最难沟通的，他们常常自以为是、胡搅蛮缠，把自己绩效的问题全部推给同事、公司或外部环境。他们只想听好话，不愿意别人指出他们的不足，喜欢和同事比较，不愿意做出改变。

对待这类被考核人要耐心地倾听，有问题不要急于与他辩论和反驳。应开诚布公，冷静地提出建设性的建议让其意识到自己的不足，与其讨论是否现有职位不太合适，是否需更换岗位。要耐心开导，阐明公司的奖惩政策，用事实说明他的主观想法与现实之间的差距，激励其努力，说明水到渠成的道理。

4．告知被考核人绩效评估结果

这个环节的要点是简明、客观、真实、准确地表达出考核人的观点，在说明结果的过程中不需要做太多的解释。要围绕当初设定的目标展开，若中途有调整则需要进行说明。在告知结果之后，请被考核人说明目标没有完成的原因、打算如何改进、具体的实施计划以及需要考核人给予哪些支持或帮助等。

5．与被考核人协商有异议的部分

有异议是正常现象，异议不代表矛盾，不要因为有异议或异议太多而心情烦躁，也不要刻意逃避，要正面处理。处理的原则如下。

- 求同存异，从彼此皆认可的相同处着手；
- 不要争论，多用事实和数据说明彼此的理由；
- 就事论事，对事冷酷，对人温暖；
- 注意措辞，不要用一些极端的字眼。

6．制订计划

要明确完成的具体完成时间、具体改进的事项、计划中各方的责任、跟进的方式等内容，要形成书面文件。对经常不守约的人，必要时可以好言提醒他，若他无法信守承诺，告知他公司可能会采取的行动，以及他将要承担的后果。

7．确定下次沟通的时间和内容

考核人不需要等每个考核周期到的时候才与被考核人沟通，可以根据制订的改进计划中的跟踪时间持续跟进，达到过程中的监控、纠偏、推进的目的。

8．肯定被考核人的贡献，以正能量收场

不论过程中说了多少被考核人的不足，结尾都要落在积极的方面，要让他感受到信心、期许、力量和希望。

7.7.3　绩效反馈的注意事项

没有经验的员工直属领导很容易把绩效反馈面谈变成了一次达不到绩效管理效果的谈话。失败的绩效反馈会让员工对公司的绩效目标设置和评价结果摸不着头脑，让员工对绩效管理失去信心。因此，在实施绩效反馈面谈的过程中需要注意以下事项。

（1）绩效评价结果一定要反馈给员工，诸如"员工直属领导认为考核是自己的事，与员工无关，所以没必要公开"或"员工直属领导担心考核结果会引起非议，激发矛盾，所以不愿意公开"都是错误的观念。

（2）不论公司规定的绩效评价期限有多长，员工直属领导对员工的绩效反馈应该是适时的，而不是非要等到一段时期的绩效评价结果出来后才进行。延迟的绩效反馈面谈往往更容易引起员工的反感和抵触情绪。

（3）绩效反馈面谈过程中要营造融洽的沟通交流氛围，沟通要坦率、具体，谈话场地尽可能免受干扰。沟通中要先表扬员工的成就，给予员工真心的肯定，然后指出需要改进的具体行为表现。

（4）员工直属领导应将绩效反馈面谈视为一个管理过程，而不是单纯地告知员工绩效评价结果的过程。员工直属领导在沟通中不要空泛地只谈结果或过程，要描述事实，而不要轻易地判断，要多用数据说话。

（5）沟通过程中不要给员工一种要责怪他的过错或者追究他的责任的感觉，不要表达威胁的意思，或带有教训的口吻。如果员工已经达成目标，或绩效结果相对较优秀，也要有技巧地告诉员工当前还存在哪些差距。

（6）绩效反馈面谈的过程中要时刻保持双向沟通，避免员工只听不说的"一言堂"。在回顾过去时要对事不对人，在展望未来时可以既对事又对人，但对人时不要涉及对员工人格的评判。员工直属领导既要帮助员工找出缺陷，又要诊断出原因以便改进，最后落实到具体的、可实施的行动目标和计划上来。毕竟，对绩效管理来说，员工的成长才是最重要的。

【疑难问题】绩效反馈遇到员工不认同怎么办

有的管理者不愿意做绩效反馈面谈的主要原因是不知道如何处理员工不认同的情况。在进行绩效反馈时遇到员工不认同的情况并不罕见。有时候绩效反馈的结果很难被员工认同是因为大多数人认为自己每天都在表现着自己的最好状态，理应有一个好的绩效结果。

当管理者遇到员工对抗的时候，不要慌张，也不要用对抗来回应对抗。管理者首先要聆听员工的意见，判断他说的是否是客观事实，是否有理有据。如果员工的说法成立，就找方法帮员工解决这些问题；如果认为员工说得没有道理，管理者就需要管理这种对抗。具体的对抗类型与应对策略如表 7-15 所示。

表 7-15　绩效反馈的对抗类型与应对策略

对抗类型	应对策略
转移型，常见的语言为： "我做这个的原因是……" "我是有苦衷的……"	管理者不要被员工"带着跑"，要将关注点返回到员工的行为上，并持续保持反馈
找理由型，常见的语言为： "都是因为其他人的 ×× 问题" "因为小张……，所以才……"	不要随着员工一起谈论其他的员工，将关注点返回到行为上并且保持反馈
家庭状况型，常见语言为： "因为我家里最近……" "因为我亲人这段时间……"	倾听和领会，如果有需要则提供援助，并保持参与和持续监控这一状况的演变
情绪反应型，常见表现为： • 愤怒； • 哭泣； • 沉默。 等消极情绪明显的状况	要预想到员工最坏的情绪表现，提前有心理准备。如果员工是愤怒情绪，要给员工一点时间，让其平静下来，管理者不要与其对抗，也不要使情况恶化；如果员工是哭泣情绪，管理者应使会谈的步调慢下来，让员工恢复情绪。如果员工保持沉默，管理者可以提一些开放式的问题使员工参与到对话中来

第 **8** 章

薪酬与福利管理

薪酬与福利管理是组织在战略的指导下，对薪酬和福利的原则、策略、结构等进行的一系列设计和调整的管理过程。其目的是有效地吸引人才、留住人才、激励人才，营造良好的文化氛围，鼓励和提高人才的技能；提升工作效率，让员工创造更好的工作绩效，同时保持企业人力成本的相对稳定。

8.1　正确认识薪酬

什么是薪酬？广义的薪酬，是由"薪"和"酬"两部分组成。薪，指的是薪水，通常包括工资、资金、分红、福利等一切可以用财务数据量化的个人物质层面的回报；酬，指的是报酬，通常包括非货币化的福利、组织的认可、更有兴趣的工作、成就感、发展的机会等，是一种着眼于个人精神层面的酬劳。狭义的薪酬，仅指员工得到的物质层面的回报，通常只包括工资、津贴、奖金三部分。

8.1.1　薪酬的组成要素

员工往往是因为公司提供的"薪"而加入，会因为公司提供的"酬"而发挥自身的潜能和忠诚度。薪酬按照是否能够被量化，可以分为有形的、可以用金钱数字量化的薪酬和无形的、不可用金钱数字量化的、聚焦内在价值激励层面的薪酬。

完整的薪酬结构名称及组成如表 8-1 所示。

表 8-1　薪酬结构名称及组成

大类	薪酬要素	所属薪酬类别	薪酬总称			
无形的内在价值激励	来自组织的认可	非金钱薪酬	总报酬			
	良好的职业发展通道					
	工作与生活平衡					
有形的可以量化的薪酬	其他法定福利	法定福利	总体雇佣成本			
	住房公积金					
	社会保险					
	其他非法定福利	非法定福利	整体薪酬			
	员工救援计划					
	员工储蓄计划					
	员工养老计划					
	其他各类津贴	总现金津贴				
	交通津贴					
	住房津贴					
	餐费津贴					
	股权激励计划	长期激励		总直接薪酬		
	长期现金计划					
	提成工资	短期激励			总现金	
	绩效奖金					
	固定奖金	固定支付				基本工资
	司龄工资					
	固定工资					

在设计整体公司薪酬的整体框架时，不应过分夸大现金薪酬的作用，应当采取多元化的原则。这样做的好处是既能满足人才竞争的要求，又能满足企业不同发展阶段的要求。比如，奖金设计的多元化，可以设置为月度奖、季度奖、年度奖；可以分为个人奖和集体奖；可以有合理化建议奖、特殊贡献奖、成本节约奖、安全奖、质量奖、超额利润奖等。

与薪酬直接相关的是人力成本。所谓人力成本，指的是组织在一定时期内，因为使用劳动力而需要支付的直接和间接费用之和。一说起人力费用，很多人的第一反应是工资。这种认识是片面的，工资只是人力费用的一个组成部分。

除工资以外，人力成本还包括奖金、津贴、福利、工会经费、社会保险（公司承担部分）、住房公积金（公司承担部分）、商业保险（员工意外）、员工教育经费、劳动保护费、取暖费、降温费、车船费、通信费等。

8.1.2　常见的岗位津贴

津贴是组织为了补偿员工在特殊的劳动条件或工作环境下的额外劳动消耗或生活费用的额外支出而建立的一种辅助工资形式。津贴可以按照多种方式分类，如果按管理层次划分，可以分两类：一是从制度或法规层面统一制订的津贴；二是企业自主规定的津贴。如果按照功能的不同划分，常见的可以划分为岗位性津贴、技术性津贴、年功性津贴、地区性津贴和生活保障性津贴五大类。

1．岗位性津贴

岗位性津贴指的是组织为了补偿员工在某些有着特殊劳动条件的岗位上劳动产生的额外消耗而设立的津贴，如高温作业津贴、冷库低温津贴、中夜班津贴、高空作业津贴、井下作业津贴、出差外勤津贴、班（组）长津贴、课时津贴、班主任津贴、科研辅助津贴、殡葬特殊行业津贴、水上作业津贴、废品回收人员岗位津贴等。

2．技术性津贴

技术性津贴指的是组织为了激励员工达到某项技术等级或取得某项技术成果而设立的津贴，如技术工人津贴、技术职务津贴、技术等级津贴、特级教师津贴、科研课题津贴、研究生导师津贴、特殊教育津贴、高级知识分子特殊津贴（政府特殊津贴）等。

3．年功性津贴

年功性津贴指的是组织为了鼓励员工的忠诚度和稳定性而设立的津贴。如工龄津贴、教龄津贴（教师岗位）、护龄津贴（护士岗位）。

4．地区性津贴

地区性津贴指的是组织为了补偿员工在某些特殊地点工作而产生的额外的生活费用支出或长期离乡背井的情感而设立的津贴。如外派津贴、边远地区津贴、高寒山区津贴、海岛津贴等。

5．生活保障性津贴

生活保障性津贴是组织为了保障员工的工资收入和补偿员工部分生活费用而设立的津贴。如服装津贴、伙食津贴、住房津贴、房租津贴、交通津贴、过节津贴、书报津贴、卫生津贴等。

8.2　工资核算的方法

基础薪酬管理最常用到的工资核算方法有计时工资、计件工资、各类假期、加班工资、年终奖金以及个人所得税的算法。

工资计算的通用公式如下。

月实发工资＝月应发基础工资－不带薪假期应减工资＋月应发加班工资＋月应发奖金＋各类津贴－社保和公积金个人承担部分－个人所得税。

8.2.1　计时工资的计算方法

计时工资指的是组织按照员工技术的熟练程度、劳动的繁重程度和工作时间的长短三个要素支付工资的形式，其数额由员工岗位工资标准和工作时间决定。因为所有的劳动都可以用劳动时间来计量，所以计时工资的适用范围广泛，任何组织、任何岗位都可以采用。

采用计时工资的优点如下。

- 工资形式较为简单，易于计算和管理；
- 工资水平较为稳定，员工收入有一定的保障；
- 强调员工本人技能水平的高低，有助于员工不断学习、不断提升自己的业务能力。

采用计时工资的缺点如下。

- 计时工资并不能全面地反映同岗位、同等级的员工在同一工作时间内劳动成果的差异，容易造成"平均主义"，可能会在一定程度上影响高绩效员工的积极性。

计时工资制可以分为月薪制、周薪制、日薪制、小时工资制。

当采用月薪制的计时工资时，其计算公式如下。

（1）应发工资＝月标准工资 − 月标准工资换算的日工资额 × 缺勤天数。

（2）应发工资＝月标准工资换算的日工资额 × 出勤天数。

 举例

张三采用月薪制发放工资，每月标准工资是 6 300 元，某月的应出勤天数为 21 天，张三实际出勤 18 天，张三在该月的应发工资为 6 300 −（6 300÷21）×（21-18）＝ 5 400（元）或（6 300÷21）×18 ＝ 5 400（元）。

当采用周薪制的计时工资时，其计算公式如下。

（1）应发工资＝周标准工资 − 周标准工资换算的日工资额 × 缺勤天数。

（2）应发工资＝周标准工资换算的日工资额 × 出勤天数。

 举例

张三采用周薪制发放工资，每周标准工资是 2 000 元，每周的应出勤天数为 5 天，某周，张三实际出勤 4 天，张三在该周的应发工资为 2 000 −（2 000÷5）×（5-4）＝ 1 600（元）或（2 000÷5）×4 ＝ 1 600（元）。

当采用日薪制的计时工资时，其计算公式如下。

应发工资＝日标准工资 × 出勤天数。

当采用小时制的计时工资时，其计算公式如下。

应发工资＝每小时标准工资 × 出勤小时数。

8.2.2　计件工资的计算方法

计件工资指的是组织根据预先规定出的每件单价和员工生产的合格品件数来确定支付工资的形式。计件工资制通常适用于产品的数量和质量与员工的主观努力直接相关，并能够量化出员工的劳动成果对应具体价值数字的岗位。

采用计件工资的优点如下。

● 工资分配透明度高，物质激励作用更强；

● 能够很好地体现按劳分配的原则；

● 能够促进员工不断提高效率，提升自身的劳动熟练程度和技术水平。

采用计件工资的缺点如下。

- 适用范围较窄，对许多岗位不适用；
- 不利于员工的相互协作；
- 不利于新手能力的培养。

生产过程中会产生不合格品，如果是由于原材料原因造成的，则通常应按照相应的计件单价支付员工工资，如果是员工的生产加工失误造成的，则不应付计件工资。

计件工资的计算公式如下。

应付计件工资＝（合格品数量＋原材料原因产生的不合格品数量）×计件单价。

 举例

张三某年5月分别参与完成了A、B、C三种产品的生产任务，其中A产品的计件单价为30元/件、B产品的计件单价为40元/件、C产品的计件单价为50元/件，张三共完成A、B、C三种产品的合格品数量分别为44个、52个、18个，由于原材料原因产生的不合格品数量分别为6个、8个、2个，因张三操作原因产生的不合格品数量分别是3个、5个、2个。

张三在该月的应发计件工资为30×（44＋6）＋40×（52＋8）＋50×（18＋2）＝4 900（元）。

8.2.3 假期工资的计算方法

假期是员工不需要从事正常劳动的时间，按照是否为员工本人主观意愿可以分为主动请假和被动休假；按照是否带薪可以分为带薪休假和不带薪休假；按照请假类型可以分为事假、婚丧假、探亲假、病假、工伤假、产假，它们的工资算法各有不同，具体内容如下。

1. 事假

事假是不带薪休假，事假可以小时或天为计算单位。关于事假期间员工的待遇，法律和法规没有明确规定，通常是企业和劳动者签订劳动合同时，在合同中约定，或者在公司的规章制度中做出明确规定。

对于实行标准计时工资制的组织来说，当月事假应减工资数的计算公式如下。

当月事假应减工资＝（月标准工资基数÷当月计薪日）×事假天数。

2．婚丧假

《中华人民共和国劳动法》（2018 年 12 月 29 日第二次修正）第五十一条规定：“劳动者在法定休假日和婚丧假期间以及依法参加社会活动期间，用人单位应当依法支付工资。”所以，在员工正常休婚丧假期间，应视同出勤正常计算工资。对于超出法定婚丧假时间标准的假期，单位一般应按照事假计算工资。

3．探亲假

国务院《关于职工探亲待遇的规定》（国发〔1981〕36 号）第五条根据：“职工在规定的探亲假期和路程假期内，按照本人的标准工资发给工资。”所以，职工正常休探亲假期和路程假期间，应视同出勤正常计算工资。对于超出法定探亲假时间标准的假期，单位一般应按照事假计算工资。

4．病假

《企业职工患病或非因工负伤医疗期规定》（劳部发〔1994〕479 号）有关规定如下。

企业职工因患病或非因工负伤，需要停止工作医疗时，根据本人实际参加工作年限和在本单位工作年限，给予三个月到二十四个月的医疗期：

（一）实际工作年限十年以下的，在本单位工作年限五年以下的为三个月；五年以上的为六个月。

（二）实际工作年限十年以上的，在本单位工作年限五年以下的为六个月；五年以上十年以下的为九个月；十年以上十五年以下的为十二个月；十五年以上二十年以下的为十八个月；二十年以上的为二十四个月。

根据《劳动部关于贯彻执行〈中华人民共和国劳动法〉若干问题的意见》（劳部发〔1995〕309 号）第五十九条的规定，职工患病或非因工负伤治疗期间，在规定的医疗期间内由企业按有关规定支付其病假工资或疾病救济费，病假工资或疾病救济费可以低于当地最低工资标准支付，但不能低于最低工资标准的 80%。

关于病假工资的具体计算方法，不同省市有单独规定的，按照省市具体规定执行。

5．工伤假

工伤假期间的工资待遇，参照《工伤保险条例》（国务院令第 586 号）第三十三条的规定。

职工因工作遭受事故伤害或者患职业病需要暂停工作接受工伤医疗的，在停工留薪期内，原工资福利待遇不变，由所在单位按月支付。

停工留薪期一般不超过 12 个月。伤情严重或者情况特殊，经设区的市级劳动能力鉴定委员会确认，可以适当延长，但延长不得超过 12 个月。工伤职工评定伤残等级后，停发原待遇，按照本章的有关规定享受伤残待遇。工伤职工在停工留薪期满后仍需治疗的，继续享受工伤医疗待遇。

生活不能自理的工伤职工在停工留薪期需要护理的，由所在单位负责。

6. 产假

产假工资的计算，需要参照《女职工劳动保护特别规定》（国务院令第 619 号）第五条的规定。

用人单位不得因女职工怀孕、生育、哺乳降低其工资、予以辞退、与其解除劳动或者聘用合同。

所以，产假是带薪休假。在不违反《女职工劳动保护特别规定》（国务院令第 619 号）的前提下，各企业可以根据各地区的规定和本单位的制度给女职工发放相应的产假工资。

8.2.4 加班工资的计算方法

加班工资计算方法需参照《中华人民共和国劳动法》（2018 年 12 月 29 日第二次修正）第四十四条的规定。

有下列情形之一的，用人单位应当按照下列标准支付高于劳动者正常工作时间工资的工资报酬：

（一）安排劳动者延长工作时间的，支付不低于工资的百分之一百五十的工资报酬；

（二）休息日安排劳动者工作又不能安排补休的，支付不低于工资的百分之二百的工资报酬；

（三）法定休假日安排劳动者工作的，支付不低于工资的百分之三百的工资报酬。

1. 实行标准工时制的组织

工作日晚上的加班费＝月工资基数 ÷21.75 天 ÷8×150%× 加班小时数。

休息日加班的加班费＝月工资基数 ÷21.75 天 ÷8×200%× 加班小时数。

法定节假日的加班费＝月工资基数 ÷21.75 天 ÷8×300%× 加班小时数。

 举例

张三的企业实行标准工时制，其月标准工资为 4 350 元。张三在某年的 5 月工作日晚上加班 2 次，共计加班 5 小时，某个休息日加班半天（4 小时），5 月 1 日法定节假日加班 1 天，张三该月的应发工资为（4 350÷21.75÷8×150%×5）＋（4 350÷21.75÷8×200%×4）＋（4 350÷21.75÷8×300%×8）＋4 350＝5 337.5（元）。

2．实行计件工资制度的组织

实行计件工资的劳动者，在完成计件定额任务后，由用人单位安排延长工作时间的，同样按照计时工资的制度，分别在工作日、休息日、法定节假日给予150%、200%、300% 的加班费。

3．实行综合工时制度的组织

按照劳动部《关于企业实行不定时工作制和综合计算工时工作制的审批办法》（劳部发〔1994〕503 号）和《关于职工工作时间有关问题的复函》（劳部发〔1997〕271 号）规定，经批准实行综合计算工时工作制的企业，在综合计算周期内的总实际工作时间不应超过总法定标准工作时间，超过部分应视为延长工作时间并按《中华人民共和国劳动法》第四十四第一款的规定支付工资报酬，其中法定休假日安排劳动者工作的，按《中华人民共和国劳动法》第四十四第三款的规定支付工资报酬。而且，延长工作时间的小时数平均每月不得超过 36 小时。

4．实行不定时工时制的组织

一般情况下，对于经过劳动保障部门批准，实行不定时工作制的企业，可以在明确工作量的前提下自主安排工作、休息时间的不定时工作制岗位，不需要支付加班费。但需注意，如果用人单位在法定休假日安排职工工作的，仍然应当按照不低于本人工资标准的 300% 支付加班费。

8.2.5　年终奖金的计算方法

到了年底，许多企业会给员工发放年终奖。年终奖的金额不是拍脑袋来的，而是按照一定的步骤和方法测算出来的。员工的年终奖应该怎么测算？季度奖金或者半年度奖金应该怎么测算？不同的企业，方法不同，但本质的逻辑相同，本书介绍其中的一种方法。这种方法可以分成以下六步。

1．设定奖金发放的基数

根据公司整体经济效益确定可以发放的奖金数量，奖金发放基数的计算方法可以有三种。

（1）以公司的净利润作为基数，提取一定比例作为奖金基数。

 举例 ——————————————————————————————

某公司年终净利润额为 2 000 万元，按照董事会决议设定好的规则，提取

10% 的比例用来给员工发放年终奖金，就是 2 000 万元 ×10% ＝ 200 万元。

（2）采用累进利润法来提取比例。即规定若干个利润段，在不同的利润段采用不同的提取比例，利润越高，提取的比例也相应越高。

 举例

　　某公司规定利润额的达标值是 200 万元，当利润在 200 万元以内时，提取比例为 0，也就是无年终奖；当利润在 200 万～500 万元时，提取比例为5%；当利润在 500 万～1 000 万元时，提取比例为 10%；当利润在 1 000 万～2 000 万元时，提取比例为 15%，当利润达到 2 000 万元以上时，提取比例为20%。基于利润额的不同奖金基数提取比例如表 8-2 所示。

表 8-2　基于利润额的不同奖金基数提取比例

利润额（万元）	奖金基数提取比例
小于 200	0
200 ～ 500	5%
500 ～ 1 000	10%
1 000 ～ 2 000	15%
大于 2 000	20%

（3）采用利润率分段法来提取比例。即规定若干利润率分段，利润率越高表明公司盈利能力越强，相应地，利润率分段越高则提取的净利润比例也越高。

 举例

　　某公司规定利润率的达标值为 2%，当公司利润率在 2% 以内时，提取比例为0，也就是无年终奖；当公司的利润率在 2%～4% 时，则提取比例为 5%；当公司的利润率处于 4%～8% 时，提取比例为 10%；当利润率超过 8% 时，则提取比例为15%。基于利润率分段法的奖金基数提取比例如表 8-3 所示。

表 8-3　基于利润率分段法的奖金基数提取比例

利润率	奖金基数提取比例
小于 2%	0
2% ～ 4%	5%
4% ～ 8%	10%
大于 8%	15%

2．设定奖金池的标准

考虑到公司经营业绩的风险，为了保证员工收入的长期稳定性，比较稳妥的做法是根据第一步计算的奖金基数设定一个奖金池，把一定数量的奖金保留在奖金池中，以平衡公司因业绩波动而产生的年终奖金骤降的风险。年终奖金池方法的运用逻辑如表 8-4 所示。

表 8-4 年终奖金池方法的运用逻辑

关系		第 1 年	第 2 年	第 3 年	第 4 年
	当期年终奖基数额度（万元）	100	120	15	50
＋	期初奖金池余额（万元）	0	50	85	50
＝	可付的奖金余额（万元）	100	170	100	100
×	支付奖金的比例（%）	50	50	50	50
＝	支付奖金额度（万元）	50	85	50	50
	期末奖金池余额（万元）	50	85	50	50

从表 8-4 中可以看出，采取这种方法后，即使在第 3 年和第 4 年因业绩问题，奖金基数明显减少的情况下，依然可以对冲掉待发放的年终奖金总额骤降的风险。员工不会感受到年终奖金的大起大落，达到稳定员工队伍的心理预期；而如果业绩持续提高，奖金基数持续增长，发放的奖金数量依然可以保持持续健康增长。

3．确定组织各部门的战略贡献系数和部门绩效系数

（1）战略贡献系数是指各部门对公司战略贡献的差异，需要公司对各部门的战略贡献能力进行评价。考虑到部门之间的协作与团结，稳妥的方法是不要让各部门之间的战略贡献系数差别太大。比如，通过对各部门的战略贡献能力进行评价后，把各部门的战略贡献系数确定在 0.8～1.2，战略贡献系数变动单位为 0.1。战略贡献系数举例如表 8-5 所示。

表 8-5 战略贡献系数举例

战略贡献程度	战略贡献系数
非常相关（A）	1.2
比较相关（B）	1.1
一般相关（C）	1
比较不相关（D）	0.9
基本不相关（E）	0.8

各部门的战略贡献系数可以根据公司所处的商业周期、公司战略、公司经营重点、企业文化、公司所处的行业、公司的营销模式、公司的核心人力资本构成

等因素综合考虑，由最高领导层讨论并最终拍板确定。

（2）需要设定各部门的绩效等级，根据各部门的年终绩效考核结果，将各部门的绩效等级对应不同的绩效系数。

 举例

某部门绩效系数界定为 0.5 ～ 1.5，部门绩效系数的变动单位为 0.1。部门绩效系数举例如表 8-6 所示。

表 8-6　部门绩效系数举例

部门考核等级	部门绩效系数
超出期望（A）	1.4 ～ 1.5
完成期望（B）	1.1 ～ 1.3
基本完成（C）	1
需努力（D）	0.7 ～ 0.9
需改进（E）	0.5 ～ 0.6

（3）接下来，需要确定战略贡献系数和部门绩效系数之间的权重。这个权重可以由公司最高领导层商讨决定。常见的比例权重分配有三种：战略贡献系数权重为 40%，部门业绩系数权重为 60%；战略贡献系数权重为 50%，部门业绩系数权重为 50%；战略贡献系数权重为 60%，部门业绩系数权重为 40%。

4．确定不同部门的奖金包

 举例

采购部对公司战略贡献度系数为 1.1，部门的绩效系数为 1，战略贡献系数的权重是 50%，部门业绩系数权重为 50%，可以计算出采购部的奖金系数为：1.1（战略贡献系数）× 50%（战略贡献权重）＋ 1（部门绩效系数）×50%（部门绩效权重）＝ 0.55 ＋ 0.5 ＝ 1.05。

部门奖金包的计算公式如下。

部门奖金包＝[（部门所有员工基本工资之和 × 部门奖金系数）÷ 公司所有（部门所有员工基本工资 × 部门奖金系数）之和]× 公司支付奖金额度。

5．确定部门各岗位绩效

确定部门内各岗位绩效的流程如下。

（1）基于公司的绩效管理体系，得出员工个人的绩效考核结果。

（2）一般来说，可以按照 20%、70%、10% 的比例来确定员工的绩效等级比例。

（3）根据情况，将个人的绩效考核结果与个人绩效系数之间形成对应关系。

各岗位考核结果等级与绩效系数举例如表 8-7 所示。

表 8-7　岗位考核等级与绩效系数举例

岗位考核等级	岗位绩效系数	绩效等级参考比例
超出期望（A）	1.4 ～ 1.5	20%
完成期望（B）	1.1 ～ 1.3	
基本完成（C）	1	70%
需努力（D）	0.7 ～ 0.9	10%
需改进（E）	0.5 ～ 0.6	

6. 计算员工个人奖金

将员工岗位绩效系数与员工月基本工资和部门奖金包相关联，就可以得出员工个人的年终奖金。

员工个人年终奖金的计算公式如下。

员工个人奖金 = [（员工基本工资 × 岗位绩效系数）÷ 所有（部门员工基本工资 × 岗位绩效系数）之和]× 部门奖金包。

除了上述六步中考虑的因素外，还可以加入员工出勤、日常奖罚等因素。

8.3　关键岗位的薪酬设计

关键岗位指的是在组织的价值链中产生关键价值的岗位，关键岗位的作用和表现将直接影响到企业的正常运营和战略目标的实现，在企业中起着举足轻重的作用。能不能通过薪酬政策最大化关键岗位人员的物质激励效果将直接影响着组织的发展，因此，对关键岗位的薪酬设计有其特殊性、敏感性和重要性。

8.3.1　销售岗位的薪酬设计

销售端是组织最直接的业绩来源，销售队伍对于一个企业来说就好比是一台挖掘机的"爪子"，"爪子"越大、越结实，一次能挖起来的东西就越多。因此，在设计销售人员的薪酬时，需要重点考虑薪酬的激励性和保障性。销售人员的薪酬组成，通常包括以下要素。

1．固定工资

销售人员的固定工资，也可以叫作底薪。销售底薪通常分为以下三种类型。

（1）无责任底薪或无业务底薪，这种底薪是每月的固定数字，与销售人员的业务完成情况无关，只与出勤有关。

（2）有责任底薪或有业务底薪，这种底薪是随着销售人员的业务完成情况而呈一定比例变化的，计算时同样需要兼顾出勤情况。

（3）混合制底薪，这种底薪模式是前两种类型的结合，通常是把底薪也分成了两部分，一部分为无责任底薪，另一部分为有责任底薪。

2．岗位津贴

销售岗位的特殊性，决定了销售人员可能经常会面临出差、加班等需求，有的甚至长期驻外，作息的时间、耗费的精力和付出的情感通常与朝九晚五的 8 小时岗位不相同。除了必要时产生的加班费，销售岗位通常会设置一定的交通津贴、探亲津贴、餐费津贴等各类为销售人员考虑、具备一定补贴性质的岗位津贴。

3．销售提成

一般人认为，销售提成应是销售岗位人员薪酬结构中占比最大的部分，但也并不尽然。选择"低提成"（提成工资在整个销售人员的工资结构中占比较低）模式还是"高提成"（提成工资在整个销售人员的工资结构中占比较高）模式，需要根据行业、企业、市场、品牌、产品特性、管理体制、客户群体等的不同而有所不同，其划分方法参考表 8-8。

表 8-8　提成模式选择参考

提成模式	企业发展阶段	企业规模	品牌知名度	管理体制	客户群体
低提成	成熟期	较大	较高	成熟	稳定
高提成	成长期	较小	较低	薄弱	不稳

"低提成"模式的优势是能够稳固和维持企业现有的客户和市场，保持企业的外部稳定，有利于企业平稳发展；"高提成"模式的优势是能够激励销售人员市场开发和扩大销售的积极性，有利于企业开拓新业务、快速占领市场。

一般的销售提成计算公式如下。

销售提成＝提成基数 × 提成比例 − 各类扣项。

提成比例可以根据公司所处的行业、公司业务情况、产品的特性以及竞争对手的薪酬水平计算而来，而销售提成基数的确定最常见的有以下三种方式。

（1）按照公司销售的实际回款金额计算，这种方式的好处是能够有效避免销售人员一味地追求销售合同金额、发货量或成交量的持续增长，忽略实际到账金额，从而造成公司产生大量呆账、坏账等现金流风险。

（2）直接根据销售合同、发货量或成交量的金额提成，这种方式并不是完全不可取。比如公司最新推出一款新产品，希望快速推广应用时，或公司最近发展了一项新业务，正处在初期阶段，缺乏经验和成熟度，希望快速得到市场的认可和应用时，这种提成方式就相对比较有效。

（3）将提成分成两部分，一部分按照销售合同、发货量或成交量的金额提成，另一部分按照实际回款的金额计算。这种方式的好处是既考虑了新产品或新业务的拓展，又考虑了公司现金流的风险。

一般来说，销售提成基数的选择可参考表 8-9。

表 8-9 销售提成基数参考

提成基数	公司战略	公司发展阶段	公司经营风险
按回款额提成	稳定经营 降低财务风险 持续的现金流	成熟期	较小
按合同额提成	迅速推广应用 快速抢占市场	成长期	较大
按回款额和合同额相结合提成	保证当前的现金流 创造未来的现金流	成长期	中等

另外，针对不同问题的销售提成策略，根据企业需求的不同，常见的提成方法有以下两种。

1. 首单业务大力度提成法

顾名思义，这种方法就是当销售人员发展新客户或卖出新产品时，对新客户 / 新产品的首单销售业务加大提成力度。这种销售政策能够鼓励销售业务人员发展新业务和新客户，能够在短时间内增加客户数量。

这种方法适用于企业当前的客户群体比较稳定，销售业务主要依靠当前客户的重复下单、消费或订货，企业为了增加经营业绩、避免经营风险，需要开发新客户时。但是，对于产品本身就具备一次性消费特性的企业，不适用这种方法，比如房地产销售、汽车销售、家居销售。

为了降低企业的风险，这种方法在实际应用中可以限制一定的条件，比如，新客户首单销售形成后，后续还有 2 ～ 3 次新的销售业务产生时，再兑现首单业务的大力度提成金额；首单金额达到一定程度时，进一步加大提成力度；为了减少应收账款，可以设置首单的回款时间，如果早于一定时限，提成比例相应增加一定数量。

2. 竞争提成法

为了激发销售人员的潜能、积极性和竞争意识，鼓励销售部门内部"比学赶超"的文化氛围，可以选择这种方法。这种方法是让销售部门内部同类产品的销售人员强制 PK（竞赛比较），根据 PK 结果而采取不同的销售提成比例。

这种方法的心理内涵是大多数人的激励刺激来源于与自己同阶层的其他人，人们总是偏向于希望自己成为这个群体中的胜者。当事实与想象不符时，人们就会开始行动。互相竞争的目的，是促进所有人不断进步。

竞争提成法通常适用于那些积极主动性差、行动力弱、执行力差、安于现状、没有明确的工作目标和追求、潜能没有得到充分发挥的销售队伍。但是，对于同类别的销售人员只有 3 人以下的销售队伍，或负责关键大客户的销售人员不适用此方法。

实施此方法时需注意，有时候纯粹按照销售额排名往往会造成团队中排名靠前的销售人员总是一些经验相对比较丰富、客户资源相对稳定的资深销售，持续按照这种方式竞争排名反而会降低销售新手以及排名靠后销售人员的积极性，也不会对业务靠前的销售人员产生刺激效果。

有效避免这种情况的方法是按照比率而不是金额排名。这里的比率，可以是每个销售业务人员销售业绩占部门总销售业绩比率的增加值。根据在部门内销售份额的增加或减少，实施不同的销售提成比例，如表 8-10 所示。

表 8-10　销售份额竞争提成法演示

销售份额变化	销售份额减少 $b\%$ 以上	销售份额减少 $b\%$ 以内	销售份额不变	销售份额增加 $a\%$ 以内	销售份额增加 $a\%$ 以上
提成比例	$c\%-d\%-e\%$	$c\%-d\%$	$c\%$	$c\% + d\%$	$c\% + d\% + e\%$

 举例

某公司在一个由多人组成的销售队伍中，采用销售份额竞争提成法。某年 3 月，该部门的销售额一共为 1 000 万元，其中，张三为新人，其销售额最低，为 20 万元，占比 2%，李四销售额最高为 300 万元，占比 30%；到了 4 月时，该部门的销售额一共为 1 200 万元，张三的销售额还是最低，达到了 60 万元，占比 5%，李四的销售额还是最高，为 300 万元，占比 25%。因张三 4 月的销售份额环比提高了 3%（5%-2%），李四 4 月的销售份额环比降低了 5%（30%-25%）。张三的销售提成比例将增加，李四的销售提成比例将减少。

8.3.2　客服岗位的薪酬设计

客户服务职能是在营销职能发挥后的下一步，客服人员的职责通常包括定期回访客户、解决客户投诉、管理客户信息、管理落单的客户，通过良好而持续的客户服务和不断跟进，促进客户的再次成交。

客服人员具备一定专业素养、客户服务做得比较优质到位的企业，不仅客户的流失率会比竞争对手低，而且会通过客户间口口相传的口碑效应，为自己增加更多的客户。所以，客服人员不仅具备客户保留的作用，而且具备一定的客户开发能力。

客户人员的薪酬组成，通常可以包括以下几项内容。

（1）固定工资，根据组织的规模、任职能力的不同，可以分成三到七个等级。

（2）岗位津贴，可以有保密费、出差补贴等常规津贴，由于客服岗位的特殊性，有时需要接待大量的顾客投诉，有的企业每月甚至可以增加一部分"委屈费"。

（3）绩效工资，每月/季度/年，根据绩效考核结果，发放的与绩效对应的工资。

（4）销售提成，客服岗位也能够产生销售，也能够为公司带来直接的业绩和收益，增加销售提成可以增强客户的再次成交和客户的转化力度。

客服人员的首要职责是客户服务，而不是营销，同时也应防止客服人员内部为了销售提成业绩的相互竞争。因此，客服人员薪酬设计时要体现客户服务的核心，团结一心、相互配合的导向，以及业绩转化的结果。基于此，客服人员的整体薪酬结构比例参考表 8-11。

表 8-11　客服人员薪酬结构比例参考

固定工资	岗位津贴	绩效工资	销售提成
40%～60%	10%～20%	20%～30%	10% 左右

需要注意的是，客服人员的销售提成通常比营销人员的比例要低，一般可以是业务人员提成比例的 20%～50%，且客服人员一般不应按照个人的销售业绩提成，而是按照部门整体的提成比例计算后，在部门内部进行分配。

销售提成的分配比例一般为：10%～20% 分配给客服部门管理人员；60%～70% 分配给其他客服人员；余下的 10%～30% 对绩效相对较高或业务量相对较大的客服人员给予合理的奖励分配。

8.3.3 技术岗位的薪酬设计

技术人才是企业创新发展的核心动力，企业经营过程的工艺改进、技术升级、产品研发等都离不开技术人才的支持。如果笼统地分类，可以把技术人才薪酬组成的计算公式归纳如下。

技术岗位薪酬＝固定工资＋技能工资＋各类津贴＋项目奖金＋绩效奖金（提成奖金）

按照更重视技能工资、项目奖金或绩效奖金的不同，可以把技术人才的薪酬类型分成以下三类。

1. 技能驱动型

技术人才薪酬类型为技能驱动型的企业更重视技术人才的能力发展，专业技能水平是确定技术人才不同薪酬水平的重要因素。如果企业中有部分技术人才的职责、绩效和贡献难以用数字量化，就可以采用这种方法。在这种薪酬类型中，技能工资在整个技术人才的薪酬结构中占比较高。

这种方法的原理是根据技术人才的专业技术水平，划分出类似岗位职等职级的专业技术等级，不同的专业技术等级对应不同的薪酬水平。所有技术人才的职业发展和薪酬都对应相应的专业技术等级，如表8-12所示。

表8-12   技能驱动型技术人才薪酬举例

岗位类型专业技术等级	A类岗位（元）	B类岗位（元）	C类岗位（元）
专业技术等级5级	6 000	5 500	5 000
专业技术等级4级	5 000	4 500	4 000
专业技术等级3级	4 000	3 500	3 000
专业技术等级2级	3 000	2 500	2 000
专业技术等级1级	2 000	1 500	1 000

表8-12是根据专业职务、技术水平等因素将专业技术等级划分成五个等级；根据岗位的重要性和贡献度将岗位类型划分为A、B、C三个类型。不同的专业技术等级所在的岗位类型不同，对应着不同的技能工资水平。

2. 创新驱动型

创新驱动型的企业更重视技术人才的创新，创新的结果是确定技术人才薪酬水平不同的重要因素。如果企业非常重视创新，技术团队的创新能够被相对客观地衡量，就可以采用创新驱动型薪酬类型。在这种薪酬类型中，通常项目奖金（创新项目）在整个技术人才的薪酬结构中占比较高。

这种方法通常先由公司确立不同的技术研发或创新项目，每个项目由不同数量的技术人才负责。根据项目开发的成果交付情况，给予技术人才不同的项目奖励。项目奖励方式举例如表 8-13 所示。

表 8-13　创新驱动型技术人才薪酬举例

项目完成情况项目类型	项目完成结果 A（元）	项目完成结果 B（元）	项目完成结果 C（元）	项目完成结果 D（元）
A 类项目	100 000	60 000	40 000	0
B 类项目	80 000	50 000	30 000	0
C 类项目	60 000	30 000	20 000	0
D 类项目	40 000	20 000	10 000	0

表 8-13 根据项目的难易程度、贡献程度和重要性等因素，将全公司的项目类型分成 A、B、C、D 四个类别；根据项目完成的及时性、完整性、符合性等因素，将项目的完成的优劣划分为 A、B、C、D 四类结果，A 为项目完成最优，D 为项目未完成或完成情况与预期严重不符。不同类别的项目对应不同完成结果有不同金额的项目奖励。

3．价值驱动型

技术人才薪酬类型为价值驱动型的企业更重视技术人才创新后的价值结果，有的企业直接将其定义为技术相关产品的销售业绩或利润。如果企业非常重视经营业绩，可以采用这种方法。在这种薪酬类型中，通常绩效奖金 / 提成奖金在整个技术人才的薪酬结构中占比较高。

这种方法最常见的操作方式是直接根据技术团队、项目或人才对应的产品销售额区分绩效 / 提成奖金的计提比例，其举例如表 8-14 所示。

表 8-14　价值驱动型技术人才薪酬举例

项目产品对应销售额情况	项目团队绩效 / 提成奖金计提比例
600 万元以上	2%
300 万～ 600 万	1.5%
100 万～ 300 万	1%

表 8-14 是根据项目产品对应的销售额情况，划分为 100 万～ 300 万元、300 万～ 600 万元、600 万元以上三个层级，随着销售额的增长，每个层级对应给技术团队的绩效 / 提成奖金比例分别为 1%、1.5%、2%。

8.3.4　生产岗位的薪酬设计

生产人员最重要的使命是保证产品能够按时、保质、保量地完成并交付。因此，对生产人员的薪酬设计应充分体现对产品的时间、质量、数量三项因素的重视。如果条件允许，计件工资方法更适合用来做生产人员的薪酬设计。

然而，由于产品特性、生产实际或统计能力的限制，许多企业无法实施计件工资，只能采取计时的方式。如果采取计时工资的方式，通常生产人员的薪酬结构：日工资 × 出勤天数＋加班工资＋岗位津贴＋绩效工资。

根据岗位性质、员工技能、工作表现、入职时间的不同，员工、组长、班长等的日工资应分不同的级别，并制订相应的级别工资（加班工资根据日工资标准和加班工资的计算规则计算），如表 8-15 所示。

表 8-15　生产人员日工资标准

级别 A 岗位		日工资标准（元）		
		B 岗位	C 岗位	D 岗位
实习期员工		120	110	100
一级	一等	122	112	102
	二等	124	114	104
	三等	126	116	106
二级	一等	128	118	108
	二等	130	120	110
	三等	132	122	112
三级	一等	134	124	114
	二等	136	126	116
	三等	138	128	118

生产人员的岗位津贴通常包括夜班津贴（倒班需要）、满勤津贴（为了持续生产，鼓励出勤）、司龄津贴（为了降低离职率，保证生产人员稳定性）、保健津贴（对健康可能存在一定影响的特殊岗位津贴）、残疾津贴（福利企业或吸纳残疾人企业提供的津贴）、职务津贴（生产管理人员的岗位津贴）。当然，根据岗位的不同，津贴的标准可以有所不同。

生产人员的绩效工资应与班组或车间生产计划的完成情况挂钩，其中最重要的三项指标应当是产品完成的时间是否达标、产品交付的数量是否满足要求和产品检验的质量是否符合标准。根据企业不同时期导向的不同，三项指标的侧重点可以有所不同。

8.3.5　高管岗位的薪酬设计

企业之间的竞争不仅是产品、营销、金钱、设备等的竞争，也是高级经营和管理人才资源之间的竞争。如果把企业比作一艘行驶在海上的战舰，高级管理人员就好像是这艘战舰的领航人和引路人，带领着整艘船的人躲开暗礁、避开冰山、穿过风浪，驶向一个又一个目标港湾。

高级管理者，又称高管，通常指的是企业中的决策层，他们拥有企业较高的管理权限和较大的责任，这类岗位通常包括总经理（CEO/ 总裁）、常务副总经理、分管某个模块的副总经理、子公司总经理等。

在企业中，如果高管得不到相应的激励，没有基本的获得感和满足感，那么就很难期待这些高管们能够带领企业健康发展。所以，一个企业最关键、最重要的薪酬设计方案就是高管的薪酬设计。

高管的薪酬结构通常包括固定工资、各类津贴、月度 / 季度 / 年度绩效工资（短期激励）和股权 / 分红（长期激励）。各部分占比参考如表 8-16 所示。

表 8-16　高管薪酬比例参考

固定工资	各类津贴	月 / 季 / 年度绩效工资（短期激励）	股权 / 分红（长期激励）
10%～20%	10%～20%	20%～40%	30%～60%

固定工资的确定一是要来源于岗位价值评估；二是要参考薪酬调研结果，考虑同行业、同地区同类人才的薪酬状况。外聘高管也可以通过谈判约定固定工资。需要注意的是，高管的固定工资并不代表一成不变，同样可以和其他岗位一样设置多级工资。当高管人员达到一定的能力、职级或年限等条件后，固定工资可以相应提升。

高管的津贴往往偏向于住房、交通、保险、健康等花费较大或保障性较强的领域，津贴的金额标准通常比普通岗位更高。

小技巧：给高管设置一个其他岗位都不具备的津贴，会使高管的心理满足感更强。

特别注意：高管的存在是为了企业的存续和长期稳定发展，因此对高管的物质激励应更偏向于长期激励而非短期激励或固定收益。有的公司过分重视经营业绩，给高管设置的薪酬结构中，与经营业绩直接相关的绩效工资占比很高。这样做容易导致高管们杀鸡取卵，为了高额的回报只追求短期的经营结果，而不考虑企业的长远发展。

因此，与业绩直接相关的绩效工资设置时需要谨慎。适合激励销售人员的方法并不适合用来激励高管。相反，正因为给销售人员的定位和设计更重视短期的经营业绩，才更需要有一部分管理人员与之形成管理上的制衡。一般来说，除了本身就是销售型的公司，不建议对高管设置月度和季度绩效工作。最安全的做法，是对高管直接采取年薪制，绩效工资按年度发放。

对高管实施长期股权激励的方法有很多，企业可以根据自身的实际情况，选择最适合自己的方式，比较常见的方式如下。

1．限制性股票

这种方式是指事先给激励对象一定数量的股票，但对于这部分股票的获得条件和出售条件等会有一定的限制。比如，只有当激励对象在本公司服务满5年才能获得这部分股票；5年后公司的经营业绩提升一倍，激励对象才可以卖出这些股票。具体的限制条件可以根据不同公司的实际需要设计，灵活性较强。

2．虚拟股票

这种方式是向激励对象发放虚拟股票，事先约定如果公司业绩较优或实现某项目标时，激励对象可以按此获得一定比例的分红。但如同它的名字一样，虚拟股票其实不属于法律意义上的股权激励，不具备实际的所有权，不能转让或出售，通常也不具有表决权。在激励对象离开公司时，虚拟股票将返回公司，由公司规划保留或再分配。

公司通过虚拟股票向激励对象兑现的奖励可以是现金、福利、等值的股票，也可以是可选的组合套餐。因为这种方式的本质只是以股份的方式计算员工奖金的一种方法，不涉及真实的股票授予，所以激励效果相对以真实股票为标的物的方式较弱。

3．年薪虚股制

这种方式是将企业中高端人才年薪中的奖金划出一部分以虚拟股票的形式体现，规定激励对象一定的持有期限，到期后，按照公司业绩一次性或者分批兑现。这种方式会将激励对象和公司的利益捆绑起来，将收益的时间战线拉长。激励对象可能会因为公司业绩持续增长而获得巨额的奖金，也可能因为业绩的持续下降而赔光当时的奖金。

4．股票期权

这种方式是指公司给激励对象一种权利，让其可以在规定的时期内以事先约定的价格购买一定数量的本公司流通股票，当然，如果到了那个时期，激励对象发现行权并不合适，也可以选择不行权。

股票期权的行权条件一般包括以下三个方面。

（1）时间方面。需要等待一段时间，如2～3年。

（2）公司方面。需要达到公司的某项预期，如公司业绩达标。

（3）激励对象方面。需要满足某项条件，如通过公司的绩效考核。

5．直接持股

这种方式是当激励对象达到某项条件时，公司直接转让股票，在股价升高或降低时，获得账面价值的增加或减少；在股票溢价卖出时，获得收益。转让的方式可以是直接赠予、公司补贴购买，也可以是激励对象自行购买。

6．账面价值增值权

这种方式是通过激励对象在期初按照每股净资产购买一定数量的公司股份，在期末时，再按照每股净资产的期末值回售给公司。在实务中有两种操作方式：一种是激励对象真实购买；另一种是激励对象虚拟购买，在这个过程中激励对象甚至不需要支付资金，期末由公司直接根据每股净资产的增量计算收益。

7．股票增值权

与账面价值增值权的道理类似，通过股票增值权的方式，激励对象可以从期初认购股票的价格与期末股票市价之间的增值部分中获益。当然，为了避免股票价值降低的风险，利用这种方式时，激励对象并非实际购买股票，而是获得了这部分股票增值后的收益权。股票增值权行权的方式同样可以是现金、福利、实际股票或几种方式的组合。

8.4　薪酬体系设计

薪酬体系是组织薪酬运行的基本规律和方法，是组织对员工体现物质或非物质激励的方式，也是组织通过调节薪酬影响员工行为导向的重要手段。薪酬体系设计的优劣，将直接影响员工的获得感和满意度。

8.4.1　薪酬体系设计的规范

薪酬体系设计至少要遵循五项基本原则，分别是守法原则、公平原则、效率原则、激励原则、需求原则。

1．守法原则

遵纪守法是薪酬体系设计的前提，组织制订的薪酬体系、制度、政策、流程等必须符合国家和地区颁布实施的各项法律、法规。

2．公平原则

公平原则包括内部公平和外部公平两部分。内部公平指的是组织内部在同样的岗位、能力水平相当的员工之间薪酬水平要对等，同时，对于态度积极、工作努力、能力较强、做出贡献、绩效显著的员工要与态度消极、能力平平、贡献一般、绩效较差的员工有所区分。

在实施内部公平性原则时需注意，由于人性驱使以及薪酬、绩效、能力评定等工作结果的信息不对称，员工总是趋向于认为自己的能力、付出、绩效等水平高于其他同事，而薪酬低于他人。人力资源工作人员不能只听一面之词，要用相对客观的方法和工具裁定。

外部公平指的是本组织员工与同行业、同地区、同年龄、同水平的非本组织员工对比而产生的公平感。对外公平的含义本质上是组织要保持薪酬的外部吸引力和竞争力。当薪酬水平与组织外部薪酬相比较高时，员工满足感提升；当薪酬水平与组织外部薪酬水平相比较低时，员工满足感降低。

3．效率原则

即使是组织的经营势头良好，财务状况允许，薪酬也不是越高越好，而应控制在一定的合理范围内。薪酬数值的最大化并不必然带来组织经营管理效果的最大化，相反，有时候薪酬过高反而会产生养尊处优、不思进取的不利后果。

适时的、充满人情味的小额奖励、津贴或福利比员工习以为常的大额奖励更能起到理想的效果。因此，在薪酬管理实务中，薪酬政策要注重有效，而不是高，要恰到好处地把钱花在刀刃上。

4．激励原则

薪酬除了是保证员工正常生活的物质条件，更重要的作用是激励员工行为的重要方式。比如在设计薪酬体系时，相同岗位通常可以有不同的职等和职级，保证员工即使多年从事一个岗位还可以有能力和绩效的不断提升，薪酬和职位也还有不断提升的空间和动力，以便增强员工对组织的归属感和认同感。

5．需求原则

根据经典的马斯洛需求理论，处在不同职业时期、不同岗位类型、不同职等职级的员工有着不同的需求。良好的薪酬体系是通过发现不同的员工需求，根据各类需求对症下药，尽可能地满足员工的需求。

8.4.2　薪酬体系设计的流程

典型的薪酬体系设计包括以下步骤。

1．岗位价值评估

岗位价值评估的结果是为了得到组织中具有最高价值的工作到最低价值的工

作的等级排序。工作评价的计点法不仅可以确认工作之间的等级次序，还能提供每个工作的量化价值，从而为薪酬体系设计提供岗位之间的相对价值差距的数据。

2．薪酬调研分析

这一步的目的是确定在人力市场上，其他组织对类似的工作岗位或职位付出了什么样的薪酬水平。这一分析的结果是为了得出工资的政策线。它能够表示出岗位价值评估（内在岗位价值）和人才市场工资（外部岗位价值）之间的线性关系。

3．薪酬结构设计

这一步是对公司整个薪酬体系的设计和规划，目的是为员工个体的薪资分配建立具体的管理政策。这一步的产出是得到一个系统的薪酬结构政策，以此来决定组织中不同工作岗位和工资调整政策的基本框架。

4．管理薪酬体系

建立薪酬体系后，需要进行管理来保证它的有效性。对内外部环境对公司薪酬体系的影响进行持续的监控、评价、修正，以确保能够快速找出当前薪酬体系存在的问题，从而使薪酬管理政策能够持续有效地运行。

8.4.3　岗位价值评估的方法

岗位价值评估是在岗位分析的基础上，对岗位责任大小、工作强度、所需要的资格条件等特性进行评价，确定岗位相对价值的过程。它是确定职位级别的手段，是薪酬分配的基础，也是员工确定职业发展和晋升路径的参照。实施岗位价值评估的意义在于通过科学的方法、统一的标准和合理的程序，建立并保证企业内部的公平性。

岗位价值评估方法一般有岗位排序法、岗位分类法、因素比较法、要素计点法四种。

1．岗位排序法

岗位排序法是根据一些特定的标准，比如工作的复杂程度、对组织的贡献大小等对各个岗位的相对价值进行整体的比较，进而将岗位按照相对价值的高低排列出一个次序的岗位评价方法。排序时可以采用两种做法，直接排序法或交替排序法。这种方式较为简单，通常适用于规模较小、岗位数量不多、岗位设置较稳定的组织。

2．岗位分类法

岗位分类法是通过制订一套岗位级别标准，将企业的所有岗位根据工作内容、工作职责、任职资格等方面的不同要求，划分出不同的类别，与标准进行比较，并归到各个级别中去。

岗位的分类法一般可以分为行政管理类、技术类、营销类等，然后给每一类确定一个岗位价值的范围，并且对同一类的岗位进行排序，从而确定每个岗位不同的岗位价值。

3. 因素比较法

因素比较法是一种相对量化的岗位评价方法，它实际上是对岗位排序法的一种改进和升级。它不关心具体的岗位职责和任职资格，而是将所有岗位的内容抽象为若干要素，一般将其抽象为智力、技能、责任等要素，并将各要素区分成多个不同的等级，然后根据岗位的内容将不同要素和不同的等级对应起来，最后把每个岗位在各个要素上的得分通过加权得出总分，得到一个总体岗位价值分。

因素比较法与岗位排序法的主要区别是：岗位排序法是从整体的角度对岗位进行比较和排序，而因素比较法则是选择多种报酬因素，按照各种因素分别进行排序。这种方法的一个突出优点是可以根据在各个报酬因素上得到的评价结果计算出一个具体的报酬金额，这样可以更加精确地反映出岗位之间的相对价值关系。在应用因素比较法时，应该注意以下两个问题。

（1）薪酬因素的确定要慎重，一定要选择最能代表岗位间差异的因素。

（2）由于市场上的工资水平经常发生变化，因此要及时调整基准岗位的工资水平。

4. 要素计点法

要素计点法是选取若干关键性的薪酬要素，并对每个要素的不同水平进行界定，同时给各个水平赋予一定的分值，这个分值也称作"点数"，然后按照这些关键的薪酬要素对岗位进行评价，得到每个岗位的总点数，以此决定岗位的薪酬水平。

它是目前薪酬设计中运用最广泛的一种岗位评价方法，也是一种量化的岗位评价方法。它的优点是比较精确、系统、量化，有助于评价人员做出正确的判断，而且也比较容易被员工理解；缺点是整个评价的过程工作量大、比较复杂。

四种岗位价值评估方法的总结及优缺点比较如表8-17所示。

表 8-17　四种岗位价值评估方法的总结及优缺点比较

方法	是否量化	评估对象	比较方法	优点	缺点
岗位排序法	否	评估岗位整体	在岗位与岗位之间比较	简单、操作容易	主观性大、无法准确确定相对价值

续表

方法	是否量化	评估对象	比较方法	优点	缺点
岗位分类法	否	评估岗位整体	将岗位与特定的级别标准进行比较	灵活性高，可以用于大型组织	对岗位等级的划分和界定存在一定难度、无法确定相对价值
因素比较法	是	评估岗位要素	在岗位与岗位之间比较	可以较准确地确定相对价值	因素的选择较困难、市场工资随时在变化
要素计点法	是	评估岗位要素	将岗位与特定的级别标准进行比较	可以较准确地确定相对价值、适用于多类型的岗位	工作量大费时费力

对岗位评估的要素比较常用的是海氏（HayGroup）评价系统，它将所有岗位包含最主要的报酬要素分为三个大类、七个小类，如表 8-18 所示。

表 8-18　岗位价值评估要素分类表

组织要素	部门要素	职位要素
1. 对企业的影响 2. 监督管理	3. 职责范围 4. 沟通技巧	5. 任职资格 6. 解决问题的难度 7. 环境条件

这七个要素的比重关系如图 8-1 所示。

（1）对企业的影响，因不同企业组织规模、不同岗位对组织的不同影响而产生不同的评分。

（2）监督管理，因岗位下属人数、下属种类的不同而产生不同的评分。

（3）职责范围，因工作独立性、多样性而产生不同的评分；此外还存在业务知识的加分项。

（4）沟通技巧，因沟通的频率、内外部联系、沟通能力的不同要求而产生不同的评分。

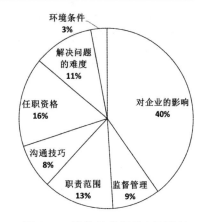

图 8-1　岗位价值评估七要素的比重

（5）任职资格，因岗位所需教育背景、工作经验的不同而产生不同的评分。

（6）解决问题的难度，因解决问题的创造力、操作性的不同而产生不同的评分。

（7）环境条件，因工作环境、风险程度的不同而产生不同的评分。

在实施岗位价值评估的过程中，需要注意以下问题。

（1）只能针对单个岗位，不能针对一岗多职的情况。

（2）是评价岗位，而不是评价从事岗位的特定员工。

（3）要以统一的评估模型为尺度，而不能使用不同的尺度。

（4）应结合工作分析结果进行，应以工作分析中所呈现的职责为判断标准。

（5）是相对的，而非绝对的，每个岗位的价值离开了企业这一特定环境后，将毫无意义。

8.4.4　薪酬调研的方法应用

通过薪酬调研，组织能够获得劳动力市场上关于薪酬的相关信息，特别是可以得到竞争对手的薪酬情况信息。薪酬调研是组织制订自身的薪酬体系、调整薪酬结构、评估薪酬竞争地位的宝贵依据。

可是，几乎在任何的组织，薪酬都是敏感话题。很多企业实行密薪制，员工不得打听和谈论彼此的薪酬，所以要获得其他企业尤其是竞争对手的薪酬信息具有一定的难度，需要运用一定的技巧才能完成。常见的薪酬调研方法包括以下几点。

1．专业机构

外资企业或大型企业比较习惯通过专业的机构进行薪酬调研，这种薪酬调研方式的优点是能够弥补企业内部人员薪酬调研专业能力低的问题，针对性、权威性和严谨性都较强，信息相对较全面，数据的准确性高；缺点是需要有一定费用预算，通常调研需要的时间周期比较长。

2．公共信息

我们可以通过适时地关注并记录其他企业公开发布的招聘信息，了解对方的薪酬待遇情况。这种方法的优点是信息获取快速、费用较低；缺点是信息获取的随机性决定了关键信息可能不全，由于招聘信息给出的通常是大体的薪酬范围，所以准确性较低。

3．招聘询问

招聘的过程中可以询问并记录候选人所在企业的薪酬状况。这种方式的优点是针对性强、费用较低；缺点是在招聘面试中，人们趋向于多说自己原本的薪酬，无法保证其真实性和准确性。

4．政府信息

如今，统计局、人力资源、劳动保障部门等机构会定期发布官方的劳动力市场工资指导线。这种方式的优点是数据信息量大，可以免费获取，通常有较强的参考价值和可信度；缺点是对于某类未统计数据的特定行业可能无法参考。

5．调查问卷

通过某些活动，比如论坛、座谈会、讲座等，当同行业或同地区的人力资源管理人员能够聚在一起时，发放调查问卷。这种方式的优点是能够有针对性地在短时间内获得大量企业最想了解的信息；缺点是工作量较大，难以保证信息的准确性和真实性，可能会引起他人的警觉或反感。

需要注意的是，薪酬调研没有绝对百分之百的准确。企业不论采用哪一种薪酬调研方式，都要保持一定的警觉性，不要轻信或盲从。为了保证相对的准确性，在有条件的情况下，可以采用两种或以上的薪酬调研方式。

人力资源管理人员对大量的薪酬调研进行数据分析时，需要掌握相关数据分析软件操作的基本方法，要学习数据分析相关的方法，比如位值分析、相关性分析、图表分析、离散趋势分析、集中趋势分析、频率分析等。

8.4.5　薪酬结构设计的方法

企业中最常见的薪酬结构项一般包含基本工资（固定工资）、岗位津贴、业绩提成、绩效工资（月度/季度/年度）等。不同类型的岗位，薪酬结构组成有所不同，常见不同类型岗位与薪酬结构情况如表 8-19 所示。

表 8-19　常见不同类型岗位与薪酬结构情况

职位序列	划分依据	岗位举例	薪酬结构（参考）
管理序列	从事职能管理工作，对公司或事业部某一方面职能管理直接承担责任	部门总监 部门经理 部门主管	基本工资 岗位津贴 年终绩效奖金
销售序列	从事产品销售工作，对销售业绩完成承担直接责任	业务经理 客户经理	基本工资 销售提成
技术序列	从事产品设计和品质改进、工艺技术研发、可以按照专业任职资格差异划分层级	技术研发岗位 生产工艺岗位	基本工资 技术等级工资 年终绩效奖金
生产序列	负责生产计划的完成，直接从事生产作业，对产品质量负责	技工 普工	基本工资 技能等级工资 年终绩效奖金
行政序列	作为管理业务的支持和服务保障工作	人力资源管理 财务管理 行政管理	基本工资 月度/季度绩效 年终绩效奖金

根据岗位类型的不同，薪酬结构所占的比例也有所不同。按照不同的薪酬弹性，一般可以将岗位分为三种类型，即弹性较大型、弹性较小型和弹性居中型。

弹性较大型的岗位指的是那些以结果为导向、比较注重最终绩效且绩效可以用明确数字衡量的岗位。这类岗位最典型的代表是高层管理人员、销售和市场管理人员、销售业务员、市场营销人员等。

弹性较小型的岗位指的是那些工作内容具备复杂性和不确定性，绩效结果难以用明确数字衡量的岗位。这类岗位最典型的代表是人力资源管理岗位、行政管理岗位、财务管理岗位、后勤管理岗位等。

弹性居中型的岗位指的是那些工作内容与最终财务结果有一定的关联性，绩效结果的一部分或阶段性可以用明确数字衡量的岗位。这类岗位最典型的代表是工程技术人员、产品设计和研发人员、工艺设计和改进人员等。

三种不同的岗位类别对应的固定工资比例如表 8-20 所示。

表 8-20　三种不同的岗位类别对应的固定工资比例

岗位类别	固定工资比例
弹性较大型	＜ 50%
弹性较小型	50%（含）～ 70%（含）
弹性居中型	＞ 70%

8.5　员工福利

员工福利是劳动报酬的间接组成部分，它是在工资和奖金收入之外，向员工本人或家属提供的货币、某类实物、某个机会、某项服务或某种权利等各类形式的福利。组织通过为员工提供各类福利，能够更好地吸纳和留住优秀人才、增强员工的凝聚力、归属感和满足感，从而提升组织绩效。

8.5.1　弹性福利的设计

弹性福利又叫菜单式福利，它的基本思路是让员工对自己的福利进行有选择、有计划的组合。它的核心思想是倾听和满足员工的诉求，并以此来设计和实施员工福利。弹性福利的种类有很多，常见的有以下几类。

1. 补充保险

公司可以为员工提供社会保险之外的附加保险，用于解决员工在患大病后，医疗支出较多时的后顾之忧，并且可以帮助员工找到更好的医疗资源，所面向的对象除了员工本人以外，也可以包括员工的父母、配偶或子女等。

2．弹性节假日福利及活动

弹性节假日福利包括季节性福利，比如端午节、中秋节、春节等节假日公司所发放的福利可以由员工选择；还可以包括公司举办的活动，比如体育赛事、健身运动、亲子活动、相亲活动等员工可以有选择性地参加。

3．健康管理

对可能存在职业病风险的岗位或健康状况较差的群体，公司可以为他们提供诸如体检、健身、健康状况分析、疾病预防讲座、提供健康咨询和指导等方式的福利，为员工提供有针对性的科学健康信息并在公司范围内创造条件或采取行动来改善员工的健康状况。

4．绩效奖励

这是对绩效奖励的灵活兑现，绩效奖励不一定要发奖金，员工可以自主选择。公司采用科学的方法，通过对员工个人或群体的行为表现、劳动态度和工作业绩以及综合素质的全面检测考核、分析和评价，以更加灵活的福利形式表彰那些优秀的员工或群体。

5．其他各类福利

除上述几大类常见福利外，还有许多种可放入"菜单"的福利。比如弹性工作时间、养老服务计划、定制化的年金、除法律规定额外的带薪休假、冬季的取暖费、妇女卫生补贴、生日的福利、劳动安全卫生保护福利、外出培训学习深造的机会等。

弹性福利可以解决企业为员工提供福利，又无法获得员工认同的窘境。这种方式能够最大化激励效果、最大化外部效应的同时，最小化财务费用。要提高员工的满意度、忠诚度和敬业度，组织可以根据自身的情况，灵活地为员工提供更多"可选择的菜单"。

8.5.2　如何发放福利

 举例

年终，某公司有两种备选的福利方式提供给员工，方案一是每人发放 600 元的过节费，随工资一起汇入员工每月发工资的银行卡中；方案二是每人可以选择价值 300 元的 6 种不同物品，这 6 种物品都是耐用品，比如豆浆机、微波炉、蚕丝被、炒锅、茶具等。那么，选择哪种福利发放方式更优呢？

答案是方案二，从价值上看，方案一的财务成本虽然是方案二的两倍，但方案一给员工的感受太浅。到了年底，员工置办年货、走亲访友，有着大量的消费需求，在一波购置之后，很容易忘记公司曾发过这 600 元的年终福利。

很少有员工会想到这里面哪一件是用公司的 600 元年终福利购置的。尤其是在网络购物和电子支付已经如此发达的时代，消费越来越少地使用到现金，银行卡里的钱对于人们来说更多的感受只是数字的变化。

而方案二，对于员工来说，感受会更深刻，具体原因如下。

1. 面临着选择

有选择就意味着员工可以选择对个体来说最缺的或者最有价值的选项。有选择同样意味着有纠结，而这种纠结并不是坏事。因为纠结，员工想得就更多，想得越多，印象就越深刻，感受也越深刻。

个体的选择同样意味着家庭的选择，这个纠结的选择过程，落到家庭的层面就会产生大量的话题和交流。员工很可能会找自己的父母、夫妻、子女商量到底哪一个是家里最缺的，哪一个是对家庭来说最有价值的；如果家里不缺，可能想到某位亲戚、朋友家里还缺什么，正好走亲访友可以用得上。

选择同样意味着遗憾，选择了这一个就意味着放弃了另一个。只要员工有两个或两个以上想选择的福利时，这种感受就会出现。都想要？抱歉，不可以，只能选一个，放弃其他的吧。这会给员工一个强烈而持久的感受。

当然，这种放弃的感受并不意味着负面情绪，因为可以等明年再选另一个。而这正是这种福利机制想要达成的效果，未来的一年，员工都会有一个话题和盼头——不着急用的话，家里先别买，年终的时候我就可以从公司领到这些东西了！

2. 时刻被提醒

可选的都是耐用品，商品的使用期限一般有五年左右，如果平时用得少，则使用期限更长。这类物品摆在自己家里，用到的时候会想到这是公司曾经发的福利。不用的时候，无意中瞥见了，也会想起自己曾经是经过一番思考和沟通之后选择的公司福利，这样会进一步增强员工的感受。

3. 可以被传颂

在经历过上述一系列的心路历程之后，这将会成为一个与亲戚、朋友、同事之间茶余饭后能聊的话题了。比如，我选得很成功，家里正好用上了；哎，我没选好，当初选那个就好了，算了，等明年再选吧。

4．感觉被尊重

通过这种选择的过程，员工会感受到公司是理解自己的，同时给了自己选择的机会。与方案一的被动接受不同，员工在整个过程中是积极主动参与的，会感受到自己的决定能够换来一个感官上的直接反馈。

方案二比方案一节省了一半的费用，达到的效果却比方案一好很多倍，这正是组织在发放福利时需要考虑的方式。

【疑难问题】企业集体降薪如何降低风险

有时候，企业处在发展初期或转型期时，因遇到瓶颈、财务状况出现问题、遭遇经营困境和阻力等，迫于无奈可能会做出集体降薪的艰难决定。这个时候，人力资源部门该如何操作才能将人才流失、员工消极应对等各类风险降到最低呢？

1．确立核心人才

实施人才盘点，确立公司的核心人才。核心人才是企业价值创造的发动机，是企业经营复兴的希望。原则上，必须保护好核心人才，提前做好核心人才的安抚工作，尽可能不给他们降薪。

2．行动前的集体协商

制订降薪方案之前，先做必要的调研。通过企业工会和职工代表大会，以集体协商的方式探讨降薪方案的可行性。充分听取和尊重工会和员工代表的意见，并将协商后的方案上报分管的劳动行政部门审批备案。方案公布前，需注意严格保密。

3．召开全体员工大会

召开全体员工大会，向全体员工充分说明企业目前面临的实际困难，详细介绍本次集体降薪方案的实施目的、必要性、形成过程和涉及的人员范围，并指出降薪是短暂的、阶段性的，只要全员共同努力，一定可以实现企业的复兴。

4．做好宣传工作

企业可以利用线上和线下的宣传方式，在宣传栏、网站或各类媒体上，适时发布目前经营状况的最新进展和各类数据信息，便于员工及时了解和掌握企业正在努力改善经营现状的正面信息。

5．做好情绪安抚工作

以机构和部门为单位，划分小组，由最高管理者带头与下属沟通，尤其注意与核心人才的沟通，起到安抚民心、稳定军心的作用。另外，也可以找一些基层的、忠诚度高的员工，让他们通过非正式的途径沟通。

第 **9** 章

员工关系管理

"员工关系"最初源自西方企业的人力资源管理体系，由于公司和员工之间的矛盾比较严重，逐渐对企业的发展和稳定造成影响。在这种组织和个体之间的矛盾冲突中，管理者逐渐意识到缓解劳资冲突对企业经营发展的重要作用。

后来，随着全面关系管理（total relationship management，TRM）的概念被许多企业所认可并逐步实施，对外部顾客实行的客户关系管理（customer relationship management，CRM）和对内部员工实行的员工关系管理（employee relationship management，ERM）也随之逐渐发展起来。

9.1　如何认识员工关系管理

狭义的员工关系管理指的是组织与员工之间、管理者与员工之间、员工与员工之间的沟通和交流的过程，各级管理者和人力资源管理者通过正向的、舒缓的沟通手法，创造积极进取的工作氛围，提高员工的敬业度和满意度，让员工为组织目标的实现做出应有的努力。

广义的员工关系管理指的是组织中的各级管理者和人力资源管理者通过各类人力资源管理的方法和手段，实施各项人力资源管理政策和机制，调节组织和员工个体之间的相互联系、相互影响，在组织实现战略规划和发展目标的同时，兼顾员工个体价值的平衡。

本书中的员工关系管理是指广义的员工关系管理。

9.1.1　员工关系管理的价值

只要组织中存在雇佣关系，劳资双方就一定在立场和利益上存在着对立和统一的关系。如果组织只把员工当作工具，对员工的身心健康不闻不问，对员工提出的意见不管不顾，长期下去必然引起员工的抱怨，引发员工的逆反情绪，轻则引起员工离职，造成人才流失，增加组织的用人成本；重则可能引发员工罢工及各类集体事件，严重影响企业的正常运营和社会稳定。

尽管员工管理的工作琐碎，不容易体现价值，但它是人力资源管理体系中不可或缺的重要组成部分。通过员工关系管理，能够提高员工对企业的满意度，增强员工的贡献度、加强员工的忠诚度、增进员工的敬业度，从而增强客户的满意度，维持企业在市场中的竞争优势，提高企业经营的效益和效率。

积极的员工关系管理有利于发展企业的核心竞争力。企业的核心竞争力不仅包括品牌的竞争力、技术的竞争力、创新的竞争力，还包括人才的竞争力和文化的竞争力。良好的员工关系管理正是构建和谐的组织文化，形成稳定的员工团队的重要保障。

较好的员工关系管理不仅是对内管理的需要，同时也是对外保持良好社会声誉和企业形象的需要。员工关系管理做得比较好的组织，通常在社会中的美誉度也较高，从而成为组织健康经营、吸引人才的有力保障。

9.1.2　员工关系管理的内容

员工关系管理的内容繁杂，不同组织、不同理论对其分类也不相同，一般来讲，实务中主要包括以下内容。

（1）员工纪律管理，包括制订并维护相关的制度、流程、规范或标准作业程序（standard operating procedure，SOP）；通过实施过程中的宣传、引导、纠偏、奖惩等方式，提高员工行为的统一性和组织纪律性。

（2）劳动关系管理，包括办理员工入职和离职手续；预防入职和离职过程中的相关风险；人员信息管理；人事档案管理；劳动合同管理；劳动保障物资管理；处理员工投诉；处理劳动争议；处理突发意外事件等。

（3）沟通管理，包括建立并维护员工上下级之间畅通的沟通渠道；建立并维护合理化建议制度；建立并维护员工参与公司部分决策的方式；引导并帮助员工在工作中建立良好的人际关系等。

（4）员工支持服务，包括员工援助计划（employee assistance program，EAP），帮助员工实现工作与生活平衡；员工满意度调查，优先解决员工最关注的问题；监测并处理劳动风险事项；提供员工生活与工作中相关知识的普及培训服务；员工身心健康服务等。

（5）员工活动管理，包括创建并维护员工各类业余活动的方式、地点或氛围，定期组织开展各类文化、体育、娱乐活动，丰富员工生活、缓解工作压力，实现劳逸结合，增强组织的凝聚力。

（6）组织文化建设，包括建立并维护健康向上的组织文化；鼓励员工参与到企业文化的建立和维护工作中来；引导员工认同组织的愿景和价值观，将组织的愿景和规划与员工的愿景和规划相匹配。

实施员工关系管理的原则如下。

- 员工关系管理的前提是企业的可持续发展；
- 员工关系管理的基本要求是合情合理；
- 员工关系管理的底线要求是合法合规。

9.2　劳动安全与卫生管理

劳动安全与卫生管理是组织根据自身的生产经营业务情况，通过制订各类制度、实施各种措施，加强劳动保护、保证作业安全、避免有毒物质侵害，保护员工的身心健康，防止员工生命安全受到损失的过程。

9.2.1 劳动防护管理的操作

根据《用人单位劳动防护用品管理规范》（安监总厅安健〔2018〕3号）第一章的规定。

第四条 劳动防护用品是由用人单位提供的，保障劳动者安全与健康的辅助性、预防性措施，不得以劳动防护用品替代工程防护设施和其他技术、管理措施。

第五条 用人单位应当健全管理制度，加强劳动防护用品配备、发放、使用等管理工作。

第六条 用人单位应当安排专项经费用于配备劳动防护用品，不得以货币或者其他物品替代。该项经费计入生产成本，据实列支。

几种常见特殊作业要求的岗位，企业对员工发放的劳动防护用品配备的标准可以参考表9-1。

表9-1 劳动防护用品配备标准参考表

作业类型	劳动防护用品配备标准
接触粉尘、有毒、有害物质	呼吸器、防护服、防护手套和防护鞋
接触噪声	护听器
电离辐射	电离子辐射防护装备
高空作业	安全帽、安全带、防滑工作鞋
水上作业	救生衣、安全带、防滑工作鞋、水上作业服
有碎屑飞溅的作业	防异物伤害护目镜、一般性工作服
地下挖掘建筑作业	安全帽、防尘口罩、塞栓式耳塞、减震手套、防水工作服、防砸安全鞋（防水）
车辆驾驶	一般性的工作服、防强光、紫外线、红外线护目镜或面罩防异物伤害护目镜、防冲击安全头盔
接触使用锋利器具	一般性的工作服、防割伤手套、防砸安全鞋、防刺穿鞋
操纵转动机械	护发帽、防异物伤害护目镜、一般性的工作服
铲、装、吊、推机械操纵	一般性的工作服、防尘口罩、防强光、紫外线、红外线护目镜或面罩、防异物伤害护目镜、防水工作服、防水鞋

劳动防护用品的选择程序如图9-1所示。

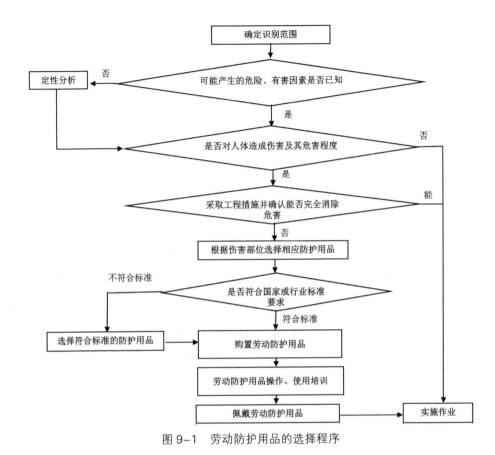

图 9-1　劳动防护用品的选择程序

几类重点存在安全隐患作业岗位的安全防护措施如表 9-2 所示。

表 9-2　重点存在安全隐患作业岗位安全防护措施

重点存在安全隐患作业岗位	安全防护措施
焊接作业	分散焊接点可设置移动式锰烟除尘器，集中焊接场所可采用机械抽风系统； 在容器内施焊时，容器应有进、出风口，设通风设备，焊接时必须有人在场监护； 流动频繁、每次作业时间较短的焊接作业，焊接应选择上风方向进行，以减少锰烟尘危害； 在密闭容器内施焊时，容器必须可靠接地，设置良好通风设施并有人监护，且严禁向容器内输入氧气； 焊接作业场所应通风良好，可视情况在焊接作业点装设局部排烟装置、采取局部通风或全面通风换气措施
油漆涂料作业	油漆配料应有较好的自然通风条件并减少连续工作时间； 喷漆应采用密闭喷漆间，在较小的喷漆室内进行小件喷漆，应采取隔离防护措施； 以无毒、低毒防锈漆代替含铅的红丹防锈漆，必须使用红丹防锈漆时，宜采用刷涂方式，并加强通风和防护措施。

续表

重点存在安全隐患作业岗位	安全防护措施
油漆涂料作业	在地下室、池槽、管道和容器内进行有害或刺激性较大的涂料作业时，除应使用防护用品外，还应采取人员轮换间歇、通风换气等措施； 施工现场必须通风良好，在通风不良的车间、地下室、管道和容器内进行油漆、涂料作业时，应根据场地大小设置抽风机排除有害气体，防止急性中毒
粉尘作业	施工和作业现场经常洒水，控制和减少灰尘飞扬； 混凝土搅拌站、木加工、金属切削加工、锅炉房等产生粉尘的场所，必须装置除尘器或吸尘罩，将尘粒收集后送到储仓内或经过净化后排放，以减少对大气的污染； 采取综合防尘措施或低尘的新技术、新工艺、新设备，使作业场所的粉尘浓度不超过国家的卫生标准
沥青作业卫生防护	装卸、搬运、使用沥青和含有沥青的制品均应使用机械和工具，有散漏粉末时，应洒水，防止粉末飞扬； 熔化桶装沥青，应先将桶盖和气眼全部打开，用铁条串通后，方准烘烤，并经常疏通防油孔和气眼，严禁火焰与油直接接触； 从事沥青或含沥青制品作业的工人应按规定使用防护用品，并根据季节、气候和作业条件安排适当的间歇时间； 熬制沥青时，操作工人应站在上风方向
施工作业	凡进入施工现场的所有人员，都必须按要求正确佩戴安全帽，作业中不得将安全帽脱下； 领取安全帽时应立即检查，发现有缺衬缺带或破损的安全帽应立即更换，不准使用有安全隐患的安全帽； 在攀登和悬空等作业中，必须佩戴安全带并有牢靠的挂钩设施； 使用安全带要高挂低用，防止摆动碰撞，绳子不能打结，钩子要挂在连接环上，当发现有异常时要立即更换，换新绳时要加绳套； 安全带不可接触高温、明火、强酸、强碱或尖锐物体，要经常检查，使用两年后抽检，及时更换新绳； 安全网内不得存留建筑垃圾，网下不能堆积物品，网身和支架不能出现严重变形和磨损，其连接部位不得有松脱现象； 安全网搬运不可使用铁钩或带尖刺工具，网体存放在仓库或专用场所，并分类、分批存放在架子上，仓库要具备通风、遮光、隔热、防潮、避免化学物品的侵蚀等条件； 存放过程定期检验，发现问题立即处理
噪声作业	采取消声措施，装设消声器； 施工现场的噪声应严格控制在 90dB 以内； 采取隔声措施，把发声的物体和场所封闭起来； 改革工艺和选用低噪声设备，控制和减弱噪声源； 做好个人防护，戴耳塞、耳罩、头盔等防噪声用品； 采取吸声措施，采用吸音材料和结构，吸收和降低噪声； 采用隔震措施，装设减振器或设置减震垫层，减轻震源声及其传播； 采用阻尼措施，用一些内耗损、内摩擦力大的材料涂在金属薄板上，减少其辐射噪声的能量； 定期进行体检

9.2.2 职业健康检查的操作

根据《中华人民共和国职业病防治法》（2018 年 12 月 29 日修改）第三十五条的规定。

对从事接触职业病危害的作业的劳动者，用人单位应当按照国务院安全生产监督管理部门、卫生行政部门的规定组织上岗前、在岗期间和离岗时的职业健康检查，并将检查结果书面告知劳动者。职业健康检查费用由用人单位承担。

用人单位不得安排未经上岗前职业健康检查的劳动者从事接触职业病危害的作业；不得安排有职业禁忌的劳动者从事其所禁忌的作业；对在职业健康检查中发现有与所从事的职业相关的健康损害的劳动者，应当调离原工作岗位，并妥善安置；对未进行离岗前职业健康检查的劳动者不得解除或者终止与其订立的劳动合同。

职业健康检查应当由取得《医疗机构执业许可证》的医疗卫生机构承担。卫生行政部门应当加强对职业健康检查工作的规范管理，具体管理办法由国务院卫生行政部门制订。

企业对职业病存在潜在危害的岗位应依据《中华人民共和国职业病防治法》以及相关法律、法规或规范确定本企业涉及职业病危害岗位和职业危害因素。根据各岗位所涉及的危害因素，依据相关法律、法规或规范的要求，确定员工职业病健康检查的周期。

新员工入职前，人力资源需向新员工了解原公司从事的工作岗位，是否涉及职业病危害因素，如涉及需向该员工索要原单位职业健康查体报告（由有职业健康查体资质单位出具的报告，非常规性体检报告），职业健康查体报告为复印件的需要加盖原单位公章。未涉及职业危害的无须提供。

新员工确定岗位还未入职前，组织全体面试合格后待入职的新员工做职业健康查体。如果不能提供上一份工作的体检报告，对公司集中组织的职业健康检查又拒不执行的新员工，建议公司不要接收。

每次职业健康查体结束后，由公司统一在体检机构领取报告，并告知员工结果后统一存档。如发现存在职业禁忌证、疑似职业病、职业病等事项，根据《中华人民共和国职业病防治法》及相关规定进行复查、调岗。

公司要定期组织存在职业病危害因素岗位的员工进行在岗期间职业健康检查。一般情况下，体检频率每年至少一次。

当人力资源部门在接到员工的离职申请时，如离职员工涉及职业病危害的岗位，须要求该员工在办理离岗时做职业健康查体手续，对待离职员工进行登记并发放离岗员工职业健康查体通知单。由待离职员工携带离岗员工职业健康查体通知单到指定的体检机构进行体检，并将体检报告交回人力资源部门存档。

如待离职人员的预计离职时间距离在岗期间查体时间未超过 3 个月，则无须再进行离职前的职业健康查体。如待离职员工拒不配合离职前的职业健康检查或员工为非正常离职（比如旷工拒不返回公司办理离职手续），人力资源部门应对其做发函处理。

9.3　员工意见反馈

组织的健康发展离不开内部上下级之间的顺畅沟通，管理者制订政策和落实实施之前都需要与员工进行充分的沟通。如果没有员工的意见反馈，再好的想法、再完美的计划，也不过是管理层的一厢情愿。

9.3.1　员工满意度调查的操作方法

员工满意度调查是广泛听取员工意见，并激发员工参与管理的一种方式，是企业预防和监控的一种手段，也是企业管理在员工心态和行为上的量化体现。通过员工满意度调查，可以捕捉员工思想，收集到员工对改善企业经营管理的意见和要求，同时激发员工参与组织变革，提升员工对组织的认同感和忠诚度，为企业人力资源管理决策和改善提供有效的依据。员工满意度调查的内容主要包括以下几个方面。

1．工作时间

此项通常是要了解员工对上下班时间安排是否满意，员工是否能够经常按时下班，员工对休假的安排是否满意，在能够按照法律法规支付加班费或倒休的前提下，员工是否能够或愿意接受加班等。

2．工作环境

此项通常包括员工对于工作的环境温度、湿度、光线情况、通风状况是否满意，员工的工作场所是否存在较大的噪声，工作场所的清洁状况如何，工作是否需要经常出差，工作用到的工具和设施是否对身体无害，员工对公司提供的劳动保护用品是否满意等。

3．劳动强度

此项通常包括员工对自己目前的工作量是否满意，如果不满意，有两种可能，可能是员工因为工作量太大，也可能是员工认为工作量太少，还包括员工对工作需要耗费自己的体力或精力是否满意等。

4．工作感受

此项通常是想了解员工有没有感受到自己工作的意义和价值，是否在工作中的感觉是愉悦的，员工是否能感受到与部门同事或领导之间的关系是和谐的，工作的整体氛围给员工的感觉怎么样，员工有没有感受到同事之间的温暖，员工有没有感受到工作的压力，有没有感受到工作的挑战等。

5．薪酬福利

此项通常包括员工对工资是否满意，员工对公司告知工资明细（工资单）的方式是否满意，员工对节假日福利发放金额是否满意，员工对福利发放的种类和形式是否满意，员工对工资、节假日福利发放的及时度是否满意等。

6．晋升空间

此项通常包括员工是否明确知道自己所在岗位的晋升通道，是否对公司的晋升方式满意，是否对晋升需要的时间满意，是否能够通过公司的晋升通道设置自己的职业生涯规划，对于员工晋升，所在部门的领导是否予以支持等。

7．学习机会

此项通常包括员工是否能得到内部岗位业务或管理技能的相关培训，是否能得到外出学习和培训的机会，是否有进修的机会，员工认为公司的培训制度是否合理，员工对公司提供的培训和学习机会是否满意等。

8．领导方式

此项通常包括员工是否认可自己的上级，认为上级日常的监督是否合理？认为领导的期望和要求是否合理，认为上级领导与员工的关系是否和谐，当员工有工作中的疑问向部门领导提出时，是否能够得到有效回答，部门领导处理问题或争议时，是否能做到公平公正、及时有效，部门领导对人员的工作安排是否合理等。

另外，还包括员工参与和影响决策的程度如何，领导是否重视员工的意见，部门领导是否能将公司的新政策、新制度及时传达给每名员工，部门领导在日常工作中是否能够以身作则，部门领导是否能够给予员工应有的尊重和足够的沟通，部门领导是否能公平公正地进行员工考评等。

9．生活保障

此项通常包括员工对早、中、晚餐是否满意，员工对宿舍环境是否满意，员工对餐厅或宿舍提供的服务是否满意，员工对公司提供的休闲娱乐设施是否满意，员工对公司组织的各类文体活动是否满意等。

9.3.2　员工合理化建议的操作方法

合理化建议是相对于企业目前技术水平、经营管理水平、精神文明建设有所提高和改进而言，在有关改进和完善企业施工生产技术和经营管理方面的办法、措施及精神文明建设方面的新举措；而技术改进的内容是对机器设备、工具、工艺技术等方面所做的改进和革新。

合理化建议的征集方式不应过于单一，员工可以直接利用邮件、微信、在线系统等方式填写合理化建议的申报表，并提交至人力资源部门。一线员工也可以直接报给部门领导，由部门领导统一为员工申报。合理化建议的征集样表如表 9-3 所示。

表 9-3　合理化建议的征集样表

建议人		职位		所在部门		提案日期	
建议名称							
建议类别请打（√）	销售提高		技术改进		风险管控		建议实施部门
	成本降低		制度改进		其他		
现状分析							
改进措施及预期结果							
关联部门意见							
评审小组意见							
总经理意见							

人力资源部门在接到合理化建议书后，首先应初步审查把关，对建议书中以下内容填写不清的要退回重新填写清楚。

- 说清楚建议事由、原因及其作用、目的、意义；
- 说清楚原有缺失，即在建议案未提出前，原有情形的缺陷及程度；
- 详细说明改进意见及具体办法，包括措施、程序及实施步骤等；
- 要阐述预期效果，详细说明建议案采用后，可能获得的成就，包括提高效率、简化作业、消除危害、节省开支、增加销售、保证质量、创造利润等方面的内容；
- 如果建议需要公司在人力、物力、财力及时间上有较大的投入，则必须要有投入产出分析报告及经济、技术可行性论证的详细资料。

建议申报内容如只偏重批评，而无具体的改进内容，或不签真实姓名和部门的，人力资源部门可将其作为内容不符合要求处理，不予交付审议。人力资源部门对初步审议合格的建议书，提交至合理化建议评审小组进行审议。评审小组收到建议书后，经过评议，按评议结果进行以下处理。

- 如果评审小组认为该建议的设计不科学，采纳价值不大，或不具备实施条件，投入风险太大，则应予以否决，由人力资源部门通知建议人；
- 如果建议经评审小组确认合理、科学、有价值、理由充分、方案严谨，经评审小组签字同意后进行公示表扬并予以实施；
- 定期将所有已被采纳的合理化建议交由评审组进行评选，选出一段时期最佳建议提案予以奖励。

合理化建议的注意事项如下。

- 要注意建议的客观性及具体性，即要求建议人把现状真实地反映出来，以事实和数据说话；
- 要注意把握问题原因的准确性，即要求建议人把问题发生的主要原因找出来；
- 要注意解决问题的可行性，即要求建议人针对问题发生的主要原因，提出具体的改善对策，也就是提出解决问题的具体方法，对只提问题不提解决办法的建议则视为无效建议；
- 要注意改善的绩效性，一切建议都以绩效为导向，这种绩效不一定是以金钱去衡量，它是一个综合性指标，它的判定标准是促使公司向越来越好的方向发展。

9.3.3　员工与组织协商的操作方法

建立员工与组织之间的协商机制，是组织与员工之间搭建对话平台的基础，是有效解决员工诉求的关键。员工与组织协商包括的内容如下。

- 员工在日常工作生活中遇到的现实困难和问题；
- 涉及员工合法权益和切身利益的相关问题；
- 其他员工有必要与组织协商的问题。

员工协商机制的流程内容如下。

1. 征集员工协商议题

组织通过调研，设立员工意见箱，与员工谈心，开通专门热线电话，开立官方博客、微博、微信、QQ 等多种方式，广泛收集员工的意见或建议，并登记、梳理，对有效的建议形成协商议题。员工诉求内容记录如表 9-4 所示。

表 9-4　员工诉求内容记录表

受理方式		编号	
受理时间		诉求人	
诉求人所在部门		联系方式	
诉求内容			
诉求人的期望			

2．确定协商参会人员

协商人员的范围一般为员工代表、企业工会负责人、人力资源部门负责人、企业行政部门负责人以及与议题相关部门的负责人。

3．召开员工协商会议

会议首先由员工代表提出待协商的事项，参会各方对协商事项进行协商讨论，形成结论或处理意见。处理意见中，要明确每项协商事项的解决措施、解决时限、承担部门，以及具体负责人等，如表 9-5 所示。

表 9-5　协商会议事项解决情况表

序号	事项	解决措施	截止日期	负责部门	负责人	监督落实人	备注

要形成详细的会议纪要并发给相关部门落实。

4．协商结论督促办理

人力资源部门对员工诉求事项的处理情况要及时督促办理，并定期跟踪评估进展情况，员工诉求进展情况跟踪表如表 9-6 所示。

表 9-6　员工诉求进展情况跟踪表

事项			
跟踪时间		状态：□已完成　□正在进行中　□不具备条件无法执行	
跟踪时间		状态：□已完成　□正在进行中　□不具备条件无法执行	
跟踪时间		状态：□已完成　□正在进行中　□不具备条件无法执行	
结果反馈			

协商事项的具体负责部门应在完成事项后的 3 日内将具体完成情况以书面形式反馈给人力资源部门。人力资源部门应在收到反馈意见的 3 日内通过电话、面谈等形式将诉求处理过程和结果告知诉求提出者；无法解决或短期内暂时难以解

决的诉求，应向诉求提出者做出合理解释。

5．诉求处理满意度调查

诉求事项处理完后，人力资源部门应及时向诉求提出者以及相关的员工做满意度调查。满意度可以设置为"满意""基本满意""不满意"三档，通过网络、电话或问卷的形式，让员工直接对处理结果给予评价，并由督办人签字备案。满意度调查表如表9-7所示。

表9-7　员工诉求解决满意度调查表

调查方式	□电话回访　　□网络或问卷调查　　□现场答复 □其他_____	
诉求满意度	□非常满意　　□基本满意　　□不满意	
诉求督办人	满意度调查时间	年　　月　　日
审核		

员工对处理过程或结果不满意的事项，要形成进一步的调研报告，必要的时候召开专门会议讨论，形成处理意见，并形成报告如表9-8所示。

表9-8　诉求不满意结论报告

序号	事项	员工不满意愿意	解决措施	截止时间	负责人	监督人	备注

6．形成诉求处理台账

对员工诉求事项协商办理的全过程形成工作台账，如表9-9所示。

表9-9　员工诉求解决台账

序号	受理时间	诉求提出人（代表）	联系方式	诉求内容	处理结果	满意度	诉求监督人	备注

9.3.4　员工投诉接待与处理的方法

只要有人的地方就免不了会有人际交往中的摩擦，有了摩擦就免不了会有投诉。人力资源部门作为投诉的接待方，要本着负责任的态度来应对，妥善解决投诉、查找问题原因、以后避免再次发生才是最完美的结果。人力资源管理员处理员工投诉的基本流程如下。

1. 投诉受理

（1）建立恰当的投诉沟通渠道，并公布于众。这就好比商场里设置的客服中心，医院里设置的医患办公室。如果没有正规的渠道，投诉员工可能会选择比较极端的手段，给企业造成不良的影响。

（2）接到投诉后，要明确告知投诉者反馈的时间，尤其是当收到匿名投诉的群发邮件时，或者是看到论坛中公示的投诉帖时，要第一时间让对方知道，相关部门获悉投诉内容后，会马上着手处理。

（3）客观了解员工的投诉要点，要多听、少说，同时引导对方尽量多表达意见、反映问题。不使用判断性的语言，不要妄加评论，可以适当说一些表示理解和安慰的话。不问封闭式的问题，比如，是不是、行不行、好不好等。多问一些开放式的问题，比如，是什么样的、是怎么回事、你怎么看等。

（4）做好投诉记录，包括投诉的详细情况，比如，投诉时间、投诉地点、投诉人、投诉对象、投诉的关键事件、投诉的目标等。

2. 弄清楚投诉的动机

（1）员工为什么要投诉，他的目的是什么。

（2）员工投诉的到底是什么，对什么不满意，是对公司不满意，还是对个别人不满意；是对某件事不满意，还是对整个工作都不满意；是对过程不满意，还是对结果不满意。

（3）员工投诉想要达成什么样的目标，想要达到什么样的结果。

3. 投诉调查

（1）应做到对事不对人，客观调查，不要有理应的想法，不要加入主观判断，不要掺杂个人的价值观。

（2）找出发生该问题的原因是关键，比如，是公司的流程制度出了问题，还是管理者的沟通出了问题；是管理者的技能问题，还是情绪问题。

（3）调查中要严格保密，避免在公共场合或向第三方发表对投诉者与被调查者的评判性或带有个人情绪色彩的言辞。

4. 投诉处理

（1）将调查结果向有关领导汇报，研讨出处理结果。

（2）告知员工调查和处理结果，告知产生问题的原因。

（3）争取投诉员工的理解和认同。

5．评估反馈

（1）准确找到投诉发生背后的深层次原因，比如，企业文化、用人机制等。

（2）评估类似投诉再次发生的可能性。

（3）评估从管理上做出改变的必要性。

（4）形成一份包含可实施性或可行性的整改报告。

6．整改检查

（1）将领导审批后的整改报告报送到相应部门，由相关部门执行相应的整改方案。

（2）定期检查和评估整改情况。

（3）形成整改报告，报送有关领导。

9.4　劳动争议

劳动争议也叫劳资争议，是指劳资关系中的双方因雇佣关系、薪酬待遇、工作时间等条件的主张不一致而产生的纠纷。与一般的诉讼案件不同，劳动争议案件在法律程序上是仲裁前置，即必须先申请劳动仲裁。

9.4.1　劳动争议的产生原因

根据《中华人民共和国劳动争议调解仲裁法》（2008年5月1日施行）第二条的规定，劳动争议的主要类型可以归结如下。

- 因确认劳动关系发生的争议；
- 因订立、履行、变更、解除和终止劳动合同发生的争议；
- 因除名、辞退和辞职、自动离职发生的争议；
- 因工作时间、休息休假、社会保险、福利、培训以及劳动保护发生的争议；
- 因劳动报酬、工伤医疗费、经济补偿或者赔偿金等发生的争议；
- 法律、法规规定的其他劳动争议。

目前我国的劳动争议呈现案件数量高速增长的趋势，劳动者的起诉率越来越高，胜诉率也越来越高；经济发达地区的劳动争议案件要远高于经济发展滞后的地区；其他性质企业的劳动争议案件数量明显超过国有企业的劳动争议案件；劳动争议案件处理中，依法裁决的比重越来越大。劳动争议产生的原因多种多样，大体可以分为两大部分，如表 9-10 所示。

表 9-10　劳动争议产生原因分析

宏观原因		劳动关系双方经济利益的差异性逐渐明显； 劳动法律的确立及劳动法规的执行是相对滞后的； 过去劳动关系中长期遗留问题的显性化
微观 原因	劳动者 层面	劳动者不再受习惯性观念制约； 劳动者的法律意识越来越强； 个别劳动者贪图私利，故意钻企业政策的空子
	企业 层面	企业内部的规章制度不合理、不健全或不按照合理的程序执行； 企业管理层及人力资源管理人员劳动法律意识淡薄，同时缺少在劳动争议 管理方面的专业知识； 企业改制或经营困难导致劳动争议的产生； 某些企业知法犯法造成的劳动争议

9.4.2　劳动争议的处理方式

《中华人民共和国劳动法》（2018 年 12 月 29 日第二次修正）第七十七条规定：用人单位与劳动者发生劳动争议，当事人可以依法申请调解、仲裁、提起诉讼，也可以协商解决……

第七十九条规定：劳动争议发生后，当事人可以向本单位劳动争议调解委员会申请调解；调解不成，当事人一方要求仲裁的，可以向劳动争议仲裁委员会申请仲裁。当事人一方也可以直接向劳动争议仲裁委员申请仲裁。对仲裁裁决不服的，可以向人民法院提起诉讼。

我国劳动争议的处理程序可以概括为"一调一裁两审"，与此相应的机构分别是用人单位设立的劳动争议调解委员会、劳动争议仲裁委员会以及人民法院。根据《中华人民共和国劳动法》（2018 年 12 月 29 日第二次修正）的规定，劳动者与用人单位可以按照以下顺序解决劳动争议。

1．协商和解

协商程序指的是用人单位与劳动者就存在劳动争议的问题直接进行协商，并寻找彼此共同认可的解决方案。与其他纠纷不同，劳动争议的当事人一方是员工，另一方是用人单位，通常双方彼此之间已经有一定的了解，所以发生纠纷就最好的方式是通过直接协商的方式解决。当然，协商程序并不是处理劳动争议的必经程序，劳资双方出于平等自愿的原则，可协商，也可不协商。

2．申请调解

《中华人民共和国劳动法》（2018 年 12 月 29 日第二次修正）第八十条规定：

在用人单位内，可以设立劳动争议调解委员会。劳动争议调解委员会由职工代表、用人单位代表和工会代表组成。劳动争议调解委员会主任由工会代表担任。劳动争议经调解达成协议的，当事人应当履行。

调解程序指的是发生劳动纠纷双方当事人就存在劳动争议的问题向用人单位设立的劳动争议调解委员会申请调解的程序。劳动争议调解委员会的成员一般具备相关法律知识和一定的组织协调能力，这有利于劳动纠纷的处理和解决。

另外，调解程序与协商程序一样，也不是必需的程序，双方可以自愿选择。即使双方就劳动争议达成调解协议，也不代表该协议具有强制执行力，若劳资双方任何一方反悔，同样可以向仲裁机构申请劳动仲裁。

3．仲裁程序

仲裁程序是劳动争议中一方当事人将纠纷提交劳动争议仲裁委员会进行处理的程序。该程序是解决劳动争议的重要手段，既具有劳动争议调解程序快捷灵活的特点，又具有强制执行的法律效力。

劳动争议仲裁委员会是国家授权、依法独立处理劳动争议案件的机构。申请劳动仲裁程序是提起诉讼的前置程序，即如果劳资双方的某一方当事人想提起诉讼打劳动官司，就必须先经过劳动仲裁程序，不能直接向人民法院提起诉讼。

4．诉讼程序

《中华人民共和国劳动法》（2018 年 12 月 29 日第二次修正）第八十三条规定：劳动争议当事人对仲裁裁决不服的，可以自收到仲裁裁决书之日起十五日内向人民法院提起诉讼。一方当事人在法定期限内不起诉又不履行仲裁裁决的，另一方当事人可以申请人民法院强制执行。

诉讼程序指的是劳动争议中一方当事人将纠纷提交至人民法院进行处理的程序。诉讼程序的启动是有条件的，即如果某一方当事人不服劳动争议仲裁委员会的裁决，才可以向人民法院提起诉讼。诉讼程序具有较强的法律性、程序性，做出的判决也具有强制执行力。

《中华人民共和国民事诉讼法》（2021 年 12 月 24 日第四次修正）的规定如下。

第十条　人民法院审理民事案件，依照法律规定实行合议、回避、公开审判和两审终审制度。

所谓两审终审制度是指某一案件经过两级人民法院审判后即告终结的制度。

第三十九条　上级人民法院有权审理下级人民法院管辖的第一审民事案件；确有必要将本院管辖的第一审民事案件交下级人民法院审理的，应当报请其上级人民法院批准。下级人民法院对它所管辖的第一审民事案件，认为需要由上级人民法院审理的，可以报请上级人民法院审理。

第一百七十一条 当事人不服地方人民法院第一审判决的，有权在判决书送达之日起十五日内向上一级人民法院提起上诉。当事人不服地方人民法院第一审裁定的，有权在裁定书送达之日起十日内向上一级人民法院提起上诉。

第二百零五条 各级人民法院院长对本院已经发生法律效力的判决、裁定、调解书，发现确有错误，认为需要再审的，应当提交审判委员会讨论决定。最高人民法院对地方各级人民法院已经发生法律效力的判决、裁定、调解书，上级人民法院对下级人民法院已经发生法律效力的判决、裁定、调解书，发现确有错误的，有权提审或者指令下级人民法院再审。

在处理劳动争议时，需要以法律为准绳，以尊重员工为基础，以协商为主要调解方式。同时，要遵循以下基本原则。

（1）及时处理原则：发生劳动争议后，企业应马上与劳动者协商和解。对于协商不成的，应马上由第三方介入调解。

（2）合法合规原则：在查清事实的基础上，依法处理。

（3）公平公正原则：法律面前人人平等。

（4）预防为主原则：处理劳动争议应以预防为主。

9.4.3 劳动争议的调解程序

劳动争议的调解，指的是在第三方的主持下，依据法律规范和道德规范，本着客观公正的立场，劝说争议双方当事人通过民主协商的方式、互谅互让的态度达成协议，从而消除争议的一种方法和活动。

存在劳动争议的双方当事人申请调解，应当自知道或应当知道权利被侵害之日起的 30 日内，以口头或书面形式向调解委员会提出申请，并填写《劳动争议调解申请书》。申请须符合三个条件：申请人必须与该争议有直接利害关系；申请人必须说明与谁、在哪些问题上发生了争议；申请人的调解请求具备具体的事实和理由。

1. 审查受理

调解委员会要审查待调解的争议是否属劳动争议，若不是则不予受理；对仲裁已经裁决或法院已经判决的劳动争议，调解委员会不予受理。

调解委员会收到申请人的劳动争议调解申请书后，须征询对方当事人的意见，若对方当事人不愿意调解，应做好记录，在 3 日内以书面形式通知申请人。

调解委员会应在 4 日内做出对该劳动争议受理或不受理的决定，并以书面形式向申请人发出受理案件通知书或不予受理通知书，对不受理的劳动争议，应向申请人说明原因。

2．调查核实

对决定受理的劳动争议，调解委员会须指派调解员全面调查核实劳动争议事项的真实过程，并做详细的调查记录。调查核实的流程如下。

- 劳动争议产生的原因、过程、焦点问题等基本事实；
- 查阅与该劳动争议有关的各项法律法规，为争议的判断提供法律依据；
- 根据调查的事实、材料和相关法律法规分析判断当事人双方应承担的责任，初步拟定调解方案和意见；
- 调解委员会内部召开会议，就初步拟定的调解方案和该争议的事实情况进行进一步的分析讨论，做出统一的调解意见，形成劳动争议调解意见书；
- 调解委员会指派成员就争议事实根据相关法律法规与劳动争议的双方当事人谈话，通过交流沟通达成当事人双方对该争议调解方案的客观认识并做好思想准备。

3．组织调解

调解委员会应在自收到调解申请之日起的 15 日内结束调解，但如果双方当事人都同意延长期限的，则可以延长时间。调解的流程如下。

- 会议书记员向调解会议主持人报告到会人员情况；
- 调解会议主持人宣布会议开始并宣读会议程序、纪律要求以及申请调解的争议事项；
- 双方当事人陈述案情以及对争议的各自意见和期望；
- 调解委员会就案件的不明之处询问双方当事人，并核实；
- 调解委员会公布核实的情况和调解意见，征求双方当事人的意见；
- 依据事实、相关法律规定及劳动合同的约定促使双方当事人协商达成协议；
- 不论最终双方意见是否达成一致，调解委员会都要将调解过程记录在案，双方当事人核对后签字。

4．调解终结

调解终结的表现形式如下。

- 双方当事人经调解协商后，意见一致，达成协议，并在调解协议书上签字；
- 调解的申请人撤回劳动争议调解申请书；
- 当事人在调解过程中提出拒绝调解；

- 当事人未在法定期限内达成调解协议。

5. 仲裁审查确认

双方当事人达成调解协议的，可以自调解协议生效之日起的 15 日内共同向劳动人事争议仲裁委员会提出仲裁审查确认申请。仲裁机构接受申请后，应告知双方当事人仍然具备申请仲裁的权利。当事人不愿调解、调解不成或达成调解协议后未经仲裁审查确认且不履行的，可以直接向劳动人事争议仲裁委员会申请劳动仲裁。

9.4.4　劳动争议的仲裁程序

劳动争议的仲裁指的是劳动争议当事人自愿把劳动争议提交给第三者处理，并由其就劳动争议的事实和责任做出对双方当事人具有约束力的判断和裁决。劳动争议申请仲裁的时效为一年，时间从当事人知道或者应当知道其权利被侵害之日起开始计算。劳动仲裁的程序内容如下。

1. 提交仲裁申请

申请人是劳动者的，需要提交以下材料。

- 劳动仲裁申请书（包含详细的陈述、申诉理由和要求，提交正本一套，并按被申请人数提供副本）；
- 申请人身份证明复印件一份；
- 有委托代理人的，需提交授权委托书一份，注明委托事项。委托公民代理的，还应提交委托代理人的身份证复印件；
- 被申请人工商注册登记资料（机读资料或被申请人营业执照副本的复印件）一份；
- 证据清单，证据中一般应包括证明存在劳动关系的资料，如劳动合同书、工作证、厂牌、工卡、工资表、入职登记表、押金收据、社会保险缴费清单、暂住证、考勤记录、奖惩通知、解除（终止）劳动关系的通知（证明）等。当事人应提供证据正本一套，并按照被申请人数提供副本。

如果申请人为 10 人以上，并有共同请求的，可以推举代表参加仲裁活动。申请人除了需要提交劳动者需要的上述各项资料外，可推举 1 ～ 3 名代表，并提交全体申请人签名的授权书。如果属于欠薪的员工集体争议案件，申请人还需要提交按月列明的拖欠薪酬金额明细表。

申请人是用人单位的，需要提交以下材料。

- 营业执照副本的复印件一份；
- 法定代表人（主要负责人）身份证明书一份；
- 有委托代理人的，需提交授权委托书一份，并注明委托事项；
- 证据清单，内容同劳动者需要提供的证据清单相同。

2．案件受理

劳动争议仲裁委员会自收到仲裁申请之日起5日内，认为符合受理条件的，应当受理，并通知申请人。同时，应在受理后的5日内将仲裁申请书的副本送达被申请人。被申请人收到仲裁申请书的副本后，应在10日内向劳动争议仲裁申请委员会提交答辩书。劳动争议仲裁委员会收到答辩书后，应当在5日内将答辩书的副本送达申请人。被申请人未提交答辩书的，不影响仲裁程序的进行。

劳动争议仲裁委员会认为仲裁申请不符合受理条件的，应当以书面形式通知申请人不予受理，并说明理由。对劳动争议仲裁委员会不予受理或逾期未做出决定的，申请人可以就该劳动争议事项直接向人民法院提起诉讼。

3．庭前调解

仲裁庭在做出裁决前，应当先进行调解。调解达成协议的，仲裁庭应形成调解书。调解书应当写明仲裁请求和双方当事人的协议结果。调解书由仲裁员签名，加盖劳动争议仲裁委员会的印章，并送达双方当事人。调解书经双方当事人签收后即产生法律效力。如果调解不成或调解书送达前，一方当事人反悔的，仲裁庭须及时做出裁决。

4．开庭审理

仲裁庭应当在受理仲裁申请之日起5日内将其成员组成以书面形式通知当事人。仲裁庭一般由3名仲裁员组成，设首席仲裁员。简单的劳动争议案件可以由一名仲裁员独自仲裁。仲裁员中有以下情况的，应主动申请回避。

- 与本案有利害关系的；
- 是本案当事人、代理人有亲属关系或其他关系，可能影响裁决公平公正原则的；
- 私自会见当事人或代理人；
- 接受当事人或代理人的请客送礼。

仲裁庭应当在开庭前5日，将仲裁的开庭时间、地点以书面形式通知双方当事人。双方当事人若有正当理由的，可以在开庭3日前请求延期开庭。开庭是否延期，由劳动争议仲裁委员会最终决定。

申请人收到开庭的书面通知后，无正当理由拒不到庭或者未经仲裁庭同意中途退庭的，可以视为撤回仲裁申请。开庭前双方当事人就劳动争议达成一致意见并决定和解的，可以向仲裁院提交撤诉申请书。

对于某些劳动争议，仲裁庭认为需要进行鉴定的，需要找专门的机构鉴定。鉴定机构的选择可以由双方当事人协商确定，双方当事人没有意见或无法达成一致意见时，由仲裁庭指定鉴定机构进行鉴定。

5．执行裁决

仲裁庭应当自劳动争议仲裁委员会受理仲裁申请之日起 45 日内结束劳动争议案件的裁决。若案情复杂需要延期的，经劳动争议仲裁委员会主任的批准，可以延期，并须书面通知双方当事人，但延长期限不得超过 15 日。如果劳动争议案件的一部分事实已经清楚，仲裁庭可以就该部分先行裁决。对逾期未做出仲裁裁决的案件，当事人可以就该劳动争议事项向人民法院提起诉讼。

仲裁庭有权力裁决先予执行。对于追索劳动报酬、工伤医疗费、经济补偿或者赔偿金的案件，若双方当事人之间的权利义务关系明确、不先予执行将严重影响申请人的生活，一方当事人可以提交先予执行申请书，申请仲裁庭裁决先予执行。当申请人是劳动者时，可以不提供担保。

9.4.5　劳动争议的诉讼程序

对于当事人对劳动仲裁裁决不服的、劳动仲裁不予受理的劳动争议案件，一方当事人可以提起诉讼。诉讼时效参考《中华人民共和国劳动争议调解仲裁法》（2008 年 5 月 1 日施行）的相关规定。

第四十七条　下列劳动争议，除本法另有规定的外，仲裁裁决为终局裁决，裁决书自做出之日起发生法律效力：

（一）追索劳动报酬、工伤医疗费、经济补偿或者赔偿金，不超过当地月最低工资标准十二个月金额的争议；

（二）因执行国家的劳动标准在工作时间、休息休假、社会保险等方面发生的争议。

第四十八条　劳动者对本法第四十七条规定的仲裁裁决不服的，可以自收到仲裁裁决书之日起十五日内向人民法院提起诉讼。

第四十九条　用人单位有证据证明本法第四十七条规定的仲裁裁决有下列情形之一，可以自收到仲裁裁决书之日起三十日内向劳动争议仲裁委员会所在地的中级人民法院申请撤销裁决：

（一）适用法律、法规确有错误的；

（二）劳动争议仲裁委员会无管辖权的；

（三）违反法定程序的；

（四）裁决所根据的证据是伪造的；

（五）对方当事人隐瞒了足以影响公正裁决的证据的；

（六）仲裁员在仲裁该案时有索贿受贿、徇私舞弊、枉法裁决行为的。

人民法院经组成合议庭审查核实裁决有前款规定情形之一的，应当裁定撤销。

仲裁裁决被人民法院裁定撤销的，当事人可以自收到裁定书之日起十五日内就该劳动争议事项向人民法院提起诉讼。

劳动争议案件由用人单位所在地或者劳动合同履行地的基层人民法院管辖，劳动合同履行地点不明确的，由用人单位所在地的基层人民法院管辖。对公民提起的民事诉讼，由被告住所地人民法院管辖；被告住所地与经常居住地不一致的，由经常居住地人民法院管辖。对法人或者其他组织提起的民事诉讼，由被告住所地人民法院管辖。

1. 准备材料

如果起诉申请人是劳动者，则需要准备下列材料。

- 起诉状；
- 申请人的身份证复印件；
- 用人单位的营业执照副本的复印件；
- 有代理人的，代理人应提供授权委托书以及代理人的身份证明；
- 证据材料及清单。

如果起诉申请人是用人单位，需要准备下列材料。

- 起诉状；
- 营业执照副本的复印件；
- 法定代表人身份证明复印件；
- 劳动者身份证复印件；
- 代理人的授权委托书以及身份证明；
- 证据材料及清单。

具体材料以法院立案前的要求为准。

对于一般举证范围，需要准备的证据材料一般包括劳动关系的证明，例如劳资双方签订的劳动合同，聘用或雇佣关系的证明。未签订劳动合同的应提供工作起止日期及相关证明材料。对于劳动保险、劳动保护引起的劳动争议，需要举证的范围一般包括企业缴纳养老保险金、住房公积金的有关证据；员工的工资和奖金情况；员工伤势鉴定及医疗费单据等。

对于因涉及企业开除、除名、辞退员工而引起的劳动争议，需要提供企业开除、除名、辞退员工的决定通知等；涉及培训费的，用工单位必须提供支付培训费的具体依据及必需的服务期限等。对于追索劳动报酬的劳动争议，需要提供劳动起止日期，所欠劳动报酬的具体数额等有关证据。

2．案件受理

人民法院受理劳动争议案件的标准如下。

● 有明确的被告；
● 有具体的诉讼请求和事实、理由；
● 原告是与本案有直接利害关系的公民、法人和其他组织；
● 属于人民法院受理民事诉讼的范围和受诉人民法院管辖。

对于符合起诉条件的，人民法院必须受理，在 7 日内立案，并通知双方当事人；对于不符合起诉条件的，应当在 7 日内裁定不予受理，并做出裁定书；原告对裁定不服的，可以提起上诉。

3．庭前调解

同仲裁的调解类似，劳动争议诉讼案件在开庭前同样会征询双方当事人是否愿意接受调解，协商解决劳动争议。若双方当事人就劳动争议不能达成一致意见或一方当事人不接受调解，则继续开庭审理。

4．开庭审理

在正式开庭审理之前，人民法院还要提前做好相关的准备工作，例如向被告发送起诉状副本，组成合议庭，开展调查或委托调查，通知当事人参加诉讼等。劳动争议开庭审理的流程如下。

● 开庭；
● 原告陈述诉讼请求、事实及理由；
● 被告答辩；
● 法庭调查；
● 当事人陈述；
● 双方举证质证；
● 宣读鉴定结论；
● 勘验笔录；
● 辩论（先原告及其诉讼代理人发言，再被告及其诉讼代理人答辩，再辩论）；

- 最后总结陈述（按照原告、被告、第三人的先后顺序）。

5．依法判决

在人民法院做出判决前，如果劳动争议能够调解，还可以进行调解，仍然无法调解的，应当及时判决。在判决书送达当事人之日起 15 日内，如果当事人没有向上一级人民法院提起上诉，则判决书生效。

6．申请二审

如果有当事人不服一审判决，可依法提起二审程序。但须在一审判决书送达之日起的 15 日内向上一级人民法院提起上诉。上诉状应当写明当事人的姓名、企业法人名称及法定代表人姓名，原审人民法院名称、案件编号和案由，上诉的请求和理由。上诉状应通过原审人民法院提交，并按对方当事人或代表人的人数提交副本。二审人民法院的诉讼过程同一审诉讼程序，其做出的判决为终审判决。

9.4.6　如何减少劳动争议

对待形形色色的劳动争议，人力资源管理员需要修炼内功，不仅要学会巧妙地"处理"，还要学会科学地"管理"。为预防和减少劳动争议，人力资源部门应做好以下工作。

1．加强劳动合同管理

- 严格按照《中华人民共和国劳动合同法》（2012 年 12 月 28 日修改）的规定执行；
- 保证全员都签订劳动合同；
- 注意劳动合同的变更管理。

2．建立健全公司的各项规章制度及流程

- 企业的规章制度要符合国家法律法规或行业规章，不能存在有悖于法律或规章的条款；
- 规章制度要具有完备性，要涵盖人力资源管理体系的各方面；
- 对违约责任要有明确的划分与界定，要具备可操作性。

3．增强公司决策层、各部门管理者以及人力资源管理人员的法律意识

- 定期组织相关管理人员培训；
- 开展劳动纠纷处理活动演练；
- 开展自查活动。

4. 为员工开设投诉和处理通道

- 员工投诉要简单易行，要首人接待，首人负责；
- 接到投诉后马上处理，处理的过程要客观公正，随时与投诉人沟通进展；
- 为员工开展正确处理劳动争议方式的宣传教育。

第 **10** 章

社会保险与住房公积金

　　社会保险包括养老保险、失业保险、工伤保险、医疗保险、生育保险，简称"五险"。住房公积金简称"一金"。社会保险和住房公积金都属于保障制度的重要组成部分。通过这种社会体制，保障人们在养老、医疗、失业、工伤、生育及住房方面不论遇到什么情况都能保持最基本的生活水平。

10.1　社会保险基本知识

社会保险制度，是一种为丧失劳动能力、暂时失去劳动岗位或因健康原因造成损失的人口提供收入或补偿的一种社会和经济制度。社会保险是一种缴费性的社会保障，资金主要是用人单位和劳动者本人缴纳，政府财政给予补贴并承担最终的责任。但是劳动者只有履行了法定的缴费义务，并在符合法定条件的情况下，才能享受相应的社会保险待遇。

10.1.1　社会保险的特征属性

社会保险具有五个特征。

1. 社会保险的客观基础，是劳动领域中存在的风险，保险的标的是劳动者的人身。

2. 社会保险的主体是特定的。包括劳动者（含其亲属）与用人单位。

3. 社会保险属于强制性保险。

4. 社会保险的目的是维持劳动力的再生产。

5. 保险基金来源于用人单位和劳动者的缴费及财政的支持。

之所以设置社会保险，主要是因为社会保险可以稳定社会生活，促进社会资源的再分配，促进社会经济发展。现实中，越是发达的地区，员工对于社保的重视程度越高。

个人缴纳社会保险和单位缴纳的社会保险是不同的，主要有两种不同。

1. 缴费险种不同。以个人身份缴纳的社会保险只有养老保险和医疗保险两种。按照规定，灵活就业的人员，以个人名义自愿参加基本医疗保险和基本养老保险，不纳入失业、工伤和生育保险的参加人群范围。

而且，用人单位为职工缴纳社保是带有强制性的，根据《中华人民共和国劳动法》（2018 年 12 月 29 日第二次修正）第七十二条的规定。

社会保险基金按照保险类型确定资金来源，逐步实行社会统筹。用人单位和劳动者必须依法参加社会保险，缴纳社会保险费。

2. 缴费比例不同。养老、医疗和失业保险是由个人和企业分别缴纳的，一般企业占大头。工伤保险和生育保险是不需要个人缴纳的，全部由企业缴纳。而以个人身份缴纳社会保险费则需要全部由个人负担。

10.1.2　社会保险与商业保险

社会保险与商业保险的不同主要体现在四点。

1．二者的实施目的不同。

社会保险是为社会成员提供必要时的基本保障，不以盈利为目的；商业保险是保险公司的商业化运作，以利润为目的。

2．二者的实施方式不同。

社会保险是根据国家立法强制实施，具有强制性的特征；商业保险是遵循契约自由原则，由企业和个人自愿投保。

3．二者的实施主体和对象不同。

社会保险由国家成立的专门性机构进行基金的筹集、管理及发放，其对象是法定范围内的社会成员；商业保险是保险公司来经营管理的，被保险人可以是符合承保条件的任何人。

4．二者的保障水平不同。

社会保险为大多数被保险人提供的保障是最基本的，保障程度相对较低；商业保险提供的保障水平取决于保险双方当事人的约定和投保人所缴保费的多少，只要符合投保条件并有一定的缴费能力，被保险人可以获得高水平的保障。

10.1.3　社会保险的缴交基数

根据我国现阶段实施的政策，社会保险费的收缴遵循的公式如下。

缴费金额＝缴费基数 × 缴费比例。

社保的缴费基数，是指企业或职工个人用于计算缴纳社会保险费的工资基数，用此基数乘以规定的费率，就是企业或者个人应缴纳的社会保险费的金额。

各地社保缴费基数与当地的平均工资数据相挂钩。它是按照职工上一年度 1 月至 12 月的所有工资性收入所得的月平均额来确定的。每年确定一次，且确定以后，一年内不再变动，社保基数申报和调整的时间，一般每年在 7 月左右。

企业为职工缴纳社会保险，一般应以职工的月工资总额作为缴费基数。具体缴费基数由社会保险经办机构根据用人单位的申报，依法对其进行核定。职工个人缴纳社会保险，一般以本人上一年度的月平均工资作为个人缴纳社会保险费的工资基数。

公式中的缴费比例，指的是社会保险费的征缴费率。

社会保险费的费基、费率依照有关法律、行政法规和国务院的规定执行，具体标准以当地相关政府部门的规定为准。

10.2 养老保险

养老保险，是国家和社会根据一定的法律和法规，为解决劳动者在达到国家规定的解除劳动义务的劳动年龄界限，或因年老丧失劳动能力退出劳动岗位后的基本生活而建立的一种社会保险制度。

10.2.1 养老保险的特征与作用

养老保险是社会保障制度的重要组成部分，是社会保险五大险种中最重要的险种之一。其目的是为保障职工退出社会生产活动后（老年后）的基本生活需求，为其提供稳定可靠的生活来源。

基本养老保险以保障离退休人员的基本生活为原则，具有强制性、互济性和社会性。

（1）强制性，基本养老保险的强制性主要体现在由国家立法并强制实行，企业和个人都必须参加而不得违背。

（2）互济性，主要体现在养老保险费用来源，一般由国家、企业和个人三方共同负担，统一使用、支付，使企业职工得到生活保障并实现广泛的社会互济。

（3）社会性，主要体现在养老保险影响很大，享受人多且时间较长，费用支出庞大。

国有企业、集体企业、外商投资企业、私营企业和其他城镇企业及其职工，实行企业化管理的事业单位及其职工必须参加基本养老保险。

养老保险的主要作用包括三点。

1．有利保证劳动力再生产

通过建立养老保险的制度，有利于劳动力群体的正常代际更替，老年人年老退休，新成长劳动力顺利就业，保证就业结构的合理化。

2．有利于社会的安全稳定

养老保险为老年人提供了基本生活保障，使老年人老有所养。随着人口老龄化的到来，老年人口的比例越来越大，人数也越来越多，养老保险保障了老年劳动者的基本生活，等于保障了社会相当部分人口的基本生活。对于在职劳动者而言，参加养老保险，意味着对将来年老后的生活有了预期，免除了后顾之忧，有利于社会的稳定。

3．有利于促进经济的发展

养老保险制度与公平和效率挂钩，劳动者退休后领取养老金的数额，与其在职劳动期间的工资收入、缴费多少有直接的联系，这无疑能够产生一种激励劳动者在职期间积极劳动，提高效率。

10.2.2 领取养老保险金的条件

基本养老保险费的征缴范围：国有企业、城镇集体企业、外商投资企业、城镇私营企业和其他城镇企业及其职工，实行企业化管理的事业单位及其职工。

用人单位应当按照国家规定的本单位职工工资总额的比例缴纳基本养老保险费，记入基本养老保险统筹基金。职工应当按照国家规定的本人工资的比例缴纳基本养老保险费，记入个人账户。

无雇工的个体工商户、未在用人单位参加基本养老保险的非全日制从业人员及其他灵活就业人员参加基本养老保险的，应当按照国家规定缴纳基本养老保险费，分别记入基本养老保险统筹基金和个人账户。

根据《中华人民共和国社会保险法》（2018 年 12 月 29 日修改）的规定。

第十六条　参加基本养老保险的个人，达到法定退休年龄时累计缴费满十五年的，按月领取基本养老金。参加基本养老保险的个人，达到法定退休年龄时累计缴费不足十五年的，可以缴费至满十五年，按月领取基本养老金；也可以转入新型农村社会养老保险或者城镇居民社会养老保险，按照国务院规定享受相应的养老保险待遇。

第十七条　参加基本养老保险的个人，因病或者非因工死亡的，其遗属可以领取丧葬补助金和抚恤金；在未达到法定退休年龄时因病或者非因工致残完全丧失劳动能力的，可以领取病残津贴。所需资金从基本养老保险基金中支付。

第十八条　国家建立基本养老金正常调整机制。根据职工平均工资增长、物价上涨情况，适时提高基本养老保险待遇水平。

第十九条　个人跨统筹地区就业的，其基本养老保险关系随本人转移，缴费年限累计计算。个人达到法定退休年龄时，基本养老金分段计算、统一支付。

关于我国的退休年龄和退休条件，参照 2024 年 9 月 13 日，第十四届全国人民代表大会常务委员会第十一次会议通过的《国务院关于渐进式延迟法定退休年龄的办法》的规定。

《国务院关于渐进式延迟法定退休年龄的办法》自 2025 年 1 月 1 日起施行。

第五届全国人民代表大会常务委员会第二次会议批准的《国务院关于安置老弱病残干部的暂行办法》和《国务院关于工人退休、退职的暂行办法》中有关退休年龄的规定不再施行。

《国务院关于渐进式延迟法定退休年龄的办法》中有如下规定。

第一条　从 2025 年 1 月 1 日起，男职工和原法定退休年龄为五十五周岁的女职工，法定退休年龄每四个月延迟一个月，分别逐步延迟至六十三周岁和五十八周岁；原法定退休年龄为五十周岁的女职工，法定退休年龄每二个月延迟一个月，逐步延迟至五十五周岁。国家另有规定的，从其规定。

第二条　从 2030 年 1 月 1 日起，将职工按月领取基本养老金最低缴费年限由十五年逐步提高至二十年，每年提高六个月。职工达到法定退休年龄但不满最低缴费年限的，可以按照规定通过延长缴费或者一次性缴费的办法达到最低缴费年限，按月领取基本养老金。

第三条　职工达到最低缴费年限，可以自愿选择弹性提前退休，提前时间最长不超过三年，且退休年龄不得低于女职工五十周岁、五十五周岁及男职工六十周岁的原法定退休年龄。职工达到法定退休年龄，所在单位与职工协商一致的，可以弹性延迟退休，延迟时间最长不超过三年。国家另有规定的，从其规定。实施中不得违背职工意愿，违法强制或者变相强制职工选择退休年龄。

10.3　医疗保险

医疗保险是国家和社会根据一定的法律法规，为向保障范围内的劳动者提供患病时基本医疗需求保障而建立的社会保险制度。基本医疗保险制度的建立和实施集聚了单位和社会成员的经济力量，再加上政府的资助，可以使患病的社会成员从社会获得必要的物资帮助，减轻医疗费用负担，防止患病的社会成员因病致贫。

10.3.1　医疗保险的特征与作用

医疗保险，是为了补偿劳动者因疾病风险造成的经济损失而建立的一项社会保险制度。通过用人单位与个人缴费，建立医疗保险基金，参保人员患病就诊发生医疗费用后，由医疗保险机构对其给予一定的经济补偿。

医疗保险同其他类型的保险一样，也是以合同的方式预先向受疾病威胁的人收取医疗保险费，建立医疗保险基金；当被保险人患病并去医疗机构就诊而发生医疗费用后，由医疗保险机构给予一定的经济补偿。

因此，医疗保险也具有保险的两大职能：风险转移和补偿转移。即把个体身上的由疾病风险所致的经济损失分摊给所有受同样风险威胁的成员，用集中起来的医疗保险基金来补偿由疾病所带来的经济损失。

医疗保险作为社会保险中的一种，主要具有四大作用。

1. 有利于提高劳动生产率，促进生产的发展

医疗保险是社会进步、生产发展的必然结果。医疗保险制度的建立和完善又会进一步促进社会的进步和生产的发展。医疗保险一方面解除了劳动者的后顾之忧，让劳动者可以安心工作，从而可以提高劳动生产率，促进生产的发展；另一方面也保证了劳动者的身心健康，保证了劳动力正常再生产。

2. 调节收入差别，体现社会公平性

医疗保险通过征收医疗保险费和偿付医疗保险服务费用来调节收入差别，是政府一种重要的收入再分配的手段。

3. 维护社会安定的重要保障

医疗保险对患病的劳动者给予经济上的帮助，有助于消除因疾病带来的社会不安定因素，是调整社会关系和社会矛盾的重要社会机制。

4. 促进社会文明和进步的重要手段

医疗保险和社会互助共济的社会制度，通过在参保人之间分摊疾病费用风险，体现出了"一方有难，八方支援"的社会关系，有利于促进社会文明和进步。

基本医疗保险费的征缴范围：国有企业、城镇集体企业、外商投资企业、城镇私营企业和其他城镇企业及其职工，国家机关及其工作人员，事业单位及其职工，民办非企业单位及其职工，社会团体及其专职人员。

10.3.2　退休享受医疗保险的条件

根据《社会保险法》（2018 年 12 月 29 日修改）第二十七条的规定。

参加职工基本医疗保险的个人，达到法定退休年龄时累计缴费达到国家规定年限的，退休后不再缴纳基本医疗保险费，按照国家规定享受基本医疗保险待遇；未达到国家规定年限的，可以缴费至国家规定年限。

关于最低的缴费年限，各地规定有所不同。

在职员工的医疗保险费由用人单位每月按时缴纳，对退休员工的医疗保险，应参考《国务院关于建立城镇职工基本医疗保险制度的决定》（国发〔1998〕44号）的规定。

六、妥善解决有关人员的医疗待遇

退休人员参加基本医疗保险，个人不缴纳基本医疗保险费。对退休人员个人账户的计入金额和个人负担医疗费的比例给予适当照顾。

也就是说，退休人员参加基本医疗保险，个人不缴纳基本医疗保险费，由原用人单位缴纳。

基本医疗保险基金由统筹基金和个人账户构成。职工个人缴纳的基本医疗保险费全部计入个人账户；用人单位缴纳的基本医疗保险费分为两部分，一部分划入个人账户，一部分用于建立统筹基金。

医疗保险中的个人账户资金主要用于支付参保人员在定点医疗机构和定点零售药店就医购药符合规定的费用，个人账户资金用完或不足部分，由参保人员个人用现金支付，个人账户可以结转使用和依法继承。

参保职工因病住院先自付住院起付额，再进入统筹基金和职工个人共付段。参加基本医疗保险的单位及个人，必须同时参加大额医疗保险，并按规定按时足额缴纳基本医疗保险费和大额医疗保险费，才能享受医疗保险的相关待遇。

10.4 工伤保险

工伤保险，是指劳动者由于工作原因并在工作过程中受意外伤害，或因接触粉尘、放射线、有毒害物质等职业危害因素引起职业病后，由国家和社会给负伤、致残者及死亡者生前供养亲属提供必要物质帮助的一种社会保险制度。

10.4.1 工伤保险的作用

工伤，是指与用人单位存在劳动关系的劳动者在工作时间、工作地点因工作原因发生人身伤害事故、急性中毒事故。员工即使不在工作岗位上，但是由于用人单位设施不安全或者劳动条件、作业环境不良而引起的人身伤害事故，也属于工伤。

在现实生活中，不少工作岗位都存在着不安全因素，工伤的发生处处可见。所以一份工伤保险对于劳动者来说是非常重要的。

工伤保险费由用人单位缴纳，对于工伤事故发生率较高的行业工伤保险费的征收费率高于一般标准。一方面，是为了保障这些行业的职工发生工伤时，工伤保险基金可以足额支付工伤职工的工伤保险待遇；另一方面，是通过高费率征收，使企业有风险意识，加强工伤预防工作使伤亡事故率降低。

根据我国的工伤保险相关法律法规的规定，用人单位应当承担为职工缴纳工伤保险的责任。这里的"用人单位"不仅指企业，还包括雇有员工的个体工商户及其他与劳动者存在雇佣关系的组织。

从工伤的定义可以看出，是否属于工伤应该满足两个条件。

（1）劳动者是否与用人单位存在劳动关系。

（2）劳动者所受到的伤害是否因工作原因。

根据《工伤保险条例》（国务院令第 586 号）第二条的规定。

中华人民共和国境内的企业、事业单位、社会团体、民办非企业单位、基金会、律师事务所、会计师事务所等组织和有雇工的个体工商户（以下称用人单位）应当依照本条例规定参加工伤保险，为本单位全部职工或者雇工（以下称职工）缴纳工伤保险费。

中华人民共和国境内的企业、事业单位、社会团体、民办非企业单位、基金会、律师事务所、会计师事务所等组织的职工和个体工商户的雇工，均有依照本条例的规定享受工伤保险待遇的权利。

10.4.2 工伤认定的条件

根据《工伤保险条例》（国务院令第 586 号）的规定。

第十四条 职工有下列情形之一的，应当认定为工伤：

（一）在工作时间和工作场所内，因工作原因受到事故伤害的；

（二）工作时间前后在工作场所内，从事与工作有关的预备性或者收尾性工作受到事故伤害的；

（三）在工作时间和工作场所内，因履行工作职责受到暴力等意外伤害的；

（四）患职业病的；

（五）因工外出期间，由于工作原因受到伤害或者发生事故下落不明的；

（六）在上下班途中，受到非本人主要责任的交通事故或者城市轨道交通、客运轮渡、火车事故伤害的；

（七）法律、行政法规规定应当认定为工伤的其他情形。

第十五条 职工有下列情形之一的，视同工伤：

（一）在工作时间和工作岗位，突发疾病死亡或者在 48 小时之内经抢救无效死亡的；

（二）在抢险救灾等维护国家利益、公共利益活动中受到伤害的；

（三）职工原在军队服役，因战、因公负伤致残，已取得革命伤残军人证，到用人单位后旧伤复发的。

职工有前款第（一）项、第（二）项情形的，按照本条例的有关规定享受工伤保险待遇；职工有前款第（三）项情形的，按照本条例的有关规定享受除一次性伤残补助金以外的工伤保险待遇。

第十六条　职工符合本条例第十四条、第十五条的规定，但是有下列情形之一的，不得认定为工伤或者视同工伤：

（一）故意犯罪的；

（二）醉酒或者吸毒的；

（三）自残或者自杀的。

10.4.3　工伤保险费率

工伤保险费根据以支定收、收支平衡的原则，确定费率。国家根据不同行业的工伤风险程度确定行业的差别费率，并根据工伤保险费使用、工伤发生率等情况在每个行业内确定若干费率档次。

根据《关于调整工伤保险费率政策的通知》（人社部发〔2015〕71 号）的规定，按照《国民经济行业分类》（GB/T 4754—2017）对行业的划分，根据不同行业的工伤风险程度，由低到高，依次将行业工伤风险类别划分为一类至八类。

工伤保险行业风险分类及基准费率表如表 10-1 所示。

表 10-1　工伤保险行业风险分类及基准费率表

行业类别	行业名称	基准费率
一	软件和信息技术服务业，货币金融服务，资本市场服务，保险业，其他金融业，科技推广和应用服务业，社会工作，广播、电视、电影和影视录音制作业,中国共产党机关,国家机构,人民政协、民主党派,社会保障,群众团体、社会团体和其他成员组织，基层群众自治组织，国际组织	0.2%
二	批发业，零售业，仓储业，邮政业，住宿业，餐饮业，电信、广播电视和卫星传输服务，互联网和相关服务，房地产业，租赁业，商务服务业，研究和试验发展,专业技术服务业,居民服务业,其他服务业,教育,卫生,新闻和出版业，文化艺术业	0.4%

续表

行业类别	行业名称	基准费率
三	农副食品加工业，食品制造业，酒、饮料和精制茶制造业，烟草制品业，纺织业，木材加工和木、竹、藤、棕、草制品业，文教、工美、体育和娱乐用品制造业，计算机、通信和其他电子设备制造业，仪器仪表制造业，其他制造业，水的生产和供应业，机动车、电子产品和日用产品修理业，水利管理业，生态保护和环境治理业，公共设施管理业，娱乐业	0.7%
四	农业，畜牧业，农、林、牧、渔服务业，纺织服装、服饰业，皮革、毛皮、羽毛及其制品和制鞋业，印刷和记录媒介复制业，医药制造业，化学纤维制造业，橡胶和塑料制品业，金属制品业，通用设备制造业，专用设备制造业，汽车制造业，铁路、船舶、航空航天和其他运输设备制造业，电气机械和器材制造业，废弃资源综合利用业，金属制品、机械和设备修理业，电力、热力生产和供应业，燃气生产和供应业，铁路运输业，航空运输业，管道运输业，体育	0.9%
五	林业，开采辅助活动，家具制造业，造纸和纸制品业，建筑安装业，建筑装饰和其他建筑业，道路运输业，水上运输业，装卸搬运和运输代理业	1.1%
六	渔业，化学原料和化学制品制造业，非金属矿物制品业，黑色金属冶炼和压延加工业，有色金属冶炼和压延加工业，房屋建筑业，土木工程建筑业	1.3%
七	石油和天然气开采业，其他采矿业，石油加工、炼焦和核燃料加工业	1.6%
八	煤炭开采和洗选业，黑色金属矿采选业，有色金属矿采选业，非金属矿采选业	1.9%

统筹地区社会保险经办机构根据用人单位工伤保险费使用、工伤发生率、职业病危害程度等因素，确定其工伤保险费率，并可依据上述因素变化情况，每一至三年确定其在所属行业不同费率档次间是否浮动。对符合浮动条件的用人单位，每次可上下浮动一档或两档。统筹地区工伤保险最低费率不低于本地区一类风险行业基准费率。费率浮动的具体办法由统筹地区人力资源社会保障部门商财政部门制订，并征求工会组织、用人单位代表的意见。

各统筹地区确定的工伤保险行业基准费率具体标准、费率浮动具体办法，应报省级人力资源社会保障部门和财政部门备案并接受指导。省级人力资源社会保障部门、财政部门应每年将各统筹地区工伤保险行业基准费率标准确定和变化以及浮动费率实施情况汇总报人力资源社会保障部、财政部。

10.4.4　工伤申报流程

当员工发生事故伤害或按照职业病防治法规定被诊断、鉴定为职业病时，企业应当自事故伤害发生之日或被诊断、鉴定为职业病之日起 30 日内，向统筹地区社会保险行政部门提出工伤认定申请。如果遇到特殊情况，经报社会保险行政部门同意，申请时限可以适当延长。

如果企业没有按规定提出工伤认定申请，工伤员工或其近亲属、工会组织在事故伤害发生之日或被诊断、鉴定为职业病之日起的 1 年内，可以直接向企业所在地统筹地区社会保险行政部门提出工伤认定申请。

企业如果没有在规定时限内提交工伤认定申请，在此期间发生相关法律规定的工伤待遇相关费用时，将全部由企业负担。

企业提出工伤认定，需要提交工伤认定申请表。《工伤认定申请表》的格式模板如表 10-2 所示。

表 10-2　工伤认定申请样表

填表日期：_____年____月____日

申请人			申请人与受伤职工关系	
职工姓名		性别	出生日期	年　　月　　日
身份证号码			联系电话	
家庭地址			邮政编码	
工作单位			组织机构代码	
单位地址			邮政编码	
单位经办人			联系电话	
职业、工种或工作岗位			参加工作时间	
事故时间、地点及主要原因			诊断时间	
受伤害部位			职业病名称	
接触职业病危害岗位			接触职业病危害时间	
受伤害经过简述（可附页）				

受伤害职工（近亲属、工会组织）意见： 填写内容属实，相关证据已全部提交，如有虚假本人承担相应的法律责任。申请认定工伤，并委托　　同志办理工伤认定相关手续。 　　　　签字 　　　　　　　年　　月　　日	用人单位意见： 填写内容属实，相关证据已全部提交，如有虚假本单位承担相应的法律责任。申请认定工伤，并委托　　同志办理工伤认定相关手续。 法定代表人签字　　　　（公章） 　　　　　　　年　　月　　日

《工伤认定申请表》中应当描述员工受伤害过程，写明事故发生的时间、地点，当时所从事的工作，受伤害的原因及伤害部位和程度。职业病患者应写明在何单位从事何种有害作业，起止时间，确诊结果。

企业提交《工伤认定申请表》时，一般还应当一并提交以下材料。

- 劳动、聘用合同文本复印件或者与企业存在劳动关系（包括事实劳动关系）、人事关系的证明材料；
- 医疗机构出具的职工受伤害后诊断证明书（初诊病历及其封面、伤病情证明或出院小结、检查报告单等）或者职业病诊断证明书（或者职业病诊断鉴定书）；
- 受伤害职工的居民身份证复印件；
- 两名证人证词及证人居民身份证复印件；
- 企业的营业执照或工商登记、组织机构代码复印件。

有下列情形之一的，还应当分别提交相应证据。

- 职工死亡的，提交死亡证明；
- 在工作时间和工作场所内，因履行工作职责受到暴力等意外伤害的，提交公安部门的证明或者其他相关证明；
- 因工外出期间，由于工作原因受到伤害或者发生事故下落不明的，提交公安部门的证明或者相关部门的证明；
- 上下班途中，受到非本人主要责任的交通事故伤害的，提交公安机关交通管理部门或者其他相关部门的交通事故认定书或其他有效证明，上下班的时间规定、单位至居住地正常路线图；
- 在工作时间和工作岗位，突发疾病死亡或者在48小时之内经抢救无效死亡的，提交医疗机构的抢救证明；
- 在抢险救灾等维护国家利益、公共利益活动中受到伤害的，提交民政部门或者其他相关部门的证明；
- 属于因战、因公负伤致残的转业、复员军人，旧伤复发的，提交《革命伤残军人证》及劳动能力鉴定机构对旧伤复发的确认；
- 属于重伤以上生产安全事故的，提交安全生产监督管理部门的事故备案证明；
- 工伤职工近亲属提出工伤认定申请的，提交有效的近亲属关系证明。

10.4.5 劳动能力鉴定

劳动能力鉴定指的是员工劳动功能障碍程度和生活自理障碍程度的等级鉴定。员工发生工伤之后，经治疗伤情相对稳定后，如果存在残疾、影响劳动能力的情况，应当进行劳动能力鉴定。

劳动功能障碍分为十个伤残等级，一级最重，十级最轻。生活自理障碍分为三个等级：生活完全不能自理、生活大部分不能自理和生活部分不能自理。

劳动能力鉴定由企业、工伤员工或其近亲属向设区的市级劳动能力鉴定委员会提出申请，并提供工伤认定决定和职工工伤医疗的有关资料。申请劳动能力鉴定时，需要用到《劳动能力鉴定申请表》，申请表如表 10-3 所示。

表 10-3　劳动能力鉴定申请表

被鉴定人姓名		性别		身份证号码				2 寸免冠照片
单位名称				联系人				
单位通信地址				联系电话		手机：		
						座机：		
被鉴定人通信地址				被鉴定人联系电话		手机：		
						座机：		
工伤发生时间	工伤认定时间			认定决定书编号		〔　　〕第　　号		
工伤鉴定项目	□伤残等级鉴定		□配置辅助器具确认（辅助器具名称）：					
	□康复资格确认	□护理等级鉴定	□用人单位申请延长停工留薪期确认（原停工留薪期为___月）					
	□复查鉴定	上次鉴定书编号	上次鉴定时间		上次鉴定级别			
	□疾病与工伤因果关系确认 需确认与工伤存在因果关系的疾病名称和因果关系							
	□旧伤复发确认 需确认旧伤复发伤病部位和复发原因							
	诊断医师（签名）：			诊断医院（公章）：				
	1. 内固定 □ 已 □ 未取出，伤情相对稳定； 2. 本人收到工伤认定决定书□ 已 □ 未满六个月。			1. 确认该职工工伤停工留薪期□已 □ 未满； 2. 收到该职工工伤认定决定书□已□未满6个月； 3. 在行政诉讼期内 □未 □ 已向人民法院提出行政诉讼。				
	被鉴定人（签字并加盖手印）： 　　　　　年　　月　　日			法人代表签字：　　　单位公章： 　　　　　　年　　月　　日				
因病非因工负伤鉴定项目	□因病非因工丧失劳动能力程度鉴定			□工亡职工直系亲属丧失劳动能力程度鉴定				
	被鉴定人所患病种或负伤部位及伤、病史：___ 有：___、___、___、___			该职工非因工致残或患等伤（病），现申请劳动能力鉴定。				
	本人自愿提出本次劳动能力鉴定申请。			同意申请劳动能力鉴定。				
	被鉴定人（签字并加盖手印）： 　　　　　年　　月　　日			法人代表签字：　　　单位公章： 　　　　　　年　　月　　日				

劳动能力鉴定委员会应当自收到劳动能力鉴定申请之日起 60 日内做出劳动能力鉴定结论，必要时，做出劳动能力鉴定结论的期限可以延长 30 日。劳动能力鉴定结论应当及时送达申请鉴定的企业和个人。劳动能力鉴定委员会组成人员或参加鉴定的专家与当事人有利害关系的，应当回避。

如果申请劳动能力鉴定的企业或个人对劳动能力鉴定委员会做出的鉴定结论不服的，可以在收到该鉴定结论之日起 15 日内向省、自治区、直辖市劳动能力鉴定委员会提出再次鉴定申请。省、自治区、直辖市劳动能力鉴定委员会做出的劳动能力鉴定结论为最终结论。

自劳动能力鉴定结论做出之日起 1 年后，工伤员工或其近亲属、企业或经办机构认为伤残情况发生变化的，可以申请劳动能力复查鉴定。

10.4.6　工伤保险待遇

根据《工伤保险条例》（国务院令第 586 号）的规定。

第三十二条　工伤职工因日常生活或者就业需要，经劳动能力鉴定委员会确认，可以安装假肢、矫形器、假眼、假牙和配置轮椅等辅助器具，所需费用按照国家规定的标准从工伤保险基金支付。

第三十三条　职工因工作遭受事故伤害或者患职业病需要暂停工作接受工伤医疗的，在停工留薪期内，原工资福利待遇不变，由所在单位按月支付。

停工留薪期一般不超过 12 个月。伤情严重或者情况特殊，经设区的市级劳动能力鉴定委员会确认，可以适当延长，但延长不得超过 12 个月。工伤职工评定伤残等级后，停发原待遇，按照本章的有关规定享受伤残待遇。工伤职工在停工留薪期满后仍需治疗的，继续享受工伤医疗待遇。

生活不能自理的工伤职工在停工留薪期需要护理的，由所在单位负责。

第三十四条　工伤职工已经评定伤残等级并经劳动能力鉴定委员会确认需要生活护理的，从工伤保险基金按月支付生活护理费。

生活护理费按照生活完全不能自理、生活大部分不能自理或者生活部分不能自理 3 个不同等级支付，其标准分别为统筹地区上年度职工月平均工资的 50%、40% 或者 30%。

《工伤保险条例》（国务院令第 586 号）中，不同伤残等级对应的待遇如表 10-4 所示。

表 10-4　不同伤残等级对应的待遇

伤残等级	操作方式	工伤保险基金支付一次性伤残补助金标准	伤残津贴标准	备注
一级	保留劳动关系，退出工作岗位	27 个月的本人工资	从工伤保险基金按月支付伤残津贴，标准为本人工资的 90%	（1）伤残津贴实际金额低于当地最低工资标准的，由工伤保险基金补足差额 （2）工伤职工达到退休年龄并办理退休手续后，停发伤残津贴，按国家规定享受基本养老保险待遇，基本养老保险待遇低于伤残津贴的由工伤保险基金补足差额 （3）用人单位和职工个人以伤残津贴为基数，缴纳基本医疗保险费
二级	保留劳动关系，退出工作岗位	25 个月的本人工资	从工伤保险基金按月支付伤残津贴，标准为本人工资的 85%	
三级	保留劳动关系，退出工作岗位	23 个月的本人工资	从工伤保险基金按月支付伤残津贴，标准为本人工资的 80%	
四级	保留劳动关系，退出工作岗位	21 个月的本人工资	从工伤保险基金按月支付伤残津贴，标准为本人工资的 75%	
五级	保留与用人单位的劳动关系，由用人单位安排适当工作	18 个月的本人工资	难以安排工作的，由用人单位按月发给伤残津贴，标准为本人工资的 70%	（1）用人单位按规定为其缴纳各项社会保险费。伤残津贴实际金额低于当地最低工资标准的，由用人单位补足差额 （2）经工伤职工本人提出，可与用人单位解除或终止劳动关系，由工伤保险基金支付一次性工伤医疗补助金，由用人单位支付一次性伤残就业补助金。一次性工伤医疗补助金和一次性伤残就业补助金的具体标准由省、自治区、直辖市人民政府规定
六级	保留与用人单位的劳动关系，由用人单位安排适当工作	16 个月的本人工资	难以安排工作的，由用人单位按月发给伤残津贴，标准为本人工资的 60%	
七级	无明确规定	13 个月的本人工资	（1）劳动、聘用合同期满终止，或者职工本人提出解除劳动、聘用合同的，由工伤保险基金支付一次性工伤医疗补助金，由用人单位支付一次性伤残就业补助金 （2）一次性工伤医疗补助金和一次性伤残就业补助金的具体标准由省、自治区、直辖市人民政府规定	
八级	无明确规定	11 个月的本人工资		
九级	无明确规定	9 个月的本人工资		
十级	无明确规定	7 个月的本人工资		

根据《工伤保险条例》（国务院令第586号）的规定。

第三十八条　工伤职工工伤复发，确认需要治疗的，享受本条例第三十条、第三十二条和第三十三条规定的工伤待遇。

第三十九条　职工因工死亡，其近亲属按照下列规定从工伤保险基金领取丧葬补助金、供养亲属抚恤金和一次性工亡补助金：

（一）丧葬补助金为6个月的统筹地区上年度职工月平均工资；

（二）供养亲属抚恤金按照职工本人工资的一定比例发给由因工死亡职工生前提供主要生活来源、无劳动能力的亲属。标准为：配偶每月40%，其他亲属每人每月30%，孤寡老人或者孤儿每人每月在上述标准的基础上增加10%。核定的各供养亲属的抚恤金之和不应高于因工死亡职工生前的工资。供养亲属的具体范围由国务院社会保险行政部门规定；

（三）一次性工亡补助金标准为上一年度全国城镇居民人均可支配收入的20倍。

伤残职工在停工留薪期内因工伤导致死亡的，其近亲属享受本条第一款规定的待遇。

一级至四级伤残职工在停工留薪期满后死亡的，其近亲属可以享受本条第一款第（一）项、第（二）项规定的待遇。

10.5　失业保险

失业保险是指国家通过立法强制实行的，由社会集中建立基金，对因失业而暂时中断生活来源的劳动者提供物质帮助进而保障失业人员失业期间的基本生活，促进其再就业的制度。失业保险基金是社会保险基金中的一种专项基金。

10.5.1　失业保险的特征与作用

各类企业及其职工、事业单位及其职工、社会团体及其职工、民办非企业单位及其职工，国家机关与之建立劳动合同关系的职工都应该办理失业保险。失业保险基金主要是用于保障失业人员的基本生活。

失业保险具有三个特点。

（1）强制性。国家以法律规定的形式，向规定范围内的用人单位、个人征缴社会保险费。缴费义务人必须履行缴费义务，否则构成违法行为，承担相应的法律责任。也就是说，哪些单位、哪些人员要缴费，如何缴费，都是由国家规定的，单位或个人没有选择的自由。

（2）无偿性。国家征收社会保险费后，不需要偿还，也不需要向缴费义务人支付任何代价。

（3）固定性。国家根据社会保险事业的需要，事先规定社会保险费的缴费对象、缴费基数和缴费比例。在征收时，不因缴费义务人的具体情况而随意调整。固定性还体现在社会保险基金的使用上，实行专款专用。

根据《中华人民共和国社会保险法》（2018 年 12 月 29 日修改）第四十八条的规定。

失业人员在领取失业保险金期间，参加职工基本医疗保险，享受基本医疗保险待遇。失业人员应当缴纳的基本医疗保险费从失业保险基金中支付，个人不缴纳基本医疗保险费。

根据《失业保险条例》（国务院令第 258 号）的规定。

第六条：城镇企业事业单位按照本单位工资总额的百分之二缴纳失业保险费。城镇企业事业单位职工按照本人工资的百分之一缴纳失业保险费。城镇企业事业单位招用的农民合同制工人本人不缴纳失业保险费。

10.5.2　领取失业保险金的条件

根据《失业保险条例》（国务院令第 258 号）的规定。

第十四条　具备下列条件的失业人员，可以领取失业保险金：

（一）按照规定参加失业保险，所在单位和本人已按照规定履行缴费义务满 1 年的；

（二）非因本人意愿中断就业的；

（三）已办理失业登记，并有求职要求的。

失业人员在领取失业保险金期间，按照规定同时享受其他失业保险待遇。

第十五条　失业人员在领取失业保险金期间有下列情形之一的，停止领取失业保险金，并同时停止享受其他失业保险待遇：

（一）重新就业的；

（二）应征服兵役的；

（三）移居境外的；

（四）享受基本养老保险待遇的；

（五）被判刑收监执行或者被劳动教养的；

（六）无正当理由，拒不接受当地人民政府指定的部门或者机构介绍的工作的；

（七）有法律、行政法规规定的其他情形的。

根据《中华人民共和国社会保险法》（2018年12月29日修改）和《失业保险条例》（国务院令第258号）中的规定，对失业人员领取失业保险金的期限标准如表10-5所示。

表10-5　失业人员领取失业保险金的期限标准

情况	领取失业保险金的期限	备注
失业前，所在单位和本人按照规定累计缴费时间满1年不足5年	最长为12个月	重新就业后，再次失业的，缴费时间重新计算，领取失业保险金的期限可以与前次失业应领取而尚未领取的失业保险金的期限合并计算，但是最长不得超过24个月
失业前，所在单位和本人按照规定累计缴费时间满5年不足10年的	最长为18个月	
失业前，所在单位和本人按照规定累计缴费时间10年以上的	最长为24个月	

不同地区会有领取失业金的具体规定，比如，根据《北京市失业保险规定实施办法》（京劳社失发〔1999〕129号）的规定。

第二十二条　失业人员享受失业保险待遇，必须符合下列条件：

一、失业前所在单位及个人参加失业保险；

二、履行缴费义务满一年；

三、及时进行失业登记，并有求职要求；

四、非本人意愿中断就业。

第二十三条　非本人意愿中断就业主要包括下列情形：

一、劳动（聘用）合同到期终止；

二、被用人单位解除劳动（聘用）合同；

三、用人单位提出，协商一致解除劳动（聘用）合同；

四、被用人单位辞退；

五、被用人单位除名或开除；

六、根据《劳动法》第32条与用人单位解除劳动合同；

七、符合法律、法规或市政府有关规定的其他情形。

10.5.3　失业保险金的申领方法

根据《中华人民共和国社会保险法》（2018年12月29日修改）的规定。

第五十条　用人单位应当及时为失业人员出具终止或者解除劳动关系的证明，并将失业人员的名单自终止或者解除劳动关系之日起十五日内告知社会保险经办机构。

失业人员应当持本单位为其出具的终止或者解除劳动关系的证明，及时到指定的公共就业服务机构办理失业登记。

失业人员凭失业登记证明和个人身份证明，到社会保险经办机构办理领取失业保险金的手续。失业保险金领取期限自办理失业登记之日起计算。

根据《失业保险条例》（国务院令第 258 号）的规定。

第十六条　城镇企业事业单位应当及时为失业人员出具终止或者解除劳动关系的证明，告知其按照规定享受失业保险待遇的权利，并将失业人员的名单自终止或者解除劳动关系之日起 7 日内报社会保险经办机构备案。

城镇企业事业单位职工失业后，应当持本单位为其出具的终止或者解除劳动关系的证明，及时到指定的社会保险经办机构办理失业登记。失业保险金自办理失业登记之日起计算。

失业保险金由社会保险经办机构按月发放。社会保险经办机构为失业人员开具领取失业保险金的单证，失业人员凭单证到指定银行领取失业保险金。

根据《失业保险金申领发放办法》（劳动保障部令第 8 号，2024 年 6 月 14 日第三次修订）的规定。

第五条　失业人员失业前所在单位，应将失业人员的名单自终止或者解除劳动合同之日起 7 日内报受理其失业保险业务的经办机构备案，并按要求提供终止或解除劳动合同证明等有关材料。

第六条　失业人员应在终止或者解除劳动合同之日起 60 日内到受理其单位失业保险业务的经办机构申领失业保险金。

第七条　失业人员申领失业保险金应填写《失业保险金申领表》，并出示下列证明材料：

（一）本人身份证明；

（二）所在单位出具的终止或者解除劳动合同的证明；

（三）失业登记；

（四）省级劳动保障行政部门规定的其他材料。

第八条　失业人员领取失业保险金，应由本人按月到经办机构领取，同时应向经办机构如实说明求职和接受职业指导、职业培训情况。

10.6　生育保险

生育保险是国家通过社会保险立法，对生育职工给予经济、物质等方面帮助的一项社会政策。其宗旨在于通过向生育女职工提供生育津贴、产假及医疗服务等方面的待遇，保障她们因生育而暂时丧失劳动能力时的基本经济收入和医疗保健，帮助生育女职工恢复劳动能力，重返工作岗位，从而体现国家和社会对妇女在这一特殊时期给予的支持和爱护。

10.6.1　生育保险的作用

生育保险是国家通过立法，在职业妇女因生育子女而暂时中断劳动时由国家和社会及时给予生活保障和物质帮助的一项社会保险制度。生育保险是针对生育行为的生理特点，根据法律规定，在职女性因生育子女而导致劳动者暂时中断工作、失去正常收入来源时，由国家或社会提供的物质帮助。

生育保险主要包括两项：一是生育津贴；二是生育医疗待遇。生育险待遇不受户籍限制，参加生育保险的人员，如果在异地生育，其相关待遇按照参保地政策标准执行。

生育保险基金由用人单位缴纳的生育保险费及其利息及滞纳金组成。女职工产假期间的生育津贴、生育发生的医疗费用、职工计划生育手术费用及国家规定的与生育保险有关的其他费用都应该从生育保险基金中支出。

所有用人单位（包括各类机关、社会团体、企业、事业、民办非企业单位）及其职工都要参加生育保险。生育保险由用人单位统一缴纳，职工个人不缴纳生育保险费。

根据《企业职工生育保险试行办法》（劳部发〔1994〕504号）的规定。

第五条　女职工生育按照法律、法规的规定享受产假。产假期间的生育津贴按照本企业上年度职工月平均工资计发，由生育保险基金支付。

第六条　女职工生育的检查费、接生费、手术费、住院费和药费由生育保险基金支付。超出规定的医疗服务费和药费（含自费药品和营养药品的药费）由职工个人负担。

女职工生育出院后，因生育引起疾病的医疗费，由生育保险基金支付；其它疾病的医疗费，按照医疗保险待遇的规定办理。女职工产假期满后，因病需要休息治疗的，按照有关病假待遇和医疗保险待遇规定办理。

第七条　女职工生育或流产后，由本人或所在企业持当地计划生育部门签发的计划生育证明，婴儿出生、死亡或流产证明，到当地社会保险经办机构办理手续，领取生育津贴和报销生育医疗费。

10.6.2　生育保险的特征

生育保险具有以下五个特点。

（1）享受生育保险的对象主要是女职工，因而待遇享受人群相对比较窄。随着社会进步和经济发展，有些地区允许在女职工生育后，给予配偶一定假期以照顾妻子，并发给假期工资；还有些地区为男职工的配偶提供经济补助。

（2）生育保险要求享受对象必须是合法婚姻者，即必须符合法定结婚年龄、按婚姻法规定办理了合法手续，并符合国家计划生育政策等。

（3）无论女职工妊娠结果如何，均可按照规定得到补偿。即无论胎儿存活与否，产妇均可享受有关待遇，包括流产、引产以及胎儿和产妇发生意外等情况，都能享受生育保险待遇。

（4）生育期间的医疗服务主要以保健、咨询、检查为主，与医疗保险提供的医疗服务以治疗为主有所不同。生育期间的医疗服务侧重于指导孕妇处理好工作与修养、保健与锻炼的关系，使她们能够顺利地度过生育期。

（5）生育保险待遇有一定的福利色彩。生育期间的经济补偿高于养老、医疗等保险。生育保险提供的生育津贴，一般为生育女职工的原工资水平，也高于其他保险项目。另外，在我国，职工个人不缴纳生育保险费，而是由参保单位按照其工资总额的一定比例而缴纳。

10.7　住房公积金

住房公积金，是指国家机关、国有企业、城镇集体企业、外商投资企业、城镇私营企业及其他城镇企业、事业单位、民办非企业单位、社会团体及其在职职工缴存的长期住房储金。职工个人缴存的住房公积金和职工所在单位为职工缴存的住房公积金，属于职工个人所有。

10.7.1　住房公积金的特征与作用

城镇在职职工，无论其工作单位性质如何、家庭收入高低、是否已有住房，都必须缴存住房公积金。单位不办理住房公积金缴存登记或者不为本单位职工办理住房公积金账户设立的，住房公积金的管理中心有权力责令限期办理，逾期不办理的，可以对其进行处罚，并可申请人民法院强制执行。

住房公积金制度能够为无房职工较快、较好地解决购房问题，能够有效地建立和形成有房职工帮助无房职工的机制和渠道，而住房公积金在资金方面为无房职工提供了帮助，体现了职工住房公积金的互助性。

住房公积金包括六个方面的特征。

（1）住房公积金只在城镇建立，农村不建立住房公积金制度。

（2）只有在职职工才建立住房公积金制度。无工作的城镇居民、离退休职工不实行住房公积金制度。

（3）住房公积金由两部分组成，一部分由职工所在单位缴存，另一部分由职工个人缴存。职工个人缴存部分由单位代扣后，连同单位缴存部分一并缴存到住房公积金个人账户内。

（4）住房公积金制度一经建立，职工在职期间必须不间断地按规定缴存，除职工离退休或发生住房公积金相关法律法规规定的其他情形外，不得中止和中断。这体现了住房公积金的稳定性、统一性、规范性和强制性。

（5）住房公积金是职工按规定存储起来的专项用于住房消费支出的个人住房储金，具有积累性，即住房公积金虽然是职工工资的组成部分，但不以现金形式发放，并且必须存入住房公积金管理中心在受委托银行开设的专户内，实行专户管理。

（6）住房公积金具有专用性，住房公积金实行专款专用，存储期间只能按规定用于职工购买、建造、翻建、大修自住住房。

10.7.2　住房公积金的缴存方法

根据《住房公积金管理条例》（国务院令第262号，2019年3月24日第二次修订）及《关于住房公积金管理若干具体问题的指导意见》（建金管〔2005〕5号）的规定，一般应该按照职工本人上年度平均工资为基数缴存住房公积金，缴存住房公积金的比例一般不低于5%，不高于12%。

根据《住房公积金管理条例》（国务院令第262号，2019年3月24日第二次修订）的规定。

第十三条　住房公积金管理中心应当在受委托银行设立住房公积金专户。单位应当向住房公积金管理中心办理住房公积金缴存登记，并为本单位职工办理住房公积金账户设立手续。每个职工只能有一个住房公积金账户。

住房公积金管理中心应当建立职工住房公积金明细账，记载职工个人住房公积金的缴存、提取等情况。

第十四条　新设立的单位应当自设立之日起30日内向住房公积金管理中心

办理住房公积金缴存登记，并自登记之日起 20 日内，为本单位职工办理住房公积金账户设立手续。

单位合并、分立、撤销、解散或者破产的，应当自发生上述情况之日起 30 日内由原单位或者清算组织向住房公积金管理中心办理变更登记或者注销登记，并自办妥变更登记或者注销登记之日起 20 日内，为本单位职工办理住房公积金账户转移或者封存手续。

第十五条　单位录用职工的，应当自录用之日起 30 日内向住房公积金管理中心办理缴存登记，并办理职工住房公积金账户的设立或者转移手续。

单位与职工终止劳动关系的，单位应当自劳动关系终止之日起 30 日内向住房公积金管理中心办理变更登记，并办理职工住房公积金账户转移或者封存手续。

第十六条　职工住房公积金的月缴存额为职工本人上一年度月平均工资乘以职工住房公积金缴存比例。

单位为职工缴存的住房公积金的月缴存额为职工本人上一年度月平均工资乘以单位住房公积金缴存比例。

第十七条　新参加工作的职工从参加工作的第二个月开始缴存住房公积金，月缴存额为职工本人当月工资乘以职工住房公积金缴存比例。

单位新调入的职工从调入单位发放工资之日起缴存住房公积金，月缴存额为职工本人当月工资乘以职工住房公积金缴存比例。

第十八条　职工和单位住房公积金的缴存比例均不得低于职工上一年度月平均工资的 5%；有条件的城市，可以适当提高缴存比例。具体缴存比例由住房公积金管理委员会拟订，经本级人民政府审核后，报省、自治区、直辖市人民政府批准。

第十九条　职工个人缴存的住房公积金，由所在单位每月从其工资中代扣代缴。单位应当于每月发放职工工资之日起 5 日内将单位缴存的和为职工代缴的住房公积金汇缴到住房公积金专户内，由受委托银行计入职工住房公积金账户。

第二十条　单位应当按时、足额缴存住房公积金，不得逾期缴存或者少缴。对缴存住房公积金确有困难的单位，经本单位职工代表大会或者工会讨论通过，并经住房公积金管理中心审核，报住房公积金管理委员会批准后，可以降低缴存比例或者缓缴；待单位经济效益好转后，再提高缴存比例或者补缴缓缴。

10.7.3　住房公积金的提取与使用

住房公积金的提取与使用有严格的规定。根据《住房公积金管理条例》（国务院令第 262 号，2019 年 3 月 24 日第二次修订）的规定。

第二十四条 职工有下列情形之一的，可以提取职工住房公积金账户内的存储余额：

（一）购买、建造、翻建、大修自住住房的；

（二）离休、退休的；

（三）完全丧失劳动能力，并与单位终止劳动关系的；

（四）出境定居的；

（五）偿还购房贷款本息的；

（六）房租超出家庭工资收入的规定比例的。

依照前款第（二）、（三）、（四）项规定，提取职工住房公积金的，应当同时注销职工住房公积金账户。

职工死亡或者被宣告死亡的，职工的继承人、受遗赠人可以提取职工住房公积金账户内的存储余额；无继承人也无受遗赠人的，职工住房公积金账户内的存储余额纳入住房公积金的增值收益。

第二十五条 职工提取住房公积金账户内的存储余额的，所在单位应当予以核实，并出具提取证明。

职工应当持提取证明向住房公积金管理中心申请提取住房公积金。住房公积金管理中心应当自受理申请之日起 3 日内作出准予提取或者不准提取的决定，并通知申请人；准予提取的，由受委托银行办理支付手续。

第二十六条 缴存住房公积金的职工，在购买、建造、翻建、大修自住住房时，可以向住房公积金管理中心申请住房公积金贷款。

住房公积金管理中心应当自受理申请之日起 15 日内作出准予贷款或者不准贷款的决定，并通知申请人；准予贷款的，由受委托银行办理贷款手续。

住房公积金贷款的风险，由住房公积金管理中心承担。

【实战案例】关于工伤认定的四个案例

 案例1————

因公外出期间死因不明获得工伤赔偿

小王的丈夫小李在 1 个月前因公出差独自驾车到外地，随车坠崖身亡。由于现场损毁严重，公安机关给出死因不明的结论。小李所在公司未给小李办理工伤保险，故无法获得工伤待遇，小王要求公司赔偿。人力资源和社会保障部门判定该事件应由公司履行工伤赔偿责任。

解析：在《最高人民法院关于职工因公外出期间死因不明应否认定工伤的答复》（〔2010〕行他字第236号）中有以下答复意见。

职工因公外出期间死因不明，用人单位或者社会保障部门提供的证据不能排除非工作原因导致死亡的，应当依据《工伤保险条例》（国务院令第586号）第十四条第（五）项和第十九条第二款的规定，认定为工伤。

《工伤保险条例》（国务院令第586号）第十四条第（五）项、第十九条第二款分别规定如下。

因工外出期间，由于工作原因受到伤害或者发生事故下落不明的，应当认定为工伤。

职工或者其直系亲属认为是工伤，用人单位不认为是工伤的，由用人单位承担举证责任。

也就是说，只要公司不能举证证明小李不构成工伤，就应当认定小李属于工伤死亡。

《工伤保险条例》（国务院令第586号）第六十二条第二款规定如下。

依照本条例规定应当参加工伤保险而未参加工伤保险的用人单位职工发生工伤的，由该用人单位按照本条例规定的工伤保险待遇项目和标准支付费用。

 案例2

参加公司组织集体活动受伤认定为工伤

王某是某公司的职工。某日上午在参加公司组织的外出旅游集体活动时，王某在景区内骑自行车时不慎摔倒，造成肝脏破裂，后被送入医院治疗。2个月后，王某向所在地区的人力资源和社会保障局提出工伤认定申请。该地区人力资源和社会保障部门认定为工伤。

解析：王某是该公司员工，在参加公司组织的旅游活动中意外受伤，应视为在工作时间和工作地点因工作原因受到事故伤害的合理延伸，其受伤情形符合工伤认定的标准，所以应当认定为工伤。

根据《最高人民法院关于审理工伤保险行政案件若干问题的规定》（法释〔2014〕9号）第四条第（二）项的规定，职工参加用人单位组织的活动受到伤害的，社会保险行政部门认定为工伤的，人民法院应予支持。

案例3

外出学习休息时间受伤仍然具备工伤条件

于某受公司安排到某地参加公费培训，午休时间，于某在宿舍休息时，屋内装饰材料意外脱落砸到于某，导致其严重受伤。为此，于某不仅花费了 20 万余元的医疗费用，还被认定为七级伤残。该地区人力资源和社会保障部门将此事故认定为工伤。

解析：根据《最高人民法院行政审判庭关于职工外出学习休息期间受到他人伤害应否认定为工伤问题的答复》（〔2007〕行他字第 9 号）中的以下内容。

职工受单位指派外出学习期间，在学习单位安排的休息场所休息时受到他人伤害的，应当认定为工伤。

也就是说，于某的这种情况构成工伤，同样可以享受工伤待遇。

案例4

值班回家吃饭途中突然死亡认定为工伤

小马是某公司的车间职工，春节期间该车间每天安排两名人员在值班室值班，负责日常白班以外时间的机械维修。该公司对值班人员在值班期间是在企业内就餐还是可以回家就餐未做明确规定。

某日为小马当值时间。中午，小马从单位回家吃午饭，饭后小马突发疾病被送至医院抢救，因病情严重，晚上被急转至另一家医院抢救，当天晚上接近 12:00，因抢救无效死亡。小马死亡后，该公司向该地区人社部门提交了工伤认定申请。人社部门受理后，做出了《认定工伤决定书》，认为小马在值班时间内突发疾病经抢救无效死亡，属于工伤认定范围，认定为工亡。

解析：《工伤保险条例》（国务院令第 586 号）第十五条第一项规定如下。

职工有下列情况之一的，视同工伤：（一）在工作时间和工作岗位，突发疾病死亡或者在 48 小时之内抢救无效死亡。

小马符合在"工作时间"这一条件。虽然事发时，他并不在公司内，但由于该公司对值班人员轮换就餐是在企业内就餐还是可以回家就餐并无明确规定，而小马午间就餐是劳动者必要的、合理的生理需求行为，与劳动者的正常工作密不可分。故本案属于在"工作时间"内。

小马符合在"工作岗位"这一条件。从一般意义上理解，职工在家就餐场所不是工作场所。但如前所分析的，本案小马回家就餐行为发生在工作时间内，且在企业对就餐地点无禁止性规定的情形下发生，就餐行为实为工作之合理延伸。

小马符合在"突发疾病死亡或者在 48 小时之内抢救无效死亡"这一条件。小马当天中午突发疾病被送至医院抢救，因病情严重，晚上又被急转至另一家医院抢救，当晚因抢救无效死亡，属于在 48 小时之内抢救无效死亡情形。

第 11 章

人力资源相关制度

    人力资源部门需要编制的制度非常多，涵盖了企业管理的各个方面。除了与人力资源管理业务本身直接相关的招聘与配置管理制度、培训与开发管理制度、薪酬管理制度、福利管理制度、绩效管理制度等之外，还需要编制与员工切身利益直接相关的行为规范、工作时间、休息休假等规定。比较常见、容易出问题的有劳动纪律、考勤管理制度、出差管理制度、调动管理制度。

11.1　公司劳动纪律

劳动纪律是规范员工行为的必要规定，是保证公司持续、健康发展的必要条件，是公司依法管理的基本文件之一，是公司全体成员必须遵守的基本条例和行为准则。有的公司也把劳动纪律称作"员工行为规范"。

11.1.1　如何编制公司劳动纪律

劳动纪律的核心是具体规定提倡员工做的行为和不允许员工做的行为。

提倡员工做的行为通常包括诚实守信、遵纪守法、廉洁自律、信息安全、客观公正、热忱敬业、维护办公环境、保持商务礼仪、个人安全、主动负责、维护公司利益、主动担当、团队协作等类别。

不允许员工做的行为通常可以分成 3 ～ 5 级。以 3 级分类举例，一级违规是最严重的违规行为，属于严重违反规章制度（或劳动纪律）的行为，公司有权与员工直接解除劳动关系且不支付任何经济补偿，同时公司将保留追究员工相应法律责任的权力；二级违规是比较严重的违规行为，公司将给予较严厉的处置；三级违规是比较轻微的违规行为，公司将给予较轻的处置。对于员工的违规行为，公司通常可以采取警告、通报批评或扣绩效考核分数的方式处置。

1. 常见的一级违规行为通常包括的内容

（1）触犯了国家法律法规，被依法追究刑事责任。

（2）徇私舞弊、挪用公款、侵占 / 侵吞公司资产。

（3）盗窃 / 挪用 / 毁坏公司或同事的财产。

（4）对公司提供给员工的福利，私自以各种理由截流和据为己有的。

（5）滥用职权，违反政策、法令，违反财经纪律，挥霍、浪费公司资财，损公肥私，使公司在经济上遭受损失，如与经销商 / 供应商串通勾结、谋取个人私利等。

（6）内部审计时，以各种直接或间接形式贿赂审计人员。

（7）利用职务之便，要求或接受他人为自己做私事。

（8）利用职务之便，为他人谋取利益。

（9）公款私存私放，挪用公款和私设小金库、账外账等。

（10）蓄意拖欠公司借款超期不还。

（11）未经批准，以公司名义在新闻媒体上发表意见与消息、出席公众活动。

（12）不遵守公司的保密制度，向其他公司 / 个人公开或透露公司机密，致使公司蒙受重大损失。

（13）随意对外泄露公司非公开信息、传播小道消息或将公司档案等材料私自带出公司。

（14）非法使用他人专利、商标、著作权、商业秘密等知识产权。

（15）帮助或允许任何人员窃取公司资产、信息等机密资料。

（16）未经有效授权，私自篡改信息系统的数据。

（17）在未获授权的情况下，试图进入他人的电子邮件、终端设备、电子文件、集团网络或集团系统中带有限制的区域。

（18）薪资核算人员或有机会查看、接触公司薪资的人员，向他人泄露公司员工的薪资信息。

（19）在各类报告、报表、统计等文件上弄虚作假，伪造资料、业绩或使用其他欺瞒手段获取工资、费用或谋取其他利益。

（20）宣传虚假或不完全真实的相关产品资料，给企业造成损失。

（21）出现问题、事故或重大纰漏（如消防、违法犯罪案件、重大损失、工伤、伤亡、怠工等），隐瞒或不及时上报。

（22）没有事实依据、随意控诉，给他人或公司造成损失。

（23）在招聘、激励、升迁等工作中不遵守公开、公正、公平的原则。

（24）伪造或提供虚假简历、学校及其他人事档案的基本信息。

（25）在公司的各类文件、报告、申请单、审批单等文件上代替他人签字或伪造他人签字。

（26）纵容、放任他人作假业务、假合同、假发票，以任何借口允许或默认下属变相侵占或不当获利作为手段来调动其积极性。

（27）利用职务之便篡改考勤记录。

（28）报销业务费用时弄虚作假，使用虚假发票报销或使用与业务不符的发票报销。

（29）虽然使用真发票报销，但报销的费用并未用作公司业务的开展。

（30）在财务报销、招待用户方面假公济私，如利用公款吃喝、旅游等。

（31）违反消防和危险品管理制度，造成火灾或重大损失。

（32）未经审批程序私自签署合同给公司造成损失，或违反用印管理流程，伪造、私刻或盗用公司印章或者将各类印鉴挪作他用。

（33）招摇撞骗，给公司带来巨大损失或给公司品牌带来较大损失。

（34）制造、传播、散布有损公司形象和声誉的消息，致使他人或公司蒙受重大不利。

（35）违反规定借用公款、公物或将公款、公物借给他人。

2．常见的二级违规行为通常包括的内容

（1）违反企业管理流程，违反现有流程或私建流程执行。

（2）打听其他员工的薪资水平或向其他员工或竞争对手透露自己的薪资水平。

（3）在非吸烟区内吸烟。

（4）在工作时间喝酒或酒后上岗。

（5）玩忽职守或擅离职守，给企业造成事故或损失。

（6）违反工作制度和纪律，拒不服从合理的工作分配。

（7）工作时间打扑克、下棋、睡觉、干私活。

（8）在工作场所（含员工宿舍）喧哗吵闹、与他人产生口角、聚众滋事、打架斗殴。

（9）损坏公物，影响公司正常的工作秩序。

（10）未经许可，擅自闯入核心工作区域。

（11）在没有得到相应授权和没有在接待处进行来访者登记的情况下，帮助或允许非公司人员通过门禁或安保处进入公司的非对外区域。

（12）玩忽职守，违章指挥，忽视安全规章制度。

（13）从事、参与、支持、纵容对公司有现实或潜在危害的行为。

（14）滥用公司的资源和影响力，损害公司声誉的行为。

（15）不顾及公司整体利益，以个人主义、小团体主义及部门本位主义为重。

（16）发现危害公司利益的行为，不管不问，拖延上报或进行隐瞒。

（17）因利益关系，对业务单位或个人的合同、账簿、费用凭证等有关资料疏于审查，为他人侵占企业利益变相提供便利。

（18）由于个人未能妥善保管公司的文件、证件、印章、票据、账簿、合同等资料，造成公司机密或信息泄露，从而给公司造成损失。

（19）未经批准，随意销毁公司的文档、凭证、档案。

（20）未经批准，以公司的名义进行担保、证明（盖章）。

（21）未经批准，擅自对外部相关部门或个人提供数据信息。

（22）对工作中的问题，自身无法解决但不暴露或不积极寻求解决方案，而是采取回避态度，给公司造成损失。

（23）不遵守公司的规章制度和工作流程，超越职责范围，滥用职权，在工作中发现问题后不通过正常途径反馈并寻求解决方案，或者故意欺上瞒下。

（24）对不明事项的审批，不经落实就盲目签字，造成公司的损失。

（25）当员工出现违规或犯错行为时，通过各种方式进行隐瞒、掩盖或包庇。

（26）将自己的工作服、工作牌或其他员工的工作服、工作牌借给任何其他人员，包括公司内部员工和非公司内部人员。

3．常见的三级违规行为通常包括的内容

（1）在办公时间阅读与工作无关的报纸、书籍或办其他与工作无关的事。

（2）工作时间浏览与工作无关的网站、下载与工作无关的网络内容、聊天、玩游戏等。

（3）随意猜忌他人，划小圈子，恶意攻击与诋毁同事，影响他人的正常工作或生活。

（4）上班时间私自外出。

（5）私自将办公用具据为己有。

（6）对于公司重要设施、设备、网络或系统的明显不当使用，造成损失。

（7）大手大脚，浪费公共资源。

（8）粗心大意，不关电脑等办公电器。

（9）在墙壁、办公桌上乱涂乱画，随意踩踏桌子、椅子，不爱护办公设施。

（10）携带危险品进入工作场所。

（11）不开机、不接或不回办公工作电话，对工作造成负面影响。

（12）工作中推诿，找各种理由推脱或者观望，逃避责任。

（13）下属出现问题后，简单地以罚代管或者推卸责任。

（14）领导干部本人不能以身作则，给下属造成不良影响。

（15）工作中"各自为战"，对部门间的协同采取消极或不合作的态度。

11.1.2　编制劳动纪律的注意事项

劳动纪律不单是有没有的问题，还有是否能起到效果的问题。所谓有效的劳动纪律，就是能够在企业中真正落地并发挥作用的制度。所谓无效的劳动纪律，就是只写在纸上、留在嘴上、挂在墙上，没有得到真正应用的制度。为了让劳动纪律有效，在编制时需要注意以下事项。

1．范围要全面

公司的规章制度应该做到全面，应当包含期望提倡和避免的各类员工行为，做到有据可查、有章可循。如果某类有损公司利益的行为经常出现，而公司的规章制度中却没有明确规定禁止该行为，则应尽快重新评估并完善规章制度。

2．内容应量化

在管理实务中，为了界定行为的性质归属，公司的规章制度应尽量做到量化。比如，若因员工过失给公司造成损失，应规定属于哪一级违规。如果规章制度中采用"数额巨大""金额较高"之类的含糊词语，一旦情况真的发生，便无法判断。

3．行为可获取

要使制度中规定的内容能够真正得到执行，在制订制度之前，要想到如何获取到员工行为发生的证据。比如某公司的规章制度中规定员工不得挥霍、浪费公司资源。那么，同时要想到如何能判断和审查出员工在挥霍和浪费公司资源；或者说，当什么样的具体事件发生时，公司要通过何种方式获取员工挥霍和浪费公司资源的事实。

有人说，不能够获取的制度条例就不需要规定。这种观点也是片面的。想到如何获取固然重要，但让每一条制度都能够真正实现获取并不现实。即使能够做到，公司或许需要为此付出巨大的管理成本，这种管理上的付出与回报往往得不偿失。除了惩戒，规章制度本身是有学习、警示、规范、引导等作用的。所以，在制订规章制度时，不能一味强调获取而忽略全面性。

4．过程需记录

对于员工日常对规章制度的遵守与违反情况，人力资源部门要做好详细的记录。记录的内容不仅要包括事实和结论，还应包括全部的证据资料。对劳动纪律的记录结果，应体现在员工的晋升、降级、培训、福利等方面。

11.2　考勤管理制度

考勤管理制度，是企业为了规范员工出勤而制订的制度。有效的考勤管理制度能够严肃公司劳动纪律，维护正常工作秩序，优化公司管理体系，提高管理效率。

11.2.1　如何编制考勤管理制度

考勤管理制度中最关键的内容是规定如何汇总考勤记录、如何规范加班流程、如何规范请假流程以及如何管理和考核考勤汇总及管理人员四个方面，具体内容如下。

1. 关于考勤记录

对于实施人工手划考勤的公司，考勤的原始记录采用考勤表的形式，必须使用碳素笔记录；如出现笔误，不允许涂改，只允许划改，并在划改处由记录人员签字。下级的考勤表，必须由直接上级或直接上级指派的专人进行记录。

全勤天数＝本月总天数－周六周日休假天数－法定节假日休假天数。

比如某月为 31 天，周六日为 8 天，无法定节假日，则本月全勤天数为 23 天。

对于安装考勤机、实行打卡考勤制的公司，公司所有人员上下班都应打卡。除公休日和法定节假日外，未按时打卡且无有效未打卡事项说明者，可视为缺勤。未打卡事项说明的格式模板如表 11-1 所示。

表 11-1　未打卡事项说明模板

姓名		工号	
未打卡时间		年　　月　　日	
未打卡原因			
审批意见	直属领导	部门负责人	人力资源部门

将上午班和下午班分开管理的企业，可以规定一天打卡四次（上午上班、上午下班、下午上班、下午下班）。规定一天打卡四次的公司，上、下班两次打卡之间为一个时间段，任意一次未打卡且无有效未打卡事项说明的，视为该时间段未出勤。例如，某公司上午上班时间为 8：00 ～ 12：00，早晨上班按时打卡，但上午下班未打卡且无有效请假条的，则视为上午未出勤。

对于迟到和早退，不宜直接扣款。有两种方式可以参考：一是采取公司内部通报批评公示的方式；二是采取扣减绩效考核分或者日常行为分的方式。如果迟到和早退超出了一定的时间范围，比如迟到超过 2 个小时，可以规定打卡无效。

确实因各种原因不能按时打卡的，必须填写未打卡事项说明，并详细注明未打卡原因及未打卡时间，由相关领导逐级签批。所有的未打卡事项说明与考勤表一起于每月固定时间前汇总至考勤管理员处。

凡无确凿证据证明是工作原因导致未打卡或未打卡事项说明描述的原因不符合工作原因的要求或含糊不清的，一律视为旷工，此时的未打卡事项说明即使由领导签批也应视为无效。同时，对签批此类未打卡事项说明的领导也应给予批评。

如果考勤机损坏造成无法打卡，应第一时间通知考勤机管理人员。在考勤机维修期间，所有考勤采用人工手划考勤的形式。

对于员工旷工，部门负责人必须第一时间通知人力资源部门，人力资源部门根据公司劳动纪律或相关制度依次发恢复上班通知函和解除劳动关系函。

2．关于加班

员工加班前，必须提前填写加班申请单，注明加班的原因、内容、工作量、加班时长等，由本部门负责人于次日审核工作完成情况、工作量和加班时间是否相符、是否属实。加班申请单的格式模板如表 11-2 所示。

表 11-2　加班申请单模板

姓名		工号	
加班时间			
加班原因			
加班费用需求			
审批意见			
直属领导	部门负责人	人力资源部门	分管副总经理

加班申请单汇总至考勤统计人员处，由考勤统计人员按月报送至人力资源部门。加班申请单是人力资源部门承认的唯一加班凭证，当天的加班申请当天填写。法定节假日加班的，因特殊情况加班过程出现人员变动，后补的申请必须在法定节假日结束后的几个工作日内交人力资源部门，逾期则申请无效。

加班原则上应采用倒休的方式予以补偿。由各部门负责人根据部门的实际情况安排倒休。倒休后，由考勤统计人员在加班申请单上标明"已倒休"。

3．关于休假

公司的休假类型分为公司统一安排休假、年休假、探亲假、婚假、丧假、事假、病假、产假、流产假、工伤假。员工除正常休假外，其余时间休假必须填写请假单。请假单原则上须在休假前填写，如遇特殊情况，必须在上班前以电话或短信的形式通知部门负责人，部门负责人明确表示同意后，由部门负责人指派人员代走请假单程序。无请假单又无出勤的，视为旷工。请假单的格式模板如表 11-3 所示。

表 11-3   请假单模板

请假人		工号		
请假类型	□事假　　□婚假　　□年休假　　□探亲假 □丧假　　□病假　　□产假　　□工伤假			
请假时间				
请假理由				
审批意见				
直属领导	部门负责人	分管副总经理	总经理	

年休假、探亲假、病假、婚假、产假、丧假等按照国家相关的法律法规执行。在国家相关法律法规规定范围内的病假、婚假、产假、丧假等休假天数视同出勤。正常的婚假、病假、产假等假满后需要继续休假的，按事假处理。

员工在履行病假、婚假等请假手续前，必须及时提交相关的请假证明。比如在请婚假前，必须向人力资源部门提供结婚证；员工请病假时，必须提供正规医院开具的病历和诊断证明。无相关证据者，按事假处理。

对事假天数的审批应遵循公司的权限规定。比如有的公司规定主管级有权审批 7 天以内的事假；经理级有权审批 14 天以内的事假；总监级有权审批 30 天以内的事假；副总经理级有权审批 60 天以内的事假；60 天以上的事假，必须由总经理审批。对于为避免审批权限限制而连续多次走请假单程序的事件应严肃处理。

4．关于考勤管理人员

考勤统计和管理人员对每月考勤的整理汇总要满足及时性和有效性。上月的考勤一般在次月 6 日前全部汇总核对完毕并报人力资源部门。人力资源部门要严格把关，按照考勤管理制度对员工的考勤进行复核，按照上月考勤情况核算工资，确保薪酬核算的严肃性、真实性、准确性。

考勤统计人员要严格按照考勤管理制度核对考勤。有考勤统计和管理人员不遵守考勤管理制度、不客观真实地反映考勤情况的，属于违反公司劳动纪律的一级违规行为，公司有权解除劳动关系并不支付任何经济补偿；给公司造成经济损失的，公司保留追究相应法律责任的权力。

11.2.2   考勤管理制度的注意事项

在制订和实施考勤管理制度的过程中，人力资源管理人员常常会遇到以下问题。

1．如何核查考勤

即使再小的公司，考勤管理制度也应利用电子信息系统，而不应采取人工的方式核对。人的工作主要是对电子信息系统导出的结果做最后核查。为保证考勤的准确性和严谨性，应设置两个以上的核查环节。

2．如何一视同仁

考勤管理人员常常面临一个难题：如果公司的中高层领导考勤有问题该如何处理？比如某中层领导习惯我行我素，没有打卡考勤的习惯，缺卡情况严重，如果按照考勤管理制度则该领导应算作未出勤。鉴于该领导可能具有的影响力，人力资源部门该不该考虑网开一面？

在中国传统的民营企业中，这种问题最为常见，给分管考勤的人力资源管理人员造成了很大困扰。如果网开一面，那么该领导还是不会重视打卡考勤，考勤制度形同虚设；如果严格执行，该领导势必对人力资源部门有意见，未来人力资源的管理工作开展起来也会遇到困难。

这类问题最好的解决办法是请更高层的领导出面，让高层领导在公开的会议上要求人力资源部门必须严格执行考勤管理制度，不论是谁的考勤出问题，一律一视同仁。只有这么做，人力资源部门在执行中才能切实做到一视同仁。

3．考勤结果公示

在每月的考勤结果确认之前，应对考勤结果进行公示。有异议的职工可以向人力资源部门进行申诉，提供相关证据，核销考勤核对结果的错误。人力资源管理人员切不可只按照考勤机的数据一刀切，要核查和核实相关事实，确认员工的申诉，不能死板教条。

11.3 出差管理制度

出差管理制度，是企业为了规范员工的出差管理工作而制订的。规范的出差管理制度，能够达到强化员工的成本意识、合理控制出差期间的开支、有效降低企业成本、提高出差期间的运行效率的目的。

11.3.1 如何编制出差管理制度

为体现员工出差的计划性、有效性、规范性、合理性和经济性，出差管理制度需要规定的最关键的内容有出差前的审批程序、差旅费的报销方式以及报销费用的结算方式，其具体内容如下。

1. 审批程序

员工因工作需要出差，必须提前填写出差申请单，清楚地填写出差事由、出差期限、途经城市、预计费用等，并遵循公司的权限规定进行逐级审批。比如，总监级以下人员出差，由上级领导审批；总监及总监以上级别人员出差，除需上级领导审批外，还需要总经理审批；到国外出差，全部由总经理审批。出差申请单模板如表 11-4 所示。

表 11-4　出差申请单模板

出差人			
出差事由			
出差地点			
行程安排			
起止日期			
预计费用			
交通费	住宿费	伙食费	其他费用
审批意见			
直属领导	部门负责人	分管副总经理	总经理

出差申请单是核对考勤的要件，也可以作为出差报销结算的必备附件。若出现紧急情况，未能提前履行出差审批手续的，出差前可以电话或短信的方式向相关领导请示，请他人代走手续。出差人员无法在预定期限返回的，必须向相关领导申请，请他人代走手续。

出差审批程序的规范性，直接牵涉到员工考勤。所以，一定要严肃认真地对待出差的审批流程。没有履行出差必要的相关程序，则不能视为出差；若员工未履行出差审批程序而私自出差，应按旷工处理。

2. 报销方式

出差费用报销标准通常有三种可选的方式。

（1）根据岗位、职级的不同，规定交通食宿等出差花费的限额标准，在限额标准内可以实报实销。在实行实报实销制度的企业，超出限额的费用如果也要报销，需由相关领导签字确认，否则超出部分公司不予报销。

（2）实行差旅补贴的形式。这种方式是根据出差人员出差的地点，按天给予一定的出差补助，补贴出差人员的住宿、吃饭等费用。完全采取这种差旅费用结算形式的企业，通常不再报销吃饭和住宿的费用。

（3）实报实销和差旅补贴相结合的方式。这种方式一般是把交通、住宿、吃饭的费用由公司实报实销，再根据出差地点的不同，按出差天数给予员工一部分出差补贴。

以上三种费用报销方式没有绝对的好坏之分，它们各有优缺点。采取第一种方式的企业对差旅费用的控制相对较好，但可能会忽略员工的心理感受；采取第二种方式的企业操作起来最简单，但可能付出的成本更高；采取第三种方式的企业虽然能够平衡第一种和第二种形式的优缺点，但平衡点难以把握。企业在选择时，可以根据自身的业务特点、文化、习惯或员工的集体意见等做出抉择。

有的公司因为考虑到员工出差需要先垫付差旅费，故在员工短期出差前由财务部门先预支一部分现金给员工随身携带，待员工出差返回后再用发票抵账并归还剩余借款。这种操作方式风险较高，比较好的做法是鼓励员工出差时使用信用卡结算。由于信用卡的账期通常在 20 天以上，一般能够解决员工短期出差费用自行垫付的问题。

3．费用报销

住宿费报销所附单据必须有税务部门的正式发票以及消费单位的水单，其他费用报销必须有正规发票。发票需列明企业名称和税号，数字要清晰。发票要先由经办人签名，分管领导、财务部门审核签字后，报相关领导审批，方可予以报销。

出差时，有工作需要业务招待的，需提前做计划，并请示相关领导同意，填写业务招待费申请单方可执行。出差后出现特殊情况时应电话请示，取消或临时需要增加的业务招待，待返回公司后填写业务招待费申请单。招待费必须在出差费用汇总表中列明，并由相应级别的领导签字确认，财务部门才可予以报销。业务招待费申请单模板如表 11-5 所示。

表 11-5　业务招待费申请单模板

申请人		申请费用		费用所属部门	
业务招待原因					
客人资料					
参加人员					
审批意见					
部门负责人		分管副总经理		总经理	

一般两位同性员工前往同一地点出差时，两人应同住一间标间。

员工随同领导出行的，凡食宿费用由领导结算的，费用随领导报销，员工个人不再单独报销。有特殊原因食宿不随领导的，需要在费用报销汇总中注明，并经同行领导签字确认后，财务部门方可予以报销，否则视为无效。

外出参加其他部门组织的会议者，已享受会议安排的住宿或餐饮服务的，不再报销会议期间的住宿或餐饮费用。

11.3.2　出差管理制度的注意事项

为保证出差管理制度能够有效实施，在制订和实施的过程中需要注意以下事项。

1. 如何确定城市消费标准

许多公司在制订出差管理制度时，最头疼的就是如何确定不同城市的住宿或餐饮的消费标准。拍脑袋定出来的标准，有的人认为过高，有的人认为过低。虽然可以直接借鉴其他公司或者政府部门现成的差旅费标准，但是几乎无法了解它们制订差旅费标准的依据究竟是什么。

比较简单的操作方式是在不同城市寻找长期合作的协议价酒店和协议价餐厅，员工的住宿和餐饮按照协议价实报实销。当然，有时候因为出差工作的限制，无法在协议酒店和餐厅住宿或餐饮时，还是要用到城市消费标准的报销标准。

准确制订城市差旅费标准的方式，是先由公司选出允许不同职级的员工入住的酒店类型和用餐的餐厅类型，再根据当地同类酒店和餐厅不同季节的价格区间制订差旅的住宿和餐饮费用的标准。

 举例

某公司规定总监级职务的员工出差可以入住四星及四星级以下的酒店。接着，选取某城市所有的四星级酒店。然后，查询这些四星级酒店不同季节或月份的价格区间，取最高值作为公司总监级在不同季节或月份入住该城市酒店的住宿费标准。其他费用标准的确定与住宿费采取相同的方法。

实务中，为便于对差旅费用报销的管理和统计，通常差旅费的费用标准直接按照城市分类划分，比如一线城市标准、二线城市标准、三线城市标准。差旅费季节的差异主要分为旅游旺季和非旅游旺季两个类别。

2．如何选择交通方式

交通工具的选择应讲究效率第一的原则，不能刻板地规定。比如，有的公司规定员工出差不得乘坐飞机。然而实际情况是，如果提前计划、提早订票，常常是乘坐飞机的费用要小于乘坐高铁、动车、火车的费用。

有的公司规定员工出差或办事不准乘坐出租车，只能乘坐公共交通工具。然而实际情况是，在地铁不发达的城市，如果乘坐公交车需要两个小时的车程，出租车可能只需半个小时。省出的一个半小时员工本能够为公司创造价值，却浪费在路上，比较一下公司为出差员工在这一个半小时付出的人工费用与节省下来的出租车费用，会发现很多时候是得不偿失的。

这种所谓的节省在飞机和高铁价格的比较中也能够体现出来。有时即使乘坐飞机的价格比乘坐高铁高，但选择乘坐飞机效率更高。因为乘坐飞机节省了员工的时间，这部分时间是能够创造更多价值的。

3．如何监管核查

有人认为，就算知道了选择交通方式效率优先是好的，但如果不在制度中做出相对硬性的规定，把口子放开，实务中出差费用的管理就会混乱，本来能够节省的交通费却需要付出更多。如何评判每个员工出差选择的交通方式都是效率最高的呢？

这个问题隐含着运营操作型管控模式的思路，即领导层比较注重运营细节，心理上期望获得掌控感。同时，也暗含着对下属各级管理者的不信任、不放权。部门负责人为部门的费用负责，理应拥有出差交通方式选择的审核权。如果过分强调规则的一致性，就是剥夺了部门负责人的这部分权限。

放权后的权力也是可以被关在笼子里的。比如公司对交通方式选择的核查，可以分成三个层次：第一层次是出差员工所在部门负责人的合理性核查，第二层次是财务部门的合规性核查，第三层次是审计风控部门的风险性核查。另外，还可以增加人力资源部门的抽查。公司一旦发现弄虚作假者，不仅要让弄虚作假者赔偿公司的经济损失，还应给予严肃处理。

11.4 调动管理制度

调动管理制度是为了规范企业内部的人事调动工作，保证公司内部各部门、各子公司之间员工的调动工作能够有序、及时地进行，从而达到适应公司业务发展需要，实现人才效用最大化，人尽其才、各尽其能的目的。

11.4.1　如何编制调动管理制度

员工调动是指在公司经营范围内的工作地点、职位及岗位的调整。员工的调动通常可以分为晋升调动、降职调动、岗位调整、临时调动、兼职工作五个类别。

一切调动在发生之前都需要获得员工本人的同意。原则上，员工也应自觉尊重并服从公司对于其职位、工作地点调动的意见和决定。确有困难的，员工可以提出，人力资源管理人员应与员工协商，达成一致意见。

公司内部员工岗位调动的流程如下。

（1）与员工和相关部门领导沟通。

（2）由调入部门提出调动申请，填写员工调动审批表。

（3）由调出部门和调入部门相关领导审批。

（4）岗位交接。

（5）实施岗位调整。

员工调动审批表模板如表 11-6 所示。

表 11-6　员工调动审批表模板

姓名			工号	
调动类型	□晋升调动　□降职调动　□岗位调整　□临时调动　□兼职工作			
调出	部门	调入		部门
	岗位			岗位
	职务			职务
	薪酬			薪酬
	其他			其他
填表日期		调动生效日期		
调入岗位见习期		见习期间工资		
调出单位意见	调入单位意见	人力资源部门意见		总经理意见
员工本人签字				

任何调动必须按照公司规定的调动程序进行，必须经公司领导及人力资源部门批准、部门负责人同意，公司留有备案。

员工调动后的薪酬福利待遇应随调动后的岗位进行相应的调整。

人员调入单位的人员编制必须在已核定的编制范围内，若超出编制范围的，需先进行申请人员编制调整，依次审批之后方可申请人员调入。

调动人员办理完审批手续并按规定办理完调离手续之后，方可到调入部门报到，否则不得离开原部门和工作岗位。

未经人力资源部门批准私自调动的，一律视为无效调动，公司应根据相关规定给予相应责任人一定的处分。

11.4.2　调动管理制度的注意事项

为保证调动管理制度能够有效实施，在制订和实施的过程中需要注意以下事项。

1．沟通

人员调动发生之前，务必提前做好沟通。需要沟通的内容包括待调动人员是否同意本次调动、待调动人员当前的岗位是否有人接替、岗位接替需要的时间、调入和调出部门的直接领导及负责人是否了解并同意此次调动等。

如果涉及内部人员的交接问题，还需要与接替人、接替人的直属领导和部门负责人进行沟通。如果接替人调出后，接替人的岗位也需要他人接替，则还需要进行新一轮的沟通，直到调动涉及的所有人员都明确知道即将发生的调动。

2．同意

在人员调动之前，必须提前征得相关人员的同意。如果员工拒不接受调动，则调动工作要谨慎进行；如果调入部门或调出部门的直接领导或相关负责人不同意调动而强制调动，则可能给公司带来不必要的损失。

3．交接

调动前，工作交接的质量直接关系着调动后很长一段时间内工作业务能否不受影响而持续、稳定、有效地开展。对于交接的过程应给予充分的时间。交接结束后，调离岗位的直接领导或部门负责人要检验和评估交接成果。

11.5　规章制度通过程序

《中华人民共和国劳动合同法》（2012 年 12 月 28 日修改）第四条规定，用人单位应当依法建立和完善劳动规章制度，保障劳动者享有劳动权利、履行劳动义务。

用人单位在制订、修改或者决定有关劳动报酬、工作时间、休息休假、劳动安全卫生、保险福利、职工培训、劳动纪律以及劳动定额管理等直接涉及劳动者切身利益的规章制度或者重大事项时，应当经职工代表大会或者全体职工讨论，提出方案和意见，与工会或者职工代表平等协商确定。

在规章制度和重大事项决定实施过程中，工会或者职工认为不适当的，有权向用人单位提出，通过协商予以修改完善。

用人单位应当将直接涉及劳动者切身利益的规章制度和重大事项决定公示，或者告知劳动者。

由此可知，用人单位为了保证所制订的规章制度能够得到有效实施，有三个要件缺一不可：一是内容上必须合法合规；二是流程上必须通过民主程序；三是条件上必须向劳动者公示。缺少任何一个要件，规章制度都是无效的。

1. 内容合法合规

严格遵守法律法规是企业制订规章制度的前提条件。如果法律和法规中已经规定的事项，企业的规章制度也需要做出规定的，对于劳动条件、劳动报酬、劳动福利、劳动保护等方面的待遇规定不得低于劳动法律法规规定的最低标准。

对于劳动法律法规没有做出强制规定的事项，若企业自行做出规定，也必须遵循权利与义务对等的原则，不能只规定劳动者的责任和义务，不规定劳动者能够享受的权利。在规定带有惩罚或奖励性质的相关规定时，不能只规定惩罚的条款而忽略奖励的条款。涉及处罚的标准时，不得高于劳动法律法规规定的标准。

对合法性的要求不代表规章制度的内容只需要考虑合法合规——合法合规是基本要求，除此之外，规章制度还需要合理。所谓合理，就是规章制度的条款要在保证公平、公正、恰当、适当的同时，体现出对员工的关爱和温情。有"温度"的制度更容易被员工理解和接受，也更容易得到执行。

2. 通过民主程序

规章制度通过的民主程序是，首先将初拟的规章制度通过职工代表大会的讨论；没有职工代表大会的企业，可以由全体职工进行讨论。结合职工代表大会和全体职工的反馈意见，经过平等、充分的讨论和协商后，最终由职工代表大会或全体职工审议确定并通过。在规章制度实施的过程中，如果职工或者工会组织认为某个规章制度或制度中的某个条款不合理，仍然可以提出意见或建议，再由企业和员工进行谈判、协商。

需要注意的是，职工代表大会和工会虽然不是企业中必须存在的组织，但是对规章制度的确定和通过起着至关重要的作用。如果没有职工代表大会，则需要全体职工通过。这样，企业组织起来会有较大难度，不容易实现。如果企业能够成立职工代表大会和工会组织，一来可以让企业的管理更加规范，二来可以增强员工的归属感。

实施民主程序需要保留好证据，民主程序的证据并不是企业在公示文件中提到的"经过某次职工代表大会讨论通过""已经与工会协商一致"等文字，而是能够起到证明职工代表大会发生事实的确定性证据。它主要由以下三个方面组成。

（1）职工代表大会参会人员的签到记录。

（2）所有规章制度讨论、协商的过程和最终达成一致的相关记录，以及参与讨论人员的签字。

（3）职工代表大会签字的决议。

以上三点是对规章制度的通过经过民主程序证据的最低要求，可以作为企业预防劳动争议的基本证据材料。企业应妥善收集、保管好相关证据材料。

3．公示程序规范

规章制度公示的方式不拘一格，可以通过张贴在宣传栏、网站公告、群发邮件、手机端推送、专题培训、集体开会宣读等方式公示。但需注意，实务中的争议，往往是员工因为自己并没有看到或学习到规章制度而认为企业并没有履行公示的程序。这种情况一旦发生，需要企业提供规章制度公示的证据，而企业往往因难以提供而陷入不利局面。

比较好的规章制度公示方式有以下几种。

（1）员工上岗前的培训内容中必须学习规章制度，学习结束后由员工签字确认。

（2）将员工规章制度制成员工手册，员工人手一本。员工手册的最后一页设置为员工接受后的确认页，员工收到后签字确认。撕下该页，由人力资源部门统一存档。

（3）将所有规章制度作为劳动合同的附件，员工签订劳动合同时，签字确认所有的规章制度已经详细阅读并自愿遵守。

（4）企业在宣传栏公示后，留下照片或影像资料存档。

（5）召开全体职工大会时，集体学习并拍照和签字确认。

不论是作为劳动合同的附件还是培训后的签字确认，在劳动合同附件或培训后的确认材料中，以下文字内容一般可作为员工学习了解相关规章制度的有力证据。

（员工名字）已经详细认真地阅读了上述规章制度，已经充分了解其内容和含义，愿意自觉遵守上述规章制度。

签字：

日期：

【疑难问题】关于加班界定的疑难问题

劳资双方常常在加班的判定问题上产生分歧，比较常见的问题及答疑如下。

【问题 1】值班与加班有什么区别？

加班是指劳动者在工作日正常上班时间以外、公休日或法定节假日继续从事本职工作，一般可以以小时或天作为计算单位。值班是指组织根据消防、安全、环保等需要，安排的与劳动者本职工作没有关联的、非生产性的工作（比如巡逻、看门、接电话），或者虽然与劳动者的本职工作有一定关联性，但劳动者在此期间可以休息的工作。

值班与加班之间最本质的区别，是劳动者是否继续在原来的岗位上从事本职工作，或是否有具体的生产或经营任务。对于值班费的计算，法律并未做出明确规定，一般根据企业的规章制度执行。

【问题 2】员工主动加班，用人单位是否需支付加班费？

加班的前提是协商。一方面，组织不得强迫或变相强迫员工加班；另一方面，如果员工未经组织允许，未履行加班审批手续而自己主动加班，也不应判定为加班。但如果组织原本就没有与加班相关的审批流程规定，仅把考勤作为计算加班费的依据，这种情况也视同员工加班。员工也有权要求用人单位安排倒休或支付加班费。

【问题 3】员工出差途中若遇公休日或法定节假日是否算加班？

界定劳动者是否属于加班状态，主要看劳动者是否提供了本职工作范围内的劳动。员工出差如果遇到公休日或法定节假日，本次出差的目的是与本职工作范围相关的劳动，应视为加班。比如销售人员出差谈业务拜访客户、售后服务人员出差为客户解决产品问题、人力资源招聘专员的校园招聘等均应属于加班。

【实战案例】公司违法调岗后员工维权

随着经营状况的不断变化，为了满足生产或运营的需要，企业常需要变动员工的岗位。然而，由于对法律法规理解不深或操作不当，企业常在调岗方面出现问题，造成不必要的劳动争议。

举例1

随意变更员工的工作地点

20×1 年 2 月 1 日，A 公司与小王签订了为期三年的书面劳动合同。合同约定：小王的工作地点为 A 公司所属项目部或分公司，工作岗位为山东省青岛市超市卖场的店长。

20×2 年 2 月 5 日，A 公司通知小王调整工作岗位，内部人事调动单显示小王被调往烟台市的超市，职务仍为店长。通知要求小王的报到时间为 20×2 年 2 月 6 日。

青岛市与烟台市相距约 150 公里。小王以 A 公司擅自调岗、未经双方协商为由向公司提出异议，未到新岗位报到。

20×2 年 2 月 10 日，A 公司向小王邮寄了上岗通知书，要求小王到烟台市的超市报到。

20×2 年 2 月 14 日，小王以 A 公司擅自调整工作岗位、未提供劳动条件为由，主张与公司解除劳动合同，并主张经济补偿金。

解析：A 公司未与小王协商一致即单方面变更小王的工作岗位和工作地点，且 A 公司并未举证证明调整工作岗位的原因。另外，两市相距 150 公里，显然对劳动环境现状进行了很大程度的改变。这种工作地点的改变势必会对小王劳动的便利性产生重大影响。同时，小王居住在青岛市，且已生活多年。故 A 公司单方变更小王的工作地点，不符合法律规定。

鉴于 A 公司的调岗行为不符合法律规定，小王以 A 公司未提供劳动条件为由主张与公司解除劳动合同，并主张经济补偿金，符合法律规定，A 公司应按照小王的工作年限向其支付解除劳动合同的经济补偿金。

举例2

以调岗位的理由降低员工薪酬

小李于某年 5 月入职某技术公司，双方签订了为期两年的劳动合同，约定小王的工作岗位是采购部门主管，月工资为 1.2 万元。任职一年后的一天，小李突然收到公司的一份调整岗位通知书，内容是公司内部人员调整，小李的工作岗位调整为采购部门助理，同时月工资调整为 8 000 元。

小李拒绝公司单方面做出的调整并提起劳动仲裁，主张公司应继续按照原劳动合同中的约定履行劳动合同。最终，劳动仲裁判决支持了小李的主张。

解析：公司未与小李协商，仅以公司内部人员调整为由擅自调整小李的工作岗位，同时降低了其工资标准，属于单方变更劳动合同约定的内容。该调岗降薪的行为显然不符合法律规定，属于违法调岗降薪，该公司调岗降薪行为无效。作为劳动者，小李有权拒绝该公司的调岗降薪决定，并有权主张双方依原劳动合同内容继续履行劳动合同。

 举例3

调岗后工作内容发生重大变化

小刘与某公司签订了为期三年的劳动合同，劳动合同期限自 20×1 年 5 月 8 日至 20×4 年 5 月 7 日。月工资为 6 000 元。20×2 年 3 月 6 日，该公司称小刘不胜任目前岗位，并调整了小刘的工作岗位，将小刘由原来的技术工程师变更为后勤保障员工，工作内容由之前的软件编程变更为后勤劳保用品发放，随之将小刘的工资调整为 5 000 元 / 月。

小刘不服该工作岗位的调整，向劳动仲裁争议委员会主张公司单方面调整工作岗位的行为无效，要求按照原劳动合同继续履行。劳动仲裁争议委员会的判决支持了小刘的主张。

解析：该公司对小刘进行调岗降薪处理，应对做出该决定所依据的理由进行充分举证。在公司并没有证据证明小刘存在不胜任技术工程师的情形下，未与小刘协商而单方做出变更小刘工作岗位的决定，违反了《中华人民共和国劳动合同法》（2012 年 12 月 28 日修改）的相关规定。且变更后的工作岗位内容与小刘入职时从事的工作内容有较大差距，该公司属于违法调岗降薪。

上述三个案例有一定的相似之处，涉及的岗位调整都是基于用人单位自己的生产经营需要等原因自行决定的，具有随意性，且不具备合法性或合理性，已经超出了用人单位用工自主权的范围。

在案例 1 中，企业变更劳动者的工作地点，因两地相距十分遥远，变更后的工作地点势必会给劳动者带来家庭生活上的不便利，会造成劳动者与原有生活圈的脱离，与劳动者签订劳动合同时的预期不符。在案例 2 中，企业未与劳动者协商一致就擅自以调岗为理由降薪，不符合劳动法律法规的规定。在案例 3 中，企业变更劳动者的工作岗位，将专业技术工程师调整为后勤保障人员，工作内容明显与劳动者之前所从事的不同，明显改变了劳动者与用人单位签订劳动合同时对工作岗位的约定，对于劳动者自身职业的发展产生了重大影响，且用人单位并未举证证明调岗的合理理由。

【实战案例】公司执行制度不恰当后员工维权

有的企业认为，规章制度就像是一把宝剑，经过合法合规的程序通过之后的规章制度就好像是一把开了刃的宝剑，可以肆意挥舞、所向披靡。然而，即使是宝剑也可能是"双刃剑"，运用不好可能伤不了别人，反而会伤了自己。

20×1 年 7 月，小王进入某公司在销售岗位工作，同时该公司通过网上公示的方式将规章制度告知各位员工，其中有一部分内容涉及销售人员的绩效管理。制度中规定，将销售员工分成 A、B、C、D 四个等级，不能胜任工作的员工将被定为 D 级。

刚开始的时候，小王的工作非常努力、认真，销售业绩也不错。但好景不长，随着市场竞争的日渐激烈，小王的销售业绩也出现了明显下降。20×2 年上半年，小王的综合评分排名一直处在销售部的末位。

20×2 年 5 月初，人力资源部门通知小王，根据公司销售人员的绩效管理办法，他已被列入末位淘汰的人员范围，公司决定解除与他的劳动合同，且没有任何补偿。小王对公司解除劳动合同的决定不服，于是申请了劳动仲裁，最终劳动争议仲裁委员会判定企业为违法解除小王的劳动关系。

解析：用人单位为了企业的发展，可以结合各岗位的特点，设定考核指标和相关的考核制度，并根据考核结果对得分靠后的员工进行淘汰。但是，排名末位不等于不能胜任工作，用人单位应对此负举证责任。

即使用人单位能够证明员工不能胜任工作，也应当首先对员工进行调岗或培训，在员工仍然不能胜任工作时，方可与其解除劳动合同，同时支付单方面解除劳动关系产生的相关费用。

公司在执行各类制度时，一定要树立起证据意识，某条制度的执行，是以某个事实的发生与否为根据。而某个事实的判断，是以某个证据是否存在为依据。

第**12**章

e-HR

e-HR 是电子化人力资源管理系统（electronic human resource）的缩写，任何利用或引进了各种 IT（information technology，信息技术）手段的人力资源管理活动都可称为 e-HR。它是通过内外业务协同及服务共享、员工自助服务、自动化信息处理、电子化人事档案管理等一系列系统化、电子化的管理手段，实现提高组织的管理效率、提升人才管理的战略地位、降低管理成本、改进员工服务模式等目的。

12.1　e-HR 的应用价值

随着组织业务的不断扩大，人员的不断增多，人力资源管理的幅度和难度也越来越大。组织的管理者以及人力资源管理者仅靠科学的管理理念、先进的管理方法，还远远不能满足日渐繁杂的管理工作需要。若想把先进的管理理念固化，并贯彻落实到日常的管理和业务中去，还需要系统化的工具支持。

随着企业资源计划（enterprise resource planning，ERP）系统的发展和普及，人们越来越认识到信息化、系统化、电子化的管理模式是企业管理的最佳助手。e-HR（人力资源管理系统）逐渐被各大企业应用并得到了认可。e-HR 的价值可归纳如下。

1. 决策支持

"数据决定脑袋"，e-HR 能够实现信息集中、数据集中，建立一个信息共享、流程优化的人力资源信息管理平台。同时，它能够让管理分散，由信息化支撑真正的"集中不集权"管理。它能够最大限度地帮助管理者全面掌握企业的真实情况，对信息进行深度利用，运用数据连贯可穿透、易查询的优势，为领导决策支持提供支撑。

2. 业务规范

e-HR 具备管理集中、业务协同、资源共享、信息共享的特点，能够层层设置编制，分别应用，集中掌握动态；能够实现薪酬各自计算、发放，集中掌控进度；能够实现人员变动分层维护，信息集中分析，反映变动流失动态；能够实现招聘信息共享，招聘计划共享；能够协助并实现培训体系、能力管理、绩效考核、薪酬体系、考勤体系等的规范集中管理。

3. 提升效率

e-HR 能够实现人力资源管理工作的信息化、数字化、网络化，提高人事工作办事效率。实现信息集中本身就是效率提升的过程，e-HR 能够让人事信息随业务收集，有效率，动态及时真实；薪酬准确，易发放、易统计；报表收集及时、完整、准确；数据统计分析方便。

4. 管理提升

企业的飞速发展，对管理提升的要求越来越高。日益增多的业务系统引发的整体信息化环境整合需求更加突出。e-HR 能够真正实现以人为本，权限明晰，管理便捷。它能够实现上下左右的协同，实现管理层次的分明，实现各种事先的提醒，在便捷的同时降低管理风险。

12.2　e-HR 的主要厂商

e-HR 的厂商有很多，常见的有 SAP、Oracle、用友、金蝶、东软、智科、铂金、奇正、上海嘉扬、万古、博惠思华、朗新、金益康、宏景世纪、明基逐鹿、施特伟、普利斯奇正、北森等。总体来讲，SAP、Oracle、用友、金蝶、东软占领了中国的中高端市场及绝大部分市场份额，其他厂商则分享了其他的市场份额。

e-HR 的产品模块较为复杂，不同厂商的产品都有其独特的优势，也有其局限性，某个厂商的产品比同级别的竞争对手好还是差很难一概而论。

1. SAP 公司

SAP 公司是全球领先的企业管理软件供应商，成立于 1972 年，其总部位于德国沃尔多夫市，中国公司于 1995 年在北京成立。

SAP 公司人力资源管理系统的特点：管理现代员工队伍，提高工作能力并实现业务增长。简化人力资源流程，改善业务成果。物色合适的人才，培养未来领导者，并为每名员工提供透明、自动化的流程和数字化的人力资源体验，让他们积极投入到工作中。

2. Oracle 公司

Oracle 公司是世界上最大的企业软件公司之一，1977 年成立，总部在美国加利福尼亚州的红木城。1989 年正式进入中国。

Oracle 公司人力资源管理系统的特点：让员工体验变革，能帮助员工管理自己的日常事务，掌握自己的工作、发展和职业；能够获取有意义的业务和劳动力质量数据，可以针对业务的过去、现在和未来提供全面的企业级视图；能够满足顾客独特的需求，能够提供现成的云功能和灵活性优秀实践，可提供个性化、品牌化和扩展的云体验，让组织能够根据业务需要进行更新。

3. 用友公司

用友公司成立于 1988 年，是亚太地区领先的企业与公共组织软件、云服务、金融服务提供商，是中国最大的 ERP 管理软件供应商。

用友公司人力资源管理系统的特点：较多服务于大、中型的集团企业；能够有效地运用在多组织、多行业、多业务模式、复杂管理的集团管控模式下的企业；拥有可以匹配企业发展战略的、专业全面的人力资源管理应用，而非单一传统人事管理应用。

4．金蝶公司

金蝶公司于 1993 年在中国深圳建立，是中国软件市场的领跑者，已有超过 2 000 家的合作伙伴选择金蝶公司作为共创共赢的发展平台。IDC 权威数据显示，金蝶公司开发的金蝶软件连续 13 年蝉联中国中小企业市场占有率第一。在财富中国 100 强企业中，有一半选择了金蝶软件，金蝶公司帮助中国企业实现了转型升级的民族梦想。

金蝶公司人力资源管理系统的特点：将人力资源管理与员工和员工的直线经理链接。重视员工角色，从员工角度将公司动态信息全盘掌握，帮助提升员工幸福感和归属感；重视直线经理角色，当上级无法与下属面对面时，准确解决员工人事事务，掌握成员动态及人员绩效指标。

5．东软公司

东软公司 1991 年创立于中国沈阳的东北大学，现在是中国领先的软件与解决方案提供商。2002 年开始与专业人力资源咨询公司翰威特（Hewitt）合作推出慧鼎（TalentBase）人力资源解决方案。

东软公司人力资源管理系统的特点：更完整，蕴含人才全生命周期管理平台，从配置人才、定义人才、发掘人才、使用人才、发展人才进行度量与分析；更智慧，从战略到执行，实现智慧整合、以"能力管理""人才梯队建设"等为深层应用；更具洞察力，特有的四层人才资本分析模型、企业 CEO 战略桌面，彰显人才资本价值；更易携带，原生用户体验，纯移动化的员工工作与生活助手，轻松装进口袋。

12.3　e-HR 的实施步骤

e-HR 实施的总体原则为：先规划、后实施，先共性、后个性，先集中、后分布，先数据、后协同，先 E 化、再固化、后优化。具体实施的关键步骤如下。

1．需求分析，确立目标

首先要组建 e-HR 的项目实施团队，人力资源部门是项目团队中的主要成员，周密、可行的计划是 e-HR 项目成功的保障。项目实施团队的第一项任务是根据项目的需求和风险分析，确立目标，制订项目的实施计划。

e-HR 的功能模块较多，成功的人力资源管理信息化建设不应一下子全面铺开，而应是经过充分的调研和论证，详尽考虑了各类风险因素之后，有策略、有计划地从最能够产生价值、解决问题的重点模块开始，循序渐进、逐步实施。

首先要解决的是人力资源管理的工作效率问题，包括时间管理、人事管理、组织机构管理、薪酬福利管理等与人力资源事务性工作相关的功能管理模块，这些模块的工作通常是由简单重复的劳动组成，人工操作效率低、易出错，且占用人力资源管理人员大量的精力和时间。

其次要解决的是人力资源管理流程的规范问题，包括招聘管理、培训管理、能力管理、绩效管理等功能模块。如果相关流程与职能已经固化，将业务流程整合到 e-HR 中将进一步规范管理，这一步是人力资源管理业务与信息化系统真正实现融合和协同的过程。

最后要解决的是人力资源管理体系与战略衔接的问题，包括人力资源战略决策、人力资源规划、职业生涯规划、人力成本评估等。这一步是战略人力资源管理的需要，是人力资源管理向更高层次发展的需要。

2．领导带头，更新观念

e-HR 实施的过程中，通常会遇到来自业务层面或人为层面的阻碍和干扰，因此，若想要 e-HR 能够顺利实施，必须有核心领导层的参与和支持。最佳的方式是最高领导担任项目组组长。

前沿的 e-HR 都是以先进的人力资源管理理念和方法为指导思想的，在获得领导的带头和支持后，人力资源部门要让相关人员更新管理观念，接受这些先进的管理思想。通过组织座谈会、研讨会、培训，让相关人员了解 e-HR 的相关知识。

实施 e-HR 通常会涉及业务流程的变化、组织机构的变革，不论业务部门，还是人力资源从业者本身，都面临以前熟悉的岗位职责、角色、目标、定位等的变化和再定位。人力资源管理者不再是繁杂行政事务的执行者，而是逐渐变为真正的人力资源管理者、业务流程的整合者以及组织的战略合作伙伴。

3．根据规划，选择产品

e-HR 不是厂商越大越好、选择功能模块越多越好，也不应照搬竞争对手或兄弟企业的选择，更不是越贵越好，应在制订好目标和规划后，根据自身企业的特点、发展阶段、人力资源管理者的能力等进行量体裁衣。

性价比高的 e-HR 软件，一般具有专业性强、兼容性高、系统界面美观、操作简便、功能丰富等特点，这些特点会让 e-HR 系统不仅能够被人力资源部门内部的专业人员接受，也更容易被其他人员所接受。

选择供应商时，应从供应商的经营状况、咨询团队的水平、实施团队的经验、系统开发的能力、售后服务的水平等角度进行评估。尤其是供应商在实施过程中提供的团队成员，必须在人力资源管理领域有着丰富的理论和实践经验。

4．不断培训，持续沟通

e-HR 上线的培训计划应分为上线前、上线中、上线后三大类。上线前的培训主要定位在方法论、思想、理念的宣导，以及对上线可能遇到的问题的预估和提醒。上线中的培训主要是各个相关人员的操作方法、注意事项等。上线后的培训主要是针对 e-HR 系统的理念和使用操作的巩固，以及上线后遇到问题的解决方案。

在 e-HR 系统上线过程中，应不断地与软件供应商保持沟通，避免 e-HR 与当初预定的目标和计划不一样。同时，在 e-HR 运行过程中，企业应不断地发现问题、提出问题，需要做计划调整或者需要供应商做二次开发的，要迅速及早决定是否实施。在 e-HR 刚上线运行的初期通常会遇到很多问题，最好让软件供应商派驻专业人员到企业，以便及时解决出现的问题。

5．整理数据，保证准确

e-HR 系统的功能原理实质是采集数据、加工数据、输出数据，所以原始的基础数据质量如何对于 e-HR 系统后续的结果输出具有极为重要的影响。有的企业 e-HR 上线后起不到应有的作用就是因为前期对数据信息的收集有问题或者上线后对信息的更新和维护不及时造成的。

因此，数据的收集、审核、导入和维护工作非常重要，需要人力资源部门投入大量的精力和时间，同时也需要组织的各级领导与各部门的参与、支持、投入和配合。人力资源部门要设定各类数据准确性的责任制。企业原本电子版的基础数据和人事信息，需要软件供应商协助以最简便的方法导入系统，同时保证数据的真实性和完整性。

6．梳理制度，优化流程

e-HR 的实施过程正是一个检视、梳理、修正本企业不规范的流程和制度的过程。如果企业自身的业务流程混乱、没有条理，就谈不上 e-HR 的应用。

梳理流程最好的方法是画流程图，通过画图能够很快地发现：流程中的哪些环节不规范；哪些是有规范但是执行不到位；哪些流程不合理，需要修改等。e-HR 系统绝不是单纯的人力资源电子化的过程，更是完善公司制度和流程的过程。

7．不断改进，持续优化

e-HR 的上线绝不是人力资源管理系统化的终点，而是一个新的起点。上线后，人力资源管理部门需要定期对 e-HR 系统进行维护和更新；如果有业务上的调整或者有新的业务需求出现，还需要对 e-HR 系统进行及时更新。

12.4　e-HR 的常见问题

e-HR 项目实施极少有一帆风顺的案例，通常都会遇到各种各样的困境和问题，最常见的问题如下。

1．领导不重视

有的公司最高领导对项目的支持只是停留在口头上，虽然挂着项目总负责人的职务，但是项目的启动会、说明会、培训，因为各种原因从未参加过，也从未在任何公开场合表达过自己对项目的支持，从来不过问项目团队在做什么以及项目进展如何。公司相关人员得不到领导的支持，逐渐开始对项目不重视、不配合。

解决方案：人力资源部门要安排好最高领导的时间，项目相关的几个关键会议必须请最高领导到场并讲话，讲话的内容要表明最高领导对项目的重视和支持，明确项目过程中各方的基本分工和配合。

2．需求不明确

人力资源部门的业务缺乏标准，不能够明确人力资源管理的业务规范和要求，不能有效地聚焦到业务流程中存在的问题等，都造成了项目团队在实施 e-HR 项目前无法明确需求，不知道该怎么实施、从哪里下手，也不知道实施后究竟解决和改善了什么问题。

解决方案：在实施 e-HR 项目以前，一定要先梳理清楚自身的业务流程，明确企业上线 e-HR 的需求和目的是什么。e-HR 不是为了潮流而实施，也不是为了实施而实施，而是为了满足需求、解决问题而实施。在没有明确自身的问题和需求以前，建议不要实施 e-HR 项目。

3．成员不专业

人力资源部门的从业人员自身缺乏人力资源管理专业知识，更缺乏 e-HR 项目的实施经验，不清楚 e-HR 项目的理念和思路。不专业的另一个原因是许多企业管理者对人力资源管理业务不了解、不重视，往往企业中配备的人力资源管理人员的数量过少，人力资源管理人员每天对基础人事管理、考勤工作、社保公积金等事务性工作应接不暇。

解决方案：如果是专业知识方面的问题，要加强学习和培训，提高人力资源管理人员的知识和业务素质；如果是人员编制的问题，要与相关部门做好沟通，列出当前人员从事的工作量、价值，以及 e-HR 项目上线后正常运行的人力需求。

4. 意愿不坚定

每个 e-HR 项目都是一场没有硝烟的战斗，过程中遇到意想不到的困难和挫折是非常正常的事。有的项目团队对项目实施过程的低潮缺乏心理准备，对大量繁杂的事务性工作没有思想准备，在遇到没预料到的困难后，就打起了退堂鼓。

解决方案：e-HR 的项目团队要提前做好团队内部成员的心理建设，从决定实施项目的时刻开始，就要有坚定的信心、坚强的勇气和坚持的信念完成项目。另外，项目团队中要有一位精神领袖做带头人，在出现不可预知的困难时，带领团队走出低谷、渡过难关。

第 **13** 章

AI+ 人力资源管理

人工智能（Artificial Intelligence，AI）迅猛发展，当下已经渗透到企业管理的各个领域，人力资源管理也不例外。AI 使人力资源管理的工作方式和思维模式都发生了变化，其应用覆盖了人力资源管理的各个模块。

13.1　AI 在人力资源战略规划中的应用

企业通过引入 AI，能够提高人力资源管理效率，为企业带来更准确、更灵活、更高效、更具前瞻性的数据支持和战略建议。

13.1.1　AI+ 人力资源数据分析与决策

AI 不仅是对工具和技术的革新，更是推动人力资源管理向更加数据化、智能化方向发展的重要力量。

AI 通过提供由数据驱动的洞察和自动化分析工具，可以帮助 HR 优化人力资源配置、决策的制订和风险管理。这不但能支持企业的长期目标和战略发展，还为企业提供了一种前所未有的灵活性和适应性，使其能够在不断变化的商业环境中保持竞争力。

在人力资源战略规划中，AI 最常被应用在以下 3 个方面。

1．自动化数据处理与分析

在企业日常的人力资源管理中，每天都会产生大量的数据。这些数据，如员工的绩效评估报告、满意度调查结果、日常的工作效率数据等，都蕴含着对改善员工满意度、提高工作效率很有用的重要线索。

传统的数据处理方法不仅耗时耗力，而且容易出错。通过 AI，尤其是机器学习算法的应用，企业可以自动完成这些任务，从海量数据中快速识别出有价值的模式和趋势。

例如，通过分析员工的绩效评估数据，AI 可以帮助企业识别出最能激励员工的因素，或是能有效提升团队效率的管理措施，从而为 HR 专家提供基于数据的洞见，帮助他们制订更有效的人力资源策略。

2．数据可视化

数据分析是一种能力，有一定门槛。同时，数据分析的结果如果不能被非专业人士理解和使用，其价值也会大打折扣。

AI 在数据可视化方面的应用，使得复杂的数据分析结果可以通过图表、图形和仪表盘等直观的形式展现出来。

这些视觉工具不仅能使 HR 洞察数据的深层次含义，更重要的是，它们还能帮助管理层和员工快速理解数据并提供建议，从而使管理层和员工能做出更加明智和迅速的决策。

例如，色彩丰富的仪表盘工具可以展示不同部门的员工满意度、流失率和绩效等级等数据，使管理层能一眼看出哪些领域表现良好、哪些领域需要改进。

3．数据驱动决策的制订

在当今数据成为核心驱动力的商业环境中，利用大数据分析和机器学习算法制订决策已成为企业获取竞争优势的一种途径。

对企业的人力资源管理来说同样如此，AI可以帮助HR利用企业的历史数据，如员工绩效记录、离职率、招聘渠道的效率等，来识别模式和趋势。

例如，通过分析过去几年的员工流失数据，AI可以识别导致高绩效员工离职的关键因素，从而帮助HR提前采取改善措施，提升员工满意度和留存率。

此外，AI还能预测行业趋势，如哪些技能将成为未来的热门需求，从而指导企业的招聘和培训战略，确保企业能够及时适应市场变化。

13.1.2　AI+外部人才市场与竞争力分析

在当前全球化经济环境下，企业面临着前所未有的人才竞争压力。为了在这场竞争中脱颖而出，越来越多的企业开始求助于各种技术，尤其是AI，以获得对人才市场的深入洞察，优化人才战略。

AI在人才市场与竞争力分析中的常见应用如下。

1．人才市场监测

通过AI，企业能够实时监控人才市场的最新动态。AI可以自动收集和分析各类人才市场的数据，例如在线招聘平台发布的职位、专业论坛和社群讨论的内容及各行业报告等，提供全面而深入的市场洞察。

这些洞察不仅包括哪些地区对某些技能的需求最高，还包括人才的流动趋势，例如哪些城市或地区成了技术人才的新热点。通过这种方式，企业可以更加精准地定位其人才招聘和发展策略的实施地区，确保在全国甚至全球范围内吸引和保留关键人才。

2．预测技能供需变化

AI的另一项重要应用是通过机器学习模型来预测特定技能在未来的供需情况。这种预测既依赖于对过往数据的分析，又要综合考虑宏观经济趋势、技术进步速度及相关政策变化等多种因素。

例如，AI可以预测到随着某项技术的快速发展，未来几年市场对于该领域的专家的需求将会怎样变化。这使得企业能够提前布局，通过调整招聘计划或增加员工培训项目，来满足未来的人才需求，保持其在技术和创新方面的竞争力。

3．竞争对手的人才战略的分析

通过分析公开数据和各类相关信息，AI 还能揭示竞争对手的人才招聘动向、雇主品牌、人才吸引、人才发展、人才保留、工作安排情况和企业文化优势等。这一点对于企业制订自身的人才战略尤为重要。

例如，企业通过分析发现，一些竞争对手提供了非常灵活的远程工作政策和个性化的职业发展计划，这极大地提高了竞争对手对技术人才的吸引力。

因此，企业可以据此调整自己的人才战略，增加对员工职业发展方面的投入，推出更加灵活的工作安排，并强化企业文化，构建更具吸引力的工作环境。

通过 AI 的这些应用，企业能更深入了解人才市场，能够预测未来的人才需求变化，并据此优化自己的人才战略。

通过分析竞争对手的人才策略，企业可以更加有针对性地制订招聘和保留人才的计划。这种数据驱动和科技赋能的人才管理方式，为企业的人才竞争提供了新的思路和方法。

13.1.3　AI+ 人力资源预测分析与风险管理

在当今复杂的商业环境下，企业在人力资源管理领域面临的挑战也日益不确定。AI 的应用为企业提供了一种新的方式，能够帮助企业预测未来的人力资源需求、识别潜在的人才流失风险，并制订有效的风险缓解策略，以更科学、高效的方法进行人力资源管理领域的预测分析和风险管理。

预测型分析是 AI 的一项重要功能，这项技术可以帮助企业预见未来，并据此做出战略调整。这种预见性使企业能够提前做好准备，无论是提前招聘、培训现有员工，还是调整工作环境和员工福利，都能确保企业在未来的市场竞争中保持优势。

AI 在人力资源预测分析与风险管理中的常见应用如下。

1．未来人力资源需求预测

AI 通过深入分析历史招聘数据、员工绩效记录及市场趋势，可以为企业提供未来人力资源需求预测。

这种预测可以考虑多种因素，包括企业扩张计划、新项目启动、技术进步对职位的影响及宏观经济变化等。

通过对这些因素进行综合分析，AI 可以帮助企业识别未来可能出现的人才短缺或过剩情况，使得人力资源部门能够及时调整招聘策略，或者设计针对性的培训和发展计划，确保企业在未来的发展中拥有合适的人才储备。

2．员工流失率预测

AI 在预测员工流失率方面同样显示出强大的能力。通过分析员工的历史绩效数据、员工调查结果、薪酬福利比较及工作环境满意度等信息，AI 能够识别哪些因素最可能导致员工离职。

例如，AI 可能发现，在特定的工作环境下，缺乏职业成长机会是导致高绩效员工离职的主要原因。基于这种预测，HR 可以采取针对性措施，如调整薪酬结构、优化团队管理、提供定制化的职业发展路径等，以有效降低关键人才的流失风险。

3．制订风险管理策略

基于 AI 的预测分析结果，企业能够制订出更加精准和高效的风险管理策略。这些策略可以覆盖应对人才流失的措施，还可以包括紧急招聘计划、关键岗位人才的备份计划及针对未来需求的人才培养项目等。

例如，如果 AI 预测到某个关键技术领域在未来将面临人才短缺，企业可以提前启动相应的校企合作项目或内部技能培训计划，以确保在关键时刻有足够的技术人才支持企业的核心业务。

通过类似以上的应用，AI 极大地增强了企业在人力资源管理方面的前瞻性和灵活性。企业可以更准确地预测未来的人力资源需求，还能及时识别并管理人才流失等风险，从而确保在竞争激烈的市场环境中稳定发展和保持竞争优势。

13.2　AI 在招聘与选拔中的应用

AI 在招聘选拔中正发挥着越来越重要的作用。AI 可以提高招聘的效率和有效性，使得招聘过程更加客观和公正。从招聘决策、职位描述与需求分析，到智能筛选简历，再到虚拟面试与人才评估，AI 已被运用于招聘选拔的各个环节中并产生了越来越大的影响力。

通过综合运用 AI，企业能更精准地定义职位需求，高效筛选出最符合条件的候选人，并且可以通过虚拟面试和数据分析来评估候选人的潜力和适配度。这可以大幅度缩短招聘周期，降低招聘成本，提高招聘质量，为企业吸引和选拔最佳人才提供有力支持。

13.2.1　AI+ 用数据驱动招聘决策

在招聘决策中应用 AI，能够让招聘管理转换为由数据所驱动，使招聘更加科学，从而可以提升招聘效果，为企业构建一个公平透明的招聘环境。

随着 AI 的不断进步和完善，其帮助企业进行更精准招聘、提升候选人体验及优化招聘策略的作用将变得越来越显著。

招聘不仅是吸引人才的手段，更是一种确保企业保持长期竞争力的策略。

随着商业环境变得日益复杂，传统依靠直觉和经验的招聘手段已经无法满足企业对招聘管理的高标准要求。

AI 为企业提供了一种新的、基于数据的招聘决策方式。

通过对过往的招聘数据、候选人的简历、面试反馈及员工的绩效记录等进行深入的分析，AI 能够揭示出哪些因素最能预测候选人的成功、哪些招聘渠道最有效，以及哪些招聘策略产生了最佳的投资回报率。

这些洞察使得企业能够识别重复成功的招聘模式，同时避免过去那些效果不佳的实践。

此外，AI 还能够通过分析大量的行业和市场数据，帮助企业了解当前的人才市场趋势，包括哪些技能最为紧缺、薪酬标准的变化及候选人的期望等。这些信息对于有效的招聘计划和人才吸引策略至关重要。

 举例

某大型制造业企业长期面临招聘效率低下和人才质量不稳定的问题。为了解决这些问题，该企业决定引入 AI，并开发了一个由数据驱动的招聘决策系统。

- 历史数据分析：该系统通过分析企业过往的招聘数据，包括简历筛选结果、面试评价、入职后绩效评估等，识别出成功候选人的共同特征。这些特征包括技能匹配度、经验背景、以往的工作成就等。
- 预测模型建立：基于上述分析结果，该系统建立了一个预测模型，以此评估新候选人与成功入职员工的相似度。该模型既可以考虑候选人的硬性条件，还可以考虑一些软性条件，如团队合作能力和学习潜力。
- 招聘决策支持：在实际招聘过程中，系统会根据预测模型为每位候选人生成一个综合评分，招聘团队可以基于这个评分和其他相关信息，做出更加客观和科学的招聘决策。

引入 AI 后，该企业的招聘效率和人才质量显著提升。招聘团队由于能够快速识别出高潜力候选人，大幅减少了面试和评估的工作量。

同时，通过数据驱动的招聘决策，企业大大降低了错过优秀候选人或招聘不合适人才的风险。此外，系统还能实时更新和学习，不断优化招聘模型，使企业的招聘决策更加符合未来的业务发展需求。

13.2.2 AI+ 职位描述与需求分析

AI 能够帮助企业识别当前市场上的热门技能和未来的技能趋势，还能基于候选人的实际反馈和招聘结果不断优化职位描述，使其更加吸引目标人才。

在当前快速变化的商业环境中，有效的招聘和选拔过程对于企业的成功至关重要。精确的职位描述和需求分析能够帮助企业吸引合适的人才，提高招聘效率，降低招聘成本。

传统的职位描述和需求分析过程往往依赖于人力资源部门的经验和直觉，这种方法不仅耗时耗力，而且容易受到个人偏见的影响。随着 AI 的发展和应用，企业现在有了更加科学和高效的方法来进行职位描述和需求分析。

AI 通过对大量数据的分析和学习，能够为企业提供基于数据的职位需求预测和优化职位描述的建议。

这一过程涵盖了从市场趋势分析、未来职位技能需求的预测，到候选人偏好和行为模式的识别等多个方面。

 举例

某信息技术公司面临软件工程师招聘困难的问题。传统的招聘方法无法准确匹配公司需求与候选人的技能和期望。于是，公司决定引入 AI 来改进招聘流程。

首先，公司使用 AI 分析了当前市场上的技术发展趋势和职位需求数据，涉及数千条职位招聘广告和行业报告。

AI 能够识别出软件开发领域内需求增长最快的技能，如人工智能、机器学习和大数据分析等。

基于这些分析结果，AI 自动生成了详细的职位描述，列出了所需的技术技能和工作经验，还强调了公司文化和能提供的职业发展机会，以吸引更多高质量的候选人。

随着招聘活动的进行，AI 继续收集候选人的申请数据和反馈，以及面试官的评价信息。通过分析这些数据，AI 不断调整职位描述，使其能更准确地反映公司的实际需求和市场的最新趋势。

通过这种方法，这家信息技术公司成功提高了招聘效率，吸引了一批具有关键技能的优秀人才，同时也提升了候选人的应聘体验。

13.2.3　AI+ 智能化精准简历筛选

AI 的智能筛选简历功能，为企业招聘提供了一套高效、公平和客观的解决方案。

有的企业招聘时会收到海量简历。在传统的简历筛选过程中，HR 需要投入大量时间和精力去人工审阅每一份简历。这样做不仅效率低下，而且由于人为因素，如个人偏好和先入为主的观念，很难确保简历筛选过程的公正性和客观性。

AI 的智能筛选简历功能为解决这一问题提供了有效的工具。AI 可以通过预设的职位要求和标准，快速地从海量简历中筛选出最符合条件的候选人。这样不仅可以显著提高招聘效率，还减少了人为干预。

除了关键词匹配外，AI 在简历筛选中的应用，还包括能够理解和分析简历内容的深层含义，如候选人的工作经历、技能掌握程度及职业成就等。

一些先进的 AI 还能够评估候选人的潜在能力和与企业文化的契合度，为企业招聘提供更全面的决策支持。

随着技术的不断进步，AI 在简历筛选中的应用也在不断优化和升级。

例如，通过持续学习企业的招聘偏好和历史招聘数据，AI 能够不断提高筛选的准确率，能够更好地理解和处理各种格式与风格的简历，进一步提高筛选的效率和质量。

 举例

某软件开发公司每年会收到上万份求职简历，但传统的筛选方法已经无法满足其快速增长的招聘需求。为了解决这一问题，公司决定引入 AI，开发了一个智能简历筛选系统。

该系统首先利用自然语言处理（NLP）技术自动解析简历内容，包括教育背景、工作经历、技能专长等信息。通过这一步，该系统能够快速从海量简历中提取关键信息，为后续的智能筛选奠定基础。

基于职位要求和企业文化，该系统可以对每份简历进行智能匹配和评分。系统会考虑候选人的硬性条件，如技术能力和工作经验，还会评估候选人的潜在能力和文化适配度。通过这种方式，该系统能够准确地识别出最有可能满足职位需求的候选人。

随着招聘过程的进行，系统会根据面试官的反馈和招聘结果不断学习与调整评分标准。这种动态学习机制使得 AI 能够不断提高筛选的准确性和效率。

通过引入智能简历筛选系统，这家公司显著提高了招聘效率和质量。候选人也从中受益，因为每份简历都能得到公正和全面的评估，增加了优秀人才被发现的机会。

13.2.4　AI+ 面试助手与评估系统

AI 驱动的面试与评估技术正成为现代企业招聘流程中的一项重要工具。它既提高了招聘过程的效率和公平性，又增强了面试的客观性和准确性，为企业吸引和筛选人才提供了强大的支持。

传统的面试过程往往需要候选人和面试官花费大量的时间和精力进行面对面交流，这对于快速扩张、有大量人力需求的企业而言是一项巨大的资源负担。

此外，人在面试的过程中，免不了会有偏见和主观的因素，会在一定程度上影响面试过程的公正性和结果的准确性。

AI 在虚拟面试与评估领域的应用，为解决这些问题提供了创新的解决方案。

通过 AI 驱动的虚拟面试平台，企业可以在没有地理限制的情况下，对候选人进行全面而深入的评估。

这种平台通常配备了高级的语言处理和情感分析技术，可以评估候选人的语言回答，能捕捉到其非言语信息，如语调、表情和肢体语言等，从而提供更为全面的评估结果。

AI 通过对大量历史面试数据的学习和分析，能够识别出哪些评估标准和问题最能有效地预测候选人的工作表现，从而帮助企业制订出更为科学和公正的面试流程。

AI 驱动的虚拟面试平台可以大幅度节省时间，节约资源。企业可以通过自动化的面试安排和评估流程，大幅减少 HR 的工作负担，让 HR 可以将更多精力投入到对候选人的深入了解和决策制订中。

候选人也受益于这一过程的灵活便捷，可以在任何有网络连接的地方完成初步面试，而不必担心地理位置和交通问题。

举例

　　某金融集团有面对全球范围内的人才招聘需求，但传统的面试流程已经无法满足这种招聘需求。因此，该集团决定引入 AI，开发虚拟面试和评估系统，以优化其招聘流程。

　　该集团利用 AI 建立了一个虚拟面试平台，该平台可以自动安排面试时间、发送面试邀请及收集候选人的面试视频。

　　面试中，候选人将回答由 AI 面试官根据职位需求定制的一系列问题。

　　除了分析候选人的口头回答之外，AI 面试官还能评估候选人的非言语行为，如语音的情感色彩、面部表情和肢体语言等。

　　这些数据可以帮助评估候选人的情绪稳定性、压力应对能力和沟通技巧。

　　基于候选人的口头回答和非言语行为的分析，AI 面试官能够对候选人作出综合评价。

　　评估结果将直观地展示给招聘团队，帮助他们做出更精准的招聘决策。

　　AI 面试官所有的面试评估过程都将存档，以备检查复盘。

　　采用 AI 驱动的面试与评估平台后，这家公司的招聘效率和质量都有了显著提升。这一平台使得招聘过程不再受地理位置的限制，大大扩展了人才招聘的范围。AI 面试官提高了面试评估的客观性和公平性，减少了人为偏见对招聘决策的影响。

13.3　AI 在培训与开发中的应用

　　培训与开发是提高员工技能、增强组织竞争力的关键环节。随着 AI 的进步，它已经开始重塑培训与开发的传统模式，并由此带来更加高效和个性化的学习体验。AI 在培训与开发中的应用不仅使得学习内容和学习方式更加贴合员工的实际需求与偏好，还为企业提供了实时监控学习进度、评估培训效果的能力，从而可以实现对培训资源的优化配置和持续改进。

　　通过 AI 在个性化培训计划、在线学习与知识管理、职业发展规划及培训效果评估等方面的应用，企业的培训与开发工作将更加智能化、有效率，进而助力企业构建学习型组织，持续推动员工成长和组织发展。

13.3.1　AI+ 个性技能评估与培训计划

　　在当今快速变化的工作环境中，个性化培训已成为提高员工技能和工作效率的关键。基于 AI 开发的个性化培训计划，可以根据每位员工的学习进度、能力和偏好，提供定制化的学习内容和路径，从而大大提高培训的有效性和员工的学习满意度。

 举例

一家跨国科技企业面对不断升级变化的技术和市场需求，认识到了提升员工技能和促进职业发展的重要性。为此，该企业引入了 AI，开发了一个 AI 个性化培训系统，旨在为每位员工提供量身定制的学习计划。

- 评估员工技能：首先，该系统通过在线测试、历史工作表现评估和直接的员工反馈收集员工的当前技能水平与学习需求。该系统将分析这些数据，确定员工在特定领域（如编程语言、软件工具、项目管理等）的现有能力和提升空间。
- 生成定制化学习路径：基于上述评估结果，培训系统为每位员工生成个性化的学习路径。这包括推荐适合其技能水平和职业发展目标的在线课程、实践项目和必读资料。培训系统还会考虑员工的学习偏好，例如喜欢视频课程还是阅读材料，以及他们的时间安排，确保学习计划的实用性和可执行性。
- 实时进度跟踪与反馈：在员工学习过程中，培训系统实时跟踪其学习进度和表现。通过分析测试成绩、课程完成情况和项目反馈，培训系统可以及时调整学习计划，提供针对性的学习建议和辅导。这种动态调整机制确保了学习路径始终符合员工的最新需求和发展方向。

通过实施基于 AI 的培训系统，该跨国科技企业显著提高了培训的参与度和完成率。员工对能够根据自己的需求获得定制化学习内容表示高度满意，这促进了员工的快速成长，也增强了员工对企业的忠诚度和满意度。

该培训系统还可以帮助企业更有效地识别和培养关键技能，为企业的长期发展战略提供人才支持。

13.3.2　AI+ 在线学习平台与知识管理

随着工作方式的不断演变和技术的快速发展，企业越来越意识到在线学习和知识管理对于维持自身竞争力的重要性。AI 的应用，使得在线学习平台除了可以提供个性化的学习体验外，还能高效地管理和分发知识资源。

举例

　　某全球零售公司为了适应数字化转型的需求，决定利用 AI 构建一个在线学习和知识管理平台，旨在提升员工的技能和知识水平，从而提高整体的业务效率和创新能力。

- 智能内容推荐：该平台会根据员工的职位、技能水平、学习历史和偏好，自动推荐最合适的学习内容和资源。无论是新入职的员工想了解公司文化，还是资深员工寻求专业技能的提升，平台都能提供个性化的学习建议。
- 动态知识库构建：通过自然语言处理技术，平台能够自动分析和归纳内部文档、培训资料和最佳实践案例，构建一个动态更新的知识库。这个知识库既能方便员工随时获取所需信息，还能根据最新的业务发展趋势进行实时更新。
- 交互式学习体验：该平台还提供了交互式的学习体验，包括虚拟助教、模拟测试和即时反馈。员工可以通过与虚拟助教对话来解决学习过程中的疑问，参加模拟测试来检测自己的学习成果，并根据即时反馈调整学习策略。

　　引入 AI 驱动的在线学习和知识管理平台后，该全球零售公司显著提高了培训的效率和员工的学习参与度。个性化的内容推荐和交互式学习体验使得员工能够根据自己的实际需要进行有效学习，而动态知识库则确保了员工随时能够获取最新、最相关的行业知识和公司信息。

　　这样不仅可以加快员工技能的提升，还可以促进知识的共享和团队协作，为公司的持续创新和业务发展提供强有力的支持。

13.3.3　AI+ 职业发展规划与智能导师

　　在员工职业发展的道路上，个性化指导和规划变得越来越受欢迎。AI 的进步为员工提供了一种全新的职业发展规划工具——智能导师，它可以根据员工个人的职业目标、技能和兴趣，提供定制化的发展建议和学习资源。

 举例

　　某全球领先的金融科技公司，为促进员工的职业发展和满意度，引入了一款 AI 驱动的职业规划助手。这款智能导师可以与员工互动，帮助员工规划职业道路，发现潜在的学习机会和职位晋升路径。

- 个性化职业规划：员工首先通过与职业规划助手进行一系列对话，分享他们的职业目标、技能水平、兴趣和工作偏好。基于这些信息，职业规划助手利用其庞大的行业数据和公司内部职位信息，为员工提供个性化的职业发展规划。
- 定制化学习资源推荐：职业规划助手分析员工的技能差距和职业发展目标，推荐适合他们当前阶段的在线课程、工作坊和内部培训项目。这些推荐既可以基于员工的个人需求，还会考虑到最新的行业趋势和公司未来的人才需求。
- 智能职位匹配和发展建议：随着员工完成职业规划助手推荐的学习资源并获得新的技能，职业规划助手将持续评估他们的职业发展进程，并根据公司的职位空缺和项目需求，推荐合适的内部转岗或晋升机会。同时，它还会提供关于职业发展的实时建议和反馈。

引入职业规划助手后，这家金融科技公司的员工职业满意度显著提高。员工感到他们的职业发展得到了公司的重视和支持，个性化的学习资源和职业规划使他们能够更有目标和效率地提升自己的技能与职业地位。

通过智能导师推荐的内部职位匹配，公司也实现了人才的优化配置和留存，加强了内部人才库的建设和团队的多样性。

13.3.4　AI+ 培训效果评估与持续改进

在企业培训和员工发展领域，评估培训效果并根据反馈进行持续改进是提高培训质量和效率的关键。随着 AI 的发展，企业如今可以利用 AI 进行更加精准和深入的培训效果评估，并基于数据驱动的洞察实现培训内容和方法的持续优化。

 举例

一家专注于医疗健康领域的大型公司面临着市场需求快速变化和技术不断进化等挑战，因此需要确保其员工能够通过有效的培训持续提升专业技能。为此，该公司开发了一个 AI 增强的培训评估系统，旨在深入分析培训效果，并提出改进方案。

- 智能分析与评估：该系统利用机器学习算法对员工完成培训后的绩效数据、考试成绩及培训反馈进行分析。这套系统可以评估员工对培训内容的掌握程度，能识别哪些培训方法最有效、哪些内容需要进一步强化。

- 个性化反馈和建议：基于分析结果，培训评估系统为每位员工提供个性化的学习反馈和后续学习建议。同时，AI 也能为培训师提供指导，帮助培训部门了解哪些培训内容最受欢迎、哪些方法最能激发员工学习的兴趣和动力。
- 动态调整和优化：该系统具备自学习能力，能够根据员工的学习进度和反馈不断调整培训计划和内容。此外，它还能够跟踪行业趋势和技术发展，确保培训内容始终保持最新，满足员工和企业的发展需求。

通过引入 AI 增强的培训评估系统，该医疗健康公司显著提升了培训的有效性和员工的满意度。培训评估系统的实施提高了培训效果的可测量性，促进了培训内容和方法的持续改进，确保了培训计划能更好地满足员工的个性化学习需求和企业的战略目标。

通过对培训效果的深入分析和评估，公司还能够更加精准地投资于高效的培训资源，提高人力资本的投资回报率。

13.4　AI 在薪酬与绩效管理中的应用

薪酬与绩效管理是维持员工满意度、激励员工表现及实现组织目标的关键环节。AI 可以让薪酬与绩效管理更加精准、高效和个性化。

AI 能够帮助企业进行深入的薪酬分析，制订符合市场和内部公平性的薪酬策略；通过智能化的绩效评估系统，AI 可以帮助企业实现对员工表现的持续监控和评价；利用数据分析预测员工满意度，AI 可以帮助企业优化激励机制；AI 还可以通过分析人力资源投资回报，帮助企业优化资源分配。

通过这一系列的 AI 应用，企业可以提升薪酬与绩效管理的效率，增强这些管理活动的公正性和透明度，进一步促进企业与员工之间的良性互动，为实现组织的长期发展目标奠定坚实基础。

13.4.1　AI+ 薪酬分析与调薪建议

在当今竞争激烈的人才市场中，建立一个公平、透明且具有竞争力的薪酬体系，有助于吸引和保留人才。AI 的引入，使得企业能够通过精准的数据分析来优化薪酬策略，确保薪酬标准随行就市，同时满足员工的期望和企业的预算。

举例

一家快速成长的初创科技公司，在扩大团队的过程中遇到了薪酬设置的挑战。为了建立一个能够吸引顶尖人才的薪酬体系，同时确保薪酬的内部公平性和公司财务的可持续性，该公司决定运用 AI 分析薪酬和获取建议。

- 市场薪酬数据分析：AI 首先收集和分析了大量与公司业务相关的市场薪酬数据，包括同行业内其他公司的薪酬水平、岗位需求趋势及地理位置因素等。通过这些数据，AI 能够为该公司提供一个与市场标准一致的薪酬参考范围。
- 内部薪酬公平性分析：AI 接着评估了公司内部各岗位间的薪酬关系，以确保薪酬体系的内部公平性。AI 通过分析员工的职位级别、工作经验、贡献及绩效评价等因素，识别出潜在的薪酬不公现象，并提出了调整建议。
- 个性化薪酬建议：基于上述分析，AI 为该公司提供了针对不同岗位和个体的薪酬建议。这些建议考虑了公司的财务状况、员工的个人期望及市场竞争态势，帮助公司制订出既公平又具有竞争力的薪酬方案。

通过实施 AI 驱动的薪酬分析与建议，该初创科技公司成功地构建了一个既符合市场标准，又能保障内部公平性的薪酬体系。这提高了公司在人才市场的吸引力，增强了员工的满意度和忠诚度，减少了因薪酬不公而导致的员工流失。

个性化的薪酬建议还帮助该公司优化了财务资源的分配，确保了公司在追求快速增长的同时，也能维持良好的财务健康状况。

13.4.2 AI+ 绩效管理与客观评估

绩效管理与评估是人力资源管理的关键环节，它直接关系到员工的职业发展、薪酬调整及企业的整体绩效。随着 AI 的不断进步，它为企业的薪酬绩效管理提供了更为科学、客观和高效的解决方案。

 举例

某管理咨询公司在全球各地有数千名员工，这使得绩效管理成了其面临的重大挑战。为了提高绩效评估的效率和公正性，该公司决定通过基于 AI 的新系统来改进其绩效评估与管理过程。

（1）绩效数据自动化收集与分析：该公司的新系统自动收集员工的工作数据，包括项目完成情况、客户反馈、同事评价等多维度信息。通过算法，新系统能够分析这些数据，识别出员工的核心成就和改进空间。

（2）客观绩效评分：基于数据分析结果，新系统为每位员工提供一个综合的绩效评分。该评分不仅反映了员工的工作表现，还考虑了其对团队和公司的整体贡献。与传统依赖上级主观判断的评估方法相比，新系统的评分更为客观、全面。

（3）个性化发展建议：除了绩效评分外，新系统还根据每位员工的具体表现和能力提升空间，提供个性化的职业发展建议。这些建议可能包括推荐培训课程、建议阅读资料或是参加某个项目，以帮助员工实现职业成长。

引入该系统后，该管理咨询公司显著提高了绩效评估的效率和准确性。员工对于绩效评估过程的公正性和透明度表示满意，个性化的职业发展建议也受到了员工欢迎。

通过持续收集和分析绩效数据，该公司还能够及时发现潜在的管理问题和培训需求，从而更加精确地进行人力资源规划和培训资源分配。

13.4.3 AI+ 员工激励与满意度提升

员工满意度是影响组织绩效和人才留存的关键因素。AI 能够帮助企业更精准地识别员工的激励需求，帮助企业有效实施员工激励策略，通过数据分析提升员工满意度，促进企业整体发展。

 举例

某专注于创新科技的公司在员工激励和满意度提升方面面临着巨大的挑战，因此决定通过 AI 来设计和实施更有效的员工激励计划。

- 员工满意度数据分析：首先，公司利用 AI 收集并分析员工满意度调查数据、员工参与度报告及日常工作反馈。AI 能够从这些数据中识别出员工满意度的关键驱动因素，如工作环境、团队互动、职业发展机会等。
- 生成个性化激励方案：基于分析结果，AI 可以为不同团队和员工个人设计个性化的激励方案。这些方案既考虑了员工的具体需求和偏好，又结合了公司的业务目标和文化。

例如，对于寻求职业成长的员工，激励方案可能包括定制的培训和发展计划；而对于注重工作和生活平衡的员工，激励方案还会提供更灵活的工作安排。

- 动态调整与优化：AI 不断收集员工对激励方案的反馈，并根据这些反馈进行动态调整和优化。通过机器学习算法，AI 能够学习哪些激励措施最有效，从而在未来的激励计划中进行改进。

运用 AI 后，这家创新科技公司成功提升了员工的满意度和工作参与度。个性化和数据驱动的激励方案让员工感受到公司对员工个人发展和福祉的重视，从而增强了员工的忠诚度和对公司的认同感。

通过 AI 的动态调整和优化，该公司能够持续改进激励计划，确保与员工需求和市场环境的变化保持同步。

13.4.4　AI+ 人力资源投资回报分析

在人力资源管理领域，对员工培训、薪酬福利或其他人力资源活动的投资回报进行分析可以帮助企业量化人力资源投资的效果，并对未来制订人力资源管理相关决策提供指导。如今，企业已经可以利用 AI 进行更为精确和深入的人力资源投资回报分析。

 举例

某跨国零售公司在人力资源管理方面面临多样化的挑战，包括用工成本逐年提高，员工对工作环境的需求越来越高，员工期望有更高的健康福利计划等。为了更有效地评估这些活动的投资回报，该公司用 AI 进行了分析。

- 数据整合与预处理：该公司首先利用 AI 整合和预处理来自不同渠道的数据，包括员工绩效记录、培训参与度、薪酬数据、福利情况及员工满意度调查结果等。在这一步中，要确保所分析的数据的质量和完整性。
- 模型建立与分析：接下来，该公司开发了一个基于机器学习的模型，用于分析人力资源活动与公司关键绩效指标（KPI）之间的关系。

该模型不仅考虑了直接影响，如培训投资与员工技能提升的关系，还评估了间接影响，例如员工薪酬福利对员工满意度和员工离职率的影响。

- 投资回报评估：基于模型的分析结果，AI 为每项人力资源活动提供了投资回报的量化评估。这包括了对各项活动的成本效益的评价，以及它们对公司绩效和员工队伍稳定程度的长期影响。

通过 AI 辅助的人力资源投资回报分析，该跨国零售公司成功识别了最具成本效益的人力资源活动，并对未来的投资决策提供了数据支持。

这一过程不仅提高了公司资源分配的效率，还增强了人力资源活动的战略意义，确保了每一笔投资都能对公司的长期发展产生积极影响。

凭借 AI 的应用，该公司还能够持续监测投资回报情况，及时调整人力资源管理策略，以适应市场和业务的变化。

13.5 AI 在员工关系管理中的应用

组织成功需要维护良好的员工关系，AI 的发展进步为员工关系管理提供了全新的视角和方法，使得企业能够为员工提供一个健康、积极的工作环境。

通过 AI，企业可以更好地理解员工的需求，提供个性化的身心健康与职业幸福等方面的支持，优化沟通与协作机制，强化企业文化和价值观的传播。这些应用既可以提高员工的满意度和忠诚度，也可以为企业创造更高的工作效率和团队协同效果，从而在竞争激烈的市场中获得优势。

13.5.1 AI+ 员工情绪管理提升幸福感

员工的情绪状态、心理健康和职业幸福感影响着员工的绩效水平。AI 的发展为企业识别和提升员工幸福感提供了新的可能性。通过智能分析和干预，AI 能够帮助企业构建一个支持性更强、更加关注员工福祉的工作环境。

 举例

某软件开发公司注意到，随着项目压力的增加，员工面临的心理压力也在不断上升，这直接影响到了员工的工作效率和团队氛围。为了解决这一问题，公司决定引入一款 AI 辅助的心理健康检测平台，帮助员工提高职业幸福感。

- 情绪监测与分析：该平台通过分析员工的日常交流、工作邮件和自愿提供的反馈等数据，识别员工的情绪状态和压力水平。所有的数据收集和分析过程都严格遵守隐私保护政策，确保员工的个人信息安全。
- 个性化干预建议：基于情绪分析结果，平台可以为个别员工提供个性化的干预建议。这些建议可能包括专业的心理健康咨询、放松和冥想指导，以及如何寻求进一步帮助的途径。对于整个团队，平台也会提出改善工作环境和减轻工作压力的建议。

- 效果跟踪与支持：平台持续跟踪干预措施的效果，确保员工能够获得必要的支持。同时，通过机器学习算法，平台不断优化其干预策略，以更有效地提升员工的心理健康状态和职业幸福感。

引入 AI 辅助的心理健康检测平台后，公司观察到了显著的正面变化。员工的压力水平有了明显的下降，职业幸福感得到提升，这也反映在了提高的工作效率和更佳的团队协作上。该平台让员工意识到公司对自己的关心，进一步增强了员工的归属感和忠诚度。

13.5.2　AI+ 员工沟通与无缝协作平台

高效的员工沟通协作有助于打造一支迅捷有力的员工队伍。这是推动绩效管理成功的前提之一，也是推动企业发展的重要因素。随着 AI 的发展，AI 加持的沟通与协作工具正变得越来越普及，这将有助于企业提高沟通效率，促进团队间的无缝协作，打破地理和时间的限制。

 举例

某管理咨询公司业务遍布全球，团队间的沟通协作存在问题。为了解决这一问题，公司决定采用一个 AI 增强的协作平台，以促进员工间的有效沟通和项目协作。

- 实时语言翻译和文化适应：该平台通过集成的 AI 技术提供实时语言翻译服务，使得不同国家的员工能够跨越语言障碍进行有效沟通。该平台所提供的工具还能根据不同文化背景提示适宜的沟通方式和礼节，促进对文化多样性的理解和尊重。
- 智能会议助手：平台内置的 AI 会议助手能够自动记录会议内容，生成会议摘要，并基于讨论内容提出后续行动计划的建议。这大大减少了会议记录的工作量，并确保团队成员能够集中精力参与讨论。
- 项目管理和进度跟踪：通过 AI 算法，该协作平台能够自动跟踪项目进度，预测潜在的延误风险，并及时提醒团队采取补救措施。它还可以根据过往项目的数据分析，提供项目管理的最佳实践建议。

引入 AI 增强的协作平台后，该管理咨询公司跨国团队之间的沟通和协作效率显著提高。实时翻译和文化适应功能使得全球团队的沟通更加和谐无障碍，而智能会议助手和项目管理工具则确保了项目的高效执行与按时交付。

AI 技术的应用促进了团队成员间的理解和信任，加强了团队的凝聚力，使团队协作更加高效，实现了无缝对接，也为公司营造了一种更加包容和协同的工作环境。

13.5.3 AI+ 强有力企业文化与价值观

构建和维护强有力的企业文化与价值观对于吸引和保留人才、促进员工的积极参与及提高组织的整体绩效至关重要。

AI 的应用为企业提供了新的途径来加强企业文化和价值观的建设，通过数据驱动的洞察和智能化的互动，企业文化与价值观将变得更加生动和具有吸引力。

 举例

某金融服务企业，为了在其遍布全球的分支机构中强化统一的企业文化和价值观，决定基于 AI 开发企业文化传播平台。

- 文化价值观智能推送：该平台使用 AI 算法分析员工的工作行为和互动模式，智能识别最合适的时机和方式来推送与企业文化和价值观相关的内容。

例如，当员工完成了一项与企业价值观相符的项目时，该平台会自动向团队发送表彰消息，鼓励类似行为的发生。

- 互动式文化学习：平台通过虚拟现实（VR）和增强现实（AR）技术，创建互动式的文化学习体验。员工可以通过参与虚拟的文化培训课程、模拟情景游戏等方式，深入了解企业的历史发展、使命、愿景和核心价值观。

- 文化反馈与分析：平台提供了一种反馈机制，员工可以对与企业文化相关的政策和活动提供意见和建议。平台将分析这些反馈，为企业文化的持续改进提供数据支持。

通过引入基于 AI 的企业文化传播平台，该金融服务企业成功地加强了其企业文化和价值观在全球员工中的传播和认同度。智能推送和互动式学习体验提高了员工对企业文化的理解与接受度，而反馈分析功能则使企业能够及时调整和优化文化建设策略。

长期来看，这种方式可以增强员工的归属感和忠诚度，可以提升团队的凝聚力和整体绩效，帮助该企业在全球范围内有效地传播和强化自身的企业文化，为实现长期发展目标奠定坚实的文化基础。

人力资源管理人员的职业发展

"人力资源管理人员到底有没有前途？"这是笔者最常听到的初入职场的人力资源管理人员问的问题。笔者也会听到一些长期从事人力资源管理相关工作的过来人对想从事人力资源管理工作的新手说"人力资源管理人员其实就是个文员""人力资源管理人员付出很多，回报却很少""人力资源管理人员工资很低""人力资源管理人员没有前途"等。

许多人力资源管理人员每天最多的工作是打印文件、做表格、办入职、录信息这类基础事务性工作。他们陷入了"低水平勤奋—不学习—低水平勤奋"这样一个可怕的死循环中。他们不清楚做事的目的，看不到事情的全貌，深陷其中，难以自拔。

然而，随着社会经济的不断发展，市场竞争的不断加剧，企业持续稳健经营对管理水平的要求越来越高。人是企业发展的根本和主体，对人的管理也自然会有越来越高的要求。尤其是中国的第二代、第三代企业家掌管企业后，对企业人力资源管理能力的需求大幅增加。

当人们真正了解人力资源管理的全貌后，会发现人力资源管理所能达到的高度、深度和宽度远不是自己原本想的那样。只是因为企业管理者或人力资源管理人员自身知识的局限、眼界的局限、心智的局限、能力的局限，让许多人力资源管理人员把人力资源工作做成了一份普通行政办公室的文职工作。

其实，人力资源管理人员可以发展的职业方向是多种多样的。

1．高度

人力资源管理人员可以追求职位上的高度。人力资源管理人员可以通过日常从事人力资源管理工作的角度，了解企业的经营模式、业务流程、关键措施，不断提升自身的领导力和组织协调能力，在企业中实现职级的不断晋升，最终成为一名出色的职业经理人。

2．深度

人力资源管理人员可以追求专业上的深度。人力资源管理人员可以通过持续提升自己专业能力深度的方式，成为优秀的人力资源管理专家顾问、专业咨询师。

3．宽度

人力资源管理人员可以追求职业类型上的宽度。随着对单模块的深入理解应用，原本在企业中擅长招聘的人力资源管理人员可以成为猎头，原本在企业中擅长培训的人力资源管理人员可以成为专业培训师，原本企业中的人力资源业务伙伴可以创业做人力资源外包服务。

当然，只有方向，没有方法也是不行的。如果把屠龙刀给一个厨师，他可能只会用它切菜。怎样才能真正发挥这把屠龙刀的价值呢？笔者认为还需要学习武功，需要修炼一段时间，需要找些高手比武切磋。

作为人力资源从业人员，如果没有真正系统地学习过人力资源管理这门武功，又怎么在企业、职场这个大江湖中生存呢？如何判断自己人力资源管理的功力呢？

我们可以问自己以下问题：

- 是否能站在领导的视角思考问题？
- 是否具备给企业创造价值的能力？
- 是否有发现并诊断企业问题的能力？
- 是否有拿出相关解决方案的能力？
- 是否有帮助领导推动变革的能力？
- 是否能不断更新自己的知识体系？
- 能不能适时创新，让人耳目一新？
- 是否有胸怀和格局，能洞察人心？
- 是否有组织协调能力和管理能力？

通过回答这些问题，我们能够看清自己并发现自身存在的不足，也能够知道学习进步的路还有很长。最好的做事策略是摆正心态，正视不足，不断学习，持续精进。愿所有人力资源从业者都能够找到属于自己的职业方向。